FUNDAMENTALS OF NEW TESTAMENT GREEK

Workbook

Fundamentals of New Testament Greek

Workbook

Stanley E. Porter
&
Jeffrey T. Reed

WILLIAM B. EERDMANS PUBLISHING COMPANY

GRAND RAPIDS, MICHIGAN /CAMBRIDGE, U.K.

Published 2010 by
William B. Eerdmans Publishing Company
2140 Oak Industrial Drive, N.E.
Grand Rapids, Michigan 49505 /
P.O. Box 163, Cambridge CB3 9PU U.K.
www.eerdmans.com

Printed in the United States of America

15 14 13 12 11 10   7 6 5 4 3 2 1

ISBN 978-0-8028-2826-2

Greek text from *The Greek New Testament*, Fourth Revised Edition, edited by Barbara Aland, Kurt Aland, Johannes Karavidopoulos, Carlo M. Martini, and Bruce M. Metzger in cooperation with the Institute for New Testament Textual Research, Münster/Westphalia, © 1993 Deutsche Bibelgesellschaft, Stuttgart. Used by permission.

Contents

Preface

This workbook, designed to accompany *Fundamentals of New Testament Greek,* by Stanley E. Porter, Jeffrey T. Reed, and Matthew Brook O'Donnell, features exercises that are grounded in the Greek language itself, reading exercises from the Greek New Testament that utilize the grammar and vocabulary learned, and aids to analysis and translation. This workbook is designed to reinforce the organization of the textbook and, in conjunction with it, to promote learning of the following elements:

- the basic morphology (i.e., the various forms of verbs, nouns, pronouns, and adjectives) of the Greek New Testament
- the elementary syntax (i.e., the arrangement of words and phrases) of the Greek New Testament
- the basic vocabulary of the Greek New Testament in roughly its order of frequency.

In addition, we seek to:

- illustrate the relevance of a knowledge of Greek for understanding the text of the New Testament
- develop an appreciation for serious and careful study of the Greek language so that the student can continue to read the Greek text of the New Testament with profit and delight.

This workbook of exercises is designed to support what is found in the corresponding chapters in the textbook. The variety of exercises includes creating various forms of a given word, parsing of the forms, substituting one form for another, and translating actual sentences, as well as an extended passage, from the Greek New Testament. (In some cases, the New Testament texts have been adjusted, based on the limitations of what students will know.) The parsing guide in the workbook reflects the same principles of parsing used in the textbook.

Review exercises after every five chapters draw upon the information from the previous chapters. These review exercises are based upon actual examinations that have been used by the authors and others who have used this textbook. The result is exercises that are designed to actually test and determine what the students are learning. Some teachers may wish to use these review exercises as models for their own examinations, while others may wish to assign them formally for students to complete as graded assignments. Others may wish to refer students to them to use as their own progress reports.

The thoroughness of this workbook and accompanying textbook allows teachers to use it in the way that they see best. Some may wish not to schedule certain chapters but to hold them over to a second- or intermediate-level Greek class. Others may wish to add further exercises or reading assignments.

In all cases, the goal of this course of instruction is to enhance the learning of Greek by the constant reinforcement of a variety of useful exercises and translational passages.

Guide to Parsing

Throughout this workbook and the grammar on which it is based, we emphasize the importance of being able to parse word forms. Parsing is the exercise by which one identifies the particular form of a given word. In learning Greek, it is important not simply to learn how to give a rough translation of a sentence but to learn how to identify all the specific formal features of each word. This is particularly true for Greek verbs, some of which can have in the hundreds of different forms!

We can identify words in a number of different ways. One is *by lexeme,* or "dictionary form," a single form that, by convention, encompasses all the other forms of a word (e.g., the English word form "eats" belongs to the lexeme EAT, which also includes "eat," "ate," etc.). Another is *by word class,* such as noun, verb, and the like (e.g., "eats" is a verb). The most detailed is *by features* of the various word classes — that is, *by parsing,* or identifying and labeling all the specific formal features of a given word form (e.g., "eats" is the third person singular of the present tense-form of the verb EAT). The following list shows the parsing abbreviations we use in the grammar and the workbook.

In the grammar you will learn how to parse, or fully identify, the various specific forms of the over 950 lexemes introduced throughout the thirty chapters. In this workbook you will encounter many additional words from the various readings from the Greek New Testament, most of which are parsed. This knowledge will enable you to parse any word that you encounter in Greek. The ability to make such an identification will have incredible benefits in your understanding and reading of Greek. You will, with increasing accuracy and speed, be able to recognize the different lexemes, the class of word being used, and the specific features of each word, all of which you will be able to use in explaining the use of the various word forms in their given contexts.

The parsing abbreviations used in this workbook and in the grammar distinguish between *word classes* (written in all capitals) and *features* (written with lower case or with initial capital only) of the various word classes.

Word classes

ADJ	adjective
ART	article
NON	noun
PAR	particle (i.e., an adverb, conjunction, or preposition)
PRO	pronoun
VRB	verb

Features of the word classes

ADJ. On the basis of their endings, adjectives are identified as belonging to one of four declension patterns. Also, they have forms that express the comparative ("bigger") and superlative ("biggest") degrees.

comparison		declension patterns	
c	comparative	1/2	first and second declension (the most common pattern)
s	superlative	1/3	first and third declension
		2	second declension only
		3	third declension only

In addition, adjectives are identified with respect to gender, case, and number, using the following abbreviations:

gender		case		number	
M	masculine	N	nominative	S	singular
F	feminine	V	vocative	P	plural
N	neuter	G	genitive		
M/F	masc. or fem.	D	dative		
		A	accusative		
		N/V	nom. or voc.		

For example, **πάντες** [1/3ADJ-MNP], "all," is the masculine nominative plural form of the adjective **πᾶς, πᾶσα, πᾶν**, which takes endings of the first and third declensions. And **ἀξιώτατε** [s1/2ADJ-MVS], "O most worthy (one)!" is the masculine vocative singular form of the adjective **ἄξιος, ἀξία, ἄξιον**, which takes endings of the first and second declensions, here in the superlative.

ART. Like adjectives, articles are declined for gender, case, and number. For example, **τῆς** [ART-FGS] is the feminine genitive singular form of the article, **ὁ, ἡ, τό**.

NON. Nouns belong to one (rarely two) of the three declensions and, like adjectives, are inflected for gender, case, and number. For example, **λόγους** [2NON-MAP], "words (object)," is the masculine accusative plural form of the second declension noun **λόγος**.

PAR. Particles — which include adverbs, conjunctions, and prepositions — are words that are *not* inflected for gender, case, number, or any of the features of verbs.

PRO. In this grammar and workbook we distinguish nine types of Greek pronouns. Three are declined for person (pers, poss, rflx), two are *not* declined for gender (pers, rcp), and all are declined for case and number (though rcp, by its very nature, is only plural).

types of pronouns		examples, with abbreviations	
dem	demonstrative	**οὗτος**	[demPRO-MNS], "this (masc.)"
indf	indefinite	**τινάς**	[indfPRO-M/FAP], "some people (fem.)"
intg	interrogative	**τίνας**	[intgPRO-M/FAP], "which people (fem.)?"
intn	intensive	**αὐτῇ**	[intnPRO-FDS], "to her, to herself"
pers	personal	**σοῦ, σου**	[persPRO-2GS], "of you"
poss	possessive	**ἡμέτεραι**	[possPRO-1FNP], "our"
rcp	reciprocal	**ἀλλήλων**	[rcpPRO-GP], "of each other"
rel	relative	**αἷς**	[relPRO-FDP], "for whom (pl.)"
rflx	reflexive	**ἑαυτά**	[rflxPRO-3NAP], "themselves"

VRB. *Finite* verbs, or forms of verbs that express grammatical person, appear in Greek in one of four moods: indicative, subjunctive, optative, or imperative. Such verbs typically convey five kinds of grammatical information, which we always cite in the following order:

tense		voice		mood		person		number	
Pr	present	A	active	Ind	indicative	1	first	S	singular
Im	imperfect	M	middle	Sub	subjunctive	2	second	P	plural
Ao	aorist	P	passive	Opt	optative	3	third		
1Ao	1st aorist	M/P	middle or	Imp	imperative				
2Ao	2nd aorist		passive						
Pf	perfect								
Pp	pluperfect								
Fu	future								

For example, the finite verb form **ἐδέξαντο** [VRB-1AoMInd3P], "they are/were involved in receiving," is first aorist middle indicative third person plural of the verb **δέχομαι**; the finite verb form **λυέσθω** [VRB-PrM/PImp3S], (mid.) "he/she/it is to be involved in loosing" or (pass.) "he/she/it is to be loosed," is present middle or passive imperative third person singular of the verb **λύω**. (Given the very large number of verb forms in Greek, we normally omit "VRB" from the parsing of specific verbal forms. Mentioning the mood, or the fact that a verbal form is an infinitive or a participle, will be sufficient.)

Greek *nonfinite* verbs — infinitives and participles — are those that do *not* express grammatical person. Infinitives typically convey tense and voice. Participles typically convey more information than any other type of verb form: like finite verbs, they express tense, voice, and number; in addition, like nouns and adjectives, they convey gender, case, and number.

In parsing the nonfinite verb forms, we cite the grammatical information in the following order:

tense	voice	verbal form (sometimes "mood")		gender	case	number
[as above]	[as above]	Inf	infinitive	[as above]	[as above]	[as above]
		Par	participle			

For example, in the phrase **εἰς τὸ σταυρωθῆναι** [AoPInf], "to/for being crucified," the article plus the aorist passive infinitive could be rendered "the being crucified," highlighting the nounlike form of the infinitive. In the phrase **τοῦ διδόντος** [PrAPar-MGS] **θεοῦ**, "the giving God; the God who gives," the present active participle, like any adjectival form, agrees with the noun it modifies — here, in being masculine genitive singular.

Besides the grammatical information outlined here, which applies to all verbs, the parsing codes further identify four subclasses of verbs that have distinctive endings or verb formulas:

verb subclasses

-lq	liquid verbs (in future and first aorist tense-forms only)
-μι	μι-verbs (in present and second aorist tense-forms only)
-ι	ι-type optatives
-ιη	ιη-type optatives

For example, the verb form **μενοῦμεν** [FuAInd1P-lq], "we will remain," a form of the verb **μένω**, has a future active stem that ends in the liquid consonant **ν**. The subclass of liquid verbs forms its future and aorist tense-forms differently from other verbs, hence the suffix "-lq" in the parsing. Similarly, **διδῷ** [PrASub3S-μι], "he/she/it may give," from **δίδωμι**, illustrates the parsing of a verb whose present stem ends in -**μι**. The verb form **φονεύσαιμι** [1AoAOpt1S-ι], "I might murder," from **φονεύω**, is first aorist (ι-type) active optative, and **θείην** [2AoAOpt1S-ιη], "I might place," from **τίθημι**, is an example of the second aorist (ιη-type) active optative.

Verbal aspect, not time, is the fundamental meaning expressed by the Greek tense-forms. Speakers and writers of Greek express aspect by using the various tense-forms as follows:

aspect	expressed by
perfective	aorist tense-form
imperfective	present and imperfect tense-forms
stative	perfect and pluperfect tense-forms

The future tense conveys a sense of expectation but does not clearly convey any of the verbal aspects (see 8.4.3).

A small number of Greek verbs lack enough tense-forms to give speakers a choice in expressing aspect and hence are called aspectually vague. They may also lack the forms needed to express any choice of voice. For these verbs, best illustrated by **εἰμί**, "I am," the several options listed here of tense and voice are reduced to only three:

replacing tense and voice:

u	unaugmented
a	augmented
Fu	future

Thus, for example, we have the following forms of **εἰμί**:

the augmented indicative **ἤμην** [aInd1S], "I was"

the unaugmented subjunctive **ὦμεν** [uSub1P], "we may be"

the unaugmented optative **εἴη** [uOpt3S], "he might be"

the unaugmented imperative **ἴσθι** [uImp2S], "(you sg.) be!"

the unaugmented and future infinitives **εἶναι** [uInf] and **ἔσεσθαι** [FuInf], "to be"

the unaugmented participle **οὖσα** [uPar-FNS], "being."

Alphabet, Accents, and Punctuation

The following exercises are to be *pronounced aloud* and, where appropriate, to be written down. Students may consider writing the exercise answers on a separate sheet of paper to keep the exercises for later review.

A. Read through and pronounce aloud the following passage. Don't worry if you don't understand what it says — but don't be surprised if you recognize a few words either! Then copy out the passage in Greek, being careful to form each letter correctly.

ἐν ἀρχῇ ἦν ὁ λόγος, καὶ ὁ λόγος ἦν πρὸς τὸν θεόν, καὶ θεὸς ἦν ὁ λόγος. οὗτος ἦν ἐν ἀρχῇ πρὸς τὸν θεόν. πάντα δι᾽ αὐτοῦ ἐγένετο, καὶ χωρὶς αὐτοῦ ἐγένετο οὐδὲ ἕν. ὃ γέγονεν ἐν αὐτῷ ζωὴ ἦν, καὶ ἡ ζωὴ ἦν τὸ φῶς τῶν ἀνθρώπων· καὶ τὸ φῶς ἐν τῇ σκοτίᾳ φαίνει, καὶ ἡ σκοτία αὐτὸ οὐ κατέλαβεν. (John 1:1-5)

B. Which marks of punctuation are used in the above passage? Which mark is missing?

C. Transliterate the above passage. Which letters of the alphabet and which diphthongs are missing from the above passage?

D. Correct the accenting of the following words, using the above passage and the lesson as a guide. The lexical form is given for nouns. Specify which rule of accenting is violated when the accenting below is wrong. For example, ἄνθρωπων should be accented ἀνθρώπων because of general rules 1, 2, and especially 4, which says that if the ultima is long (as ω is), only the last two syllables may be accented, and if the penult is accented (as the lexical form indicates it should in this context), it must have the acute.

1. ἄνθρωπων (ἄνθρωπος)

2. λõγος (λόγος)

3. κάτελαβεν

4. οὕτος

5. φαῖνει

6. τόν θὲον (θεός)

7. γεγόνεν

8. σὰρξ εἰμι (enclitic)

9. ἤν ἐν ἀρχη (ἀρχή)

10. σκότια (σκοτία)

Nouns (Second Declension);
Adjectives (First and Second Declension)

A. Change the following words from singular to plural, or from plural to singular. Be able to convey the sense of the case used, along with the meaning of the individual noun. Thus ὄχλου is "of the crowd."

1. ὄχλῳ   5. ὁδούς

2. ἄγγελον   6. ὀφθαλμός

3. εὐαγγελίου   7. υἱῶν

4. δούλοις   8. οἶκοι

B. Change the following words to the indicated case, keeping the same number. Be able to convey the sense of the case used, along with the meaning of the individual noun. Thus ἔργῳ (accusative) becomes ἔργον, translated "work."

1. ἔργοις (genitive)   5. καρπόν (nominative)

2. οὐρανῷ (nominative)   6. σάββατον (genitive)

3. θανάτων (accusative)   7. λαός (vocative)

4. κύριον (vocative)   8. νεκροῦ (dative)

C.　Supply a different adjective for each noun in the following phrases, and give a translation of the phrase. Thus _____ δούλῳ can become ἀγαθῷ δούλῳ, translated "to or for a good slave."

1.　_____ δούλῳ　　　　5.　_____ καρποί

2.　_____ οἴκου　　　　6.　_____ ἄνθρωπον

3.　_____ θανάτους　　　7.　_____ λαός

4.　_____ οὐρανῶν　　　8.　_____ ὀφθαλμοῖς

D.　Supply a different noun for each adjective in the following phrases, and give a translation of the phrase. Thus ἰδίαν _____ can become ἰδίαν ὁδόν, translated "own road."

1.　ἰδίαν _____　　　　5.　μόνον _____

2.　ὅλης _____　　　　6.　πονηροῦ _____

3.　καλῷ _____　　　　7.　νεκροὺς _____

4.　πρώτοις _____　　　8.　ἄλλα _____

E. Identify the following phrases and sentences, which are based on the text of the New Testament. Be able to parse (e.g., identify gender, case, and number) the nouns and adjectives studied so far. Attempt a translation on the basis of the words given in the vocabulary and the footnotes provided.

1. ἀρχὴ[1] τοῦ[2] εὐαγγελίου Ἰησοῦ Χριστοῦ[3] υἱοῦ θεοῦ (Mark 1:1)

2. ὁ ὀφθαλμὸς πονηρός ἐστιν ὅτι ἀγαθός εἰμι;[4] (Matt. 20:15)

3. ἰδοὺ ἀποστέλλω[5] τὸν[6] ἄγγελον (Matt. 11:10)

4. εἶδεν[7] ἄλλους δύο ἀδελφούς (Matt. 4:21)

5. κύριος γάρ ἐστιν τοῦ σαββάτου ὁ υἱὸς τοῦ ἀνθρώπου (Matt. 12:8)

1. ἀρχή = "beginning" (a first, or a-class, noun, to be learned in ch. 5)
2. τοῦ = "of the" (ART-NGS, i.e., neuter genitive singular article. For a complete listing of the parsing abbreviations used throughout, see the front matter.)
3. Ἰησοῦ Χριστοῦ = "Jesus Christ" (MGS proper noun. Throughout these exercises, proper names generally appear without explanation, for in most cases the English spelling is simply a transliteration from Greek. See 22.5 in the textbook for a discussion of Greek proper nouns.)
4. This verb form is enclitic.
5. ἀποστέλλω = "I send" (PrAInd1S)
6. τόν = "the" (ART-MAS)
7. εἶδεν = "he saw" (2AoAInd3S, from ὁράω)

F. Translate the following biblical passage, using the aids provided below. Be able to parse the nouns and adjectives studied so far.

ἐν ἀρχῇ[8] ἦν[9] ὁ λόγος, καὶ ὁ λόγος ἦν πρὸς τὸν θεόν, καὶ θεὸς ἦν ὁ λόγος. οὗτος[10] ἦν ἐν ἀρχῇ πρὸς τὸν θεόν. πάντα[11] δι᾽[12] αὐτοῦ[13] ἐγένετο,[14] καὶ χωρὶς[15] αὐτοῦ ἐγένετο οὐδὲ[16] ἕν.[17] ὃ γέγονεν[18] ἐν αὐτῷ[19] ζωὴ[20] ἦν, καὶ ἡ ζωὴ ἦν τὸ φῶς[21] τῶν[22] ἀνθρώπων· καὶ τὸ φῶς ἐν τῇ σκοτίᾳ[23] φαίνει,[24] καὶ ἡ σκοτία αὐτὸ[25] οὐ κατέλαβεν.[26] (John 1:1-5).

8. ἀρχῇ = "the beginning" (1NON-FDS)
9. ἦν = "(he/she/it) was" (aInd3S, from εἰμί)
10. οὗτος = "this one, he" (demPRO-MNS)
11. πάντα = "all things" (1/3ADJ-NNP, from πᾶς, πᾶσα, πᾶν)
12. δι᾽ = elided form of preposition διά
13. αὐτοῦ = "him" (intnPRO-MGS)
14. ἐγένετο = "came about" (2AoMInd3S, from γίνομαι)
15. χωρίς = "apart from" (preposition)
16. οὐδέ, οὐ(κ) = "not" (negative particles)
17. ἕν = "one (thing)" (NNS adjective)
18. ὃ γέγονεν = "what came about" (relPRO-NMS, with PfAInd3S, from γίνομαι)
19. αὐτῷ = "him" (intnPRO-MDS)
20. ζωή = "life" (1NON-FNS)
21. φῶς = "light" (3NON-NNS)
22. τῶν = ART-MGP, here not translated
23. σκοτίᾳ = "darkness" (1NON-FDS)
24. φαίνει = "shines" (PrAInd3S)
25. αὐτό = "it" (intnPRO-NAS)
26. κατέλαβεν = "comprehend" (2AoAInd3S, from καταλαμβάνω)

The Article; Verbless Clauses

A. Construct at least eight predicate structures, using one word from each of the lists below. Provide a translation for each of the new constructions. Thus ὁ διδάσκαλος and δίκαιος, -α, -ον might form ὁ διδάσκαλος δίκαιος, which is translated "the teacher is righteous."

τὸ δαιμόνιον	δίκαιος, -α, -ον
ὁ διδάσκαλος	πρεσβύτερος, -α, -ον
τὸ ἱερόν	μακάριος, -α, -ον
ἡ ὁδός	τυφλός, -ή, -όν

1.

2.

3.

4.

5.

6.

7.

8.

B. Construct attributive structures in the case and number indicated, using the two words listed in each number below. Provide a translation for each of the new constructions. Thus ὁ διδάσκαλος and δίκαιος, -α, -ον (dative plural) would form either τοῖς διδασκάλοις τοῖς δικαίοις or τοῖς δικαίοις διδασκάλοις and would be translated "to or for the righteous teachers."

1. τὸ ἱμάτιον; λοιπός, -ή, -όν (dative singular)

2. ὁ ἄρτος; κακός, -ή, -όν (accusative plural)

3. τὸ παιδίον; δίκαιος, -α, -ον (genitive singular)

4. ὁ θρόνος; αἰώνιος, -α, -ον (nominative plural)

5. τὸ πλοῖον; τρίτος, -η, -ον (dative plural)

6. ὁ καιρός; ἔσχατος, -η, -ον (vocative singular)

7. τὸ πρόσωπον; μακάριος, -α, -ον (genitive plural)

8. ὁ λίθος; ἔρημος, -ον (accusative singular)

C. Change the case of the following examples to the case indicated, and change the number from singular to plural, or plural to singular. Provide a translation of the new structure. Thus ἑτέρῳ σαββάτῳ (accusative) would become ἕτερα σάββατα, translated "other Sabbaths."

1. τῷ ἑτέρῳ σαββάτῳ (genitive)

2. καιρὸς ἴδιος (genitive)

3. ὅλων[1] τῶν κόσμων (accusative)

4. τὰ σημεῖα τοῦ καιροῦ (accusative, genitive)

5. μέσους (genitive)

6. λίθον καλόν (dative)

7. τοῖς ἑτέροις νόμοις (accusative)

8. ἐσχάτους ἀποστόλους (nominative)

---

1. Note that this adjective, even when used attributively, occurs in predicate structure.

D. Translate the following sentences from the New Testament. Be prepared to parse the nouns, adjectives, and articles studied so far.

1. ὁ πιστεύων² εἰς τὸν υἱὸν ἔχει³ ζωὴν αἰώνιον (John 3:36)

2. εἶδεν Ἰησοῦν ἑστῶτα⁴ ἐκ δεξιῶν τοῦ θεοῦ (Acts 7:55)

3. πιστός ἐστιν καὶ δίκαιος (1 John 1:9)

4. ἔρημός ἐστιν ὁ τόπος (Matt. 14:15)

5. οὕτως ἔσονται⁵ οἱ ἔσχατοι πρῶτοι καὶ οἱ πρῶτοι ἔσχατοι (Matt. 20:16)

6. ὁ οὐρανός μοι⁶ θρόνος (Acts 7:49)

7. οὐκ εἰσὶν φόβος⁷ τῷ ἀγαθῷ ἔργῳ ἀλλὰ τῷ κακῷ (Rom. 13:3)

---

2. ὁ πιστεύων = "the one who believes" (PrAPar-MNS, a substantival use)

3. ἔχει = "has" (PrAInd3S)

4. ἑστῶτα = "standing" (PfAPar, a form to be learned in ch. 27, in predicate structure with Ἰησοῦν, requiring an adverbial rendering)

5. ἔσονται = "will be" (FuInd3P, from εἰμί)

6. μοι = "for me" (persPRO-1DS, an enclitic)

7. φόβος = "fear" (2NON-MNS)

8. μακάριοι οἱ δοῦλοι ἐκεῖνοι[8] (Luke 12:37)

9. οὐκ ἔστιν καλὸν λαβεῖν[9] τὸν ἄρτον τῶν τέκνων (Matt. 15:26; Mark 7:27)

10. ἀγαπητοί, τέκνα θεοῦ ἐσμεν[10] (1 John 3:2)

---

8. ἐκεῖνοι = "those" (demPRO-MNP)
9. λαβεῖν = "to take" (2AoAInf, from λαμβάνω. The rest of this verse is the object of λαβεῖν.)
10. ἐσμέν = "we are" (uInd1P, from εἰμί. The form ἐσμέν is enclitic.)

E. Translate the following passage, using the notes from chapter 2 as well. Be able to parse the nouns, adjectives, and articles studied so far.

ἐγένετο ἄνθρωπος ἀπεσταλμένος[11] παρὰ θεοῦ, ὄνομα αὐτῷ[12] Ἰωάννης· οὗτος ἦλθεν[13] εἰς μαρτυρίαν[14] ἵνα[15] μαρτυρήσῃ[16] περὶ τοῦ φωτός,[17] ἵνα πάντες[18] πιστεύσωσιν[19] δι' αὐτοῦ. οὐκ ἦν ἐκεῖνος[20] τὸ φῶς, ἀλλ'[21] ἵνα μαρτυρήσῃ περὶ τοῦ φωτός. Ἦν τὸ φῶς τὸ ἀληθινόν,[22] ὃ φωτίζει[23] πάντα[24] ἄνθρωπον, ἐρχόμενον[25] εἰς τὸν κόσμον. ἐν τῷ κόσμῳ ἦν, καὶ ὁ κόσμος δι' αὐτοῦ ἐγένετο, καὶ ὁ κόσμος αὐτὸν[26] οὐκ ἔγνω.[27]

(John 1:6-10)

11. ἀπεσταλμένος = "sent" (PfPPar-MNS, from ἀποστέλλω)
12. ὄνομα αὐτῷ = "name" (3NON-NNS) "for him" (intnPRO-MDS); idiomatically, "his name"
13. ἦλθεν = "came" (2AoAInd3S, from ἔρχομαι)
14. εἰς μαρτυρίαν = "as a witness, testimony" (1NON-FAS, with εἰς here expressing purpose)
15. ἵνα = "so that" (particle usually followed by verb in subjunctive mood)
16. μαρτυρήσῃ = "he may bear witness" (1AoASub3S)
17. φωτός = "light" (3NON-NGS)
18. πάντες = "all" (1/3ADJ-MNP, from πᾶς, πᾶσα, πᾶν)
19. πιστεύσωσιν = "may believe" (1AoASub3P)
20. ἐκεῖνος = "he" (the MNS form of the plural demonstrative pronoun ἐκεῖνοι, used above in D8)
21. ἀλλ' = elided form of conjunction ἀλλά
22. ἀληθινόν = "true" (1/2ADJ-NNS)
23. ὃ φωτίζει = "which enlightens" (relPRO-NNS, with 3S verb)
24. πάντα = "every" (1/3ADJ-MAS, from πᾶς, πᾶσα, πᾶν)
25. ἐρχόμενον = "entering" (PrMPar, either NNS or MAS); as NNS, this participial clause modifies τὸ φῶς τὸ ἀληθινόν; as MAS, it modifies πάντα ἄνθρωπον
26. αὐτόν = "him" (intnPRO-MAS)
27. ἔγνω = "knew" (2AoAInd3S, from γινώσκω)

Introduction to the Verb: First Aorist
Active Indicative and Infinitive; Negation

A. Change these verbs to the opposite number (singular to plural, or plural to singular) and then translate. Thus ἔκραξας becomes ἐκράξατε and is translated "you (pl.) cry or cried."

1. παρεκάλεσαν

2. ἀπέκτεινας

3. ἠρωτήσατε

4. ἀπέλυσα

5. ἠκολούθησε

6. ἐδοξάσαμεν

7. ἤγειρας

8. ἐλάλησαν

B. Change these verbs to the indicated person and give a translation. Thus ἔστησα (second) becomes ἔστησας and is translated "you stand or stood."

1. ἐπηρώτησαν (second)

2. ἐπιστεύσατε (first)

3. ἔστησε (first)

4. προσεκύνησας (third)

5. ἐγράψαμεν (third)

6. παρεκάλεσαν (second)

7. παρέδωκα (second)

8. ἐποίησα (third)

C. Place the appropriate aorist active verb or other words into the following construction, using the model given. Be prepared to translate the example.

ἔγραψα τοῖς καλοῖς ἀνθρώποις τὸ βαπτίσαι τοὺς ἀποστόλους

(I wrote to the good people to baptize the apostles)

1. (ἐλάλησα — first person plural) τοῖς καλοῖς ἀνθρώποις τὸ βαπτίσαι τοὺς ἀποστόλους

2. ἔγραψα τοῖς (νεκρός) ἀνθρώποις τὸ (ἔπεμψα) τοὺς ἀποστόλους

3. (ἠρώτησα — third person plural) τοῖς καλοῖς ἀνθρώποις τὸ βαπτίσαι τοὺς (ἄγγελος)

4. ἔγραψα τοῖς καλοῖς (ὄχλος — singular) τὸ (ἀπέκτεινα) τοὺς ἀποστόλους

5. (παρεκάλεσα — second person singular) τοῖς καλοῖς ἀνθρώποις τὸ βαπτίσαι τοὺς ἀποστόλους

D. Translate the following sentences from the New Testament. Be sure to be able to parse all verbs, nouns, and adjectives studied so far.

1. Ἀβραὰμ ἐγέννησεν τὸν Ἰσαάκ, Ἰσαὰκ δὲ ἐγέννησεν τὸν Ἰακώβ, Ἰακὼβ δὲ ἐγέννησεν τὸν Ἰούδαν καὶ τοὺς ἀδελφοὺς αὐτοῦ (Matt. 1:2)

2. ἤκουσεν ὅτι ἀσθενεῖ[1] καὶ ἔμεινεν ἐν τῷ τόπῳ δύο ἡμέρας[2] (John 11:6)

3. καὶ ἐπέμψαμεν Τιμόθεον, τὸν ἀδελφὸν ἡμῶν[3] καὶ συνεργὸν[4] τοῦ θεοῦ ἐν τῷ εὐαγγελίῳ τοῦ Χριστοῦ (1 Thess. 3:2)

4. πολλὰ[5] οὖν[6] καὶ ἄλλα σημεῖα ἐποίησεν ὁ Ἰησοῦς ἐνώπιον[7] τῶν μαθητῶν αὐτοῦ[8] (John 20:30)

5. καὶ ὁ Χριστὸς ἠγάπησεν ἡμᾶς[9] καὶ παρέδωκεν ἑαυτὸν[10] ὑπὲρ ἡμῶν[11] (Eph. 5:2)

---

1. ὅτι ἀσθενεῖ = "that he was weak" (the verb is PrAInd3S, from ἀσθενέω, ἠσθένησα)
2. δύο ἡμέρας = "two days" (1NON-FAP, preceded by a number adjective)
3. ἡμῶν = "our" (persPRO-1GP)
4. συνεργόν = "fellow worker" (2NON-MAS)
5. πολλά = "many" (1/2ADJ-NAP, from the irregular πολύς, πολλή, πολύ)
6. οὖν = "therefore" (a particle)
7. ἐνώπιον = "in the presence of" (a preposition)
8. τῶν μαθητῶν αὐτοῦ = "his disciples" (a first, or a-class, declension noun with the article, followed by intnPRO-MGS)
9. ἡμᾶς = "us" (persPRO-1AP)
10. ἑαυτόν = "himself" (rflxPRO-3MAS)
11. ὑπὲρ ἡμῶν = "for us" (a prepositional phrase)

6. ἔγραψεν δὲ καὶ τίτλον[12] ὁ Πιλᾶτος καὶ ἔθηκεν ἐπὶ τοῦ σταυροῦ[13] (John 19:19)

7. οἱ ἄγγελοι ἔπεσαν ἐνώπιον τοῦ θρόνου ἐπὶ τὰ πρόσωπα αὐτῶν[14] καὶ προσεκύνησαν τῷ θεῷ (Rev. 7:11)

8. διδάσκαλε, ἤνεγκα τὸν υἱόν μου[15] πρὸς σέ[16] (Mark 9:17)

9. ἦραν[17] οὖν τὸν λίθον. ὁ δὲ Ἰησοῦς ἦρεν τοὺς ὀφθαλμοὺς ἄνω[18] καὶ ἐλάλησεν, Κύριε, εὐχαριστῶ σοι[19] ὅτι ἤκουσάς μου (John 11:41)

10. ἐβάπτισα δὲ καὶ τὸν Στεφανᾶ[20] οἶκον (1 Cor. 1:16)

12. τίτλον, the notice that hung above Jesus' head on the cross (from Latin *titulus*)
13. ἐπὶ τοῦ σταυροῦ, a common preposition with many meanings (here rendered "on"), the ART-MGS, and σταυροῦ, a 2NON-MGS, rendered "cross."
14. αὐτῶν = "their" (intnPRO-MGP, here signifying possession)
15. μου = "my" (persPRO-1GS, an enclitic)
16. σέ = "you" (persPRO-2AS)
17. ἦραν = "(they) took away" (1AoAInd3P)
18. ἦρεν . . . ἄνω = "lifted up" (1AoAInd3S plus an adverb)
19. εὐχαριστῶ σοι = literally, "I give thanks to you"; more idiomatically, "thank you" (PrAInd1S, with persPRO-2DS)
20. Στεφανᾶ = "Stephanas" (MGS of the proper name)

E. Translate the following passage, using the notes from previous chapters. Be prepared to parse all the verb, noun, and adjective forms studied so far.

οὕτως γὰρ ἠγάπησεν ὁ θεὸς τὸν κόσμον, ὥστε τὸν υἱὸν τὸν μονογενῆ[21]
ἔδωκεν, ἵνα πᾶς ὁ πιστεύων[22] εἰς αὐτὸν μὴ ἀπόληται[23] ἀλλ' ἔχῃ[24] ζωὴν
αἰώνιον. οὐ γὰρ ἀπέστειλεν ὁ θεὸς τὸν υἱὸν εἰς τὸν κόσμον ἵνα κρίνῃ[25]
τὸν κόσμον, ἀλλ' ἵνα σωθῇ[26] ὁ κόσμος δι' αὐτοῦ. ὁ πιστεύων εἰς αὐτὸν
οὐ κρίνεται·[27] ὁ δὲ μὴ πιστεύων ἤδη κέκριται,[28] ὅτι μὴ πεπίστευκεν[29] εἰς
τὸ ὄνομα[30] τοῦ μονογενοῦς υἱοῦ τοῦ θεοῦ. αὕτη[31] δέ ἐστιν ἡ κρίσις[32] ὅτι
τὸ φῶς ἐλήλυθεν[33] εἰς τὸν κόσμον καὶ ἠγάπησαν οἱ ἄνθρωποι μᾶλλον[34]
τὸ σκότος[35] ἢ τὸ φῶς· ἦν γὰρ αὐτῶν πονηρὰ τὰ ἔργα. (John 3:16-19)

21. μονογενῆ = "only begotten" or "unique"; below in this reading, notice also μονογενοῦς, the M/FGS form of this adjective
22. πᾶς ὁ πιστεύων = "everyone who believes" (the adjective πᾶς with the articular PrAPar-MNS)
23. ἀπόληται = "may perish" (2AoMSub3S, from ἀπόλλυμι)
24. ἔχῃ = "may have" (PrASub3S)
25. κρίνῃ = "may judge" (PrASub3S)
26. σωθῇ = "may be saved" (AoPSub3S, from σῴζω, ἔσωσα)
27. κρίνεται = "is judged" (PrPInd3S)
28. κέκριται = "has been judged" (PfPInd3S)
29. μὴ πεπίστευκεν = "has not believed" (negated PfAInd3S, but with μὴ instead of οὐ for the negative)
30. ὄνομα = "name" (3NON-NAS)
31. αὕτη = "this" (demPRO-FNS)
32. κρίσις = "judgment" (3NON-FNS, cognate to the verb κρίνω)
33. ἐλήλυθεν = "came" (PfAInd3S, from ἔρχομαι)
34. μᾶλλον . . . ἢ = "rather than"
35. σκότος = "darkness" (3NON-NAS, cognate to σκοτία)

Nouns (First Declension); Relative Pronouns

A. Change the following words to their opposite number, and give a translation that illustrates the meaning of the case and number. Thus γραφῆς becomes γραφῶν, rendered "of the writings."

1. ὥρᾳ

2. γραφῇ

3. ἡμέρας

4. γαῖς

5. καρδίαι

6. δικαιοσύνη

7. οἰκίαν

8. εἰρηνῶν

B. Change the following words to the case indicated, and give a translation that illustrates the meaning of the case and number. Thus γραφῆς (dative) becomes γραφῇ, rendered "for the writing."

1. ἐκκλησίαν (nominative)

2. γλώσσῃ (genitive)

3. θάλασσα (dative)

4. χρειῶν (nominative)

5. ψυχῇ (accusative)

6. φωνῆς (vocative)

7. συναγωγάς (dative)

8. μαθητῇ (genitive)

C. Supply the appropriate article and indicated adjective for each noun in the following attributive phrases, and give a translation of the phrase. Then give the appropriate relative pronoun, assuming that the relative pronoun is the subject of the relative clause. Thus _____ ἡμέραν (ἀγαθός) becomes τὴν ἀγαθὴν ἡμέραν, rendered "the good day." The relative pronoun is ἥ.

1. _____ ἐντολαῖς (ἀγαθός)   5. _____ καρδία (ἴδιος)

2. _____ ἐπαγγελίας (ἅγιος)   6. _____ προφήταις (νεκρός)

3. _____ ζωῇ (ἄλλος)   7. _____ παραβολαί (καλός)

4. _____ κεφαλήν (μόνος)   8. _____ ψυχῆς (ὅλος)

D. Supply a different noun for each adjective and create an attributive phrase (with the appropriate article), and give a translation of the phrase. Then give the appropriate relative pronoun, assuming that the relative pronoun is the object of the relative clause. Thus πονηρᾷ _____ can become τῇ πονηρᾷ ἡμέρᾳ, rendered "the evil day." The relative pronoun is ἥν.

1. πονηρᾷ _____   5. ἁγίαν _____

2. ἀγαθῆς _____   6. νεκράς _____

3. ὅλων _____   7. ἰδίας _____

4. πρώταις _____   8. ἄλλη _____

E. Translate the following sentences from the New Testament. Be sure to be able to parse all verbs, nouns, adjectives, and pronouns studied so far.

1. καὶ αὕτη ἐστὶν ἡ ἀγάπη καὶ αὕτη ἡ ἐντολή ἐστιν, ἧς ἠκούσατε ἀπ᾿[1] ἀρχῆς (2 John 6)

2. ἦν Χριστὸς ὃς ἁμαρτίαν οὐκ ἐποίησεν ἀλλὰ ὃς τὰς ἁμαρτίας ἡμῶν ἤνεγκεν (1 Pet. 2:22, 24)

3. καὶ ἀπέστειλεν αὐτοὺς[2] κηρύσσειν[3] τὴν βασιλείαν τοῦ θεοῦ (Luke 9:2)

4. Παῦλος δοῦλος Χριστοῦ Ἰησοῦ, κλητὸς[4] ἀπόστολος ἀφωρισμένος[5] εἰς εὐαγγέλιον θεοῦ, ὃ ἐλάλησεν διὰ τῶν προφητῶν αὐτοῦ ἐν γραφαῖς ἁγίαις (Rom. 1:1-2)

5. οὐ γὰρ διὰ νόμου ἡ ἐπαγγελία τῷ Ἀβραάμ, ἀλλὰ διὰ δικαιοσύνης (Rom. 4:13)

6. ἐν οὐρανῷ εἰρήνη καὶ δόξα ἐν ὑψίστοις[6] (Luke 19:38)

---

1. ἀπ᾿, elided form of the preposition ἀπό, normal when it precedes a word beginning with a vowel or diphthong that has smooth breathing.
2. αὐτούς = "them" (intnPRO-MAP)
3. κηρύσσειν = "to preach" (PrAInf)
4. κλητός = "called" (1/2ADJ-MNS)
5. ἀφωρισμένος = "set apart" (PfPPar-MNS, from ἀφορίζω)
6. ὑψίστοις = "highest" (1/2ADJ-M/NDP)

7. ἐγώ[7] εἰμι ἡ ὁδὸς καὶ ἡ ἀλήθεια καὶ ἡ ζωή (John 14:6)

8. καὶ πᾶς ὁ ὄχλος πρὸς τὴν θάλασσαν ἐπὶ τῆς γῆς ἦσαν[8] (Mark 4:1)

9. διὰ τί[9] ἐν παραβολαῖς λαλεῖς αὐτοῖς;[10] (Matt. 13:10)

10. ἐγὼ πάντοτε[11] ἐδίδαξα ἐν συναγωγῇ καὶ ἐν τῷ ἱερῷ (John 18:20)

F. Translate the following passage, using notes from previous chapters. Be sure to be able to parse all verbs, nouns, and adjectives studied so far.

[Χριστὸς] ὃς ἐρρύσατο[12] ἡμᾶς ἐκ τῆς ἐξουσίας τοῦ σκότους[13] καὶ

μετέστησεν[14] εἰς τὴν βασιλείαν τοῦ υἱοῦ τῆς ἀγάπης αὐτοῦ, ἐν ᾧ

---

7. ἐγώ = "I" (persPRO-1NS)
8. ἦσαν = "was" (aInd3P, from εἰμί)
9. διὰ τί = "because of what?" or, better, "why?" (intgPRO-NAS, with διά + acc.)
10. αὐτοῖς = "to them" (intnPRO-MDP)
11. πάντοτε = "always" (adverb)
12. ἐρρύσατο = "rescued" (1AoMInd3S, from ῥύομαι)
13. σκότους = NGS of σκότος (see explanation in 4E above)
14. μετέστησεν = "transferred" (preposition μετά prefixed to ἵστημι, ἔστησα)

ἔχομεν[15] τὴν ἀπολύτρωσιν,[16] τὴν ἄφεσιν[17] τῶν ἁμαρτιῶν· ὅς ἐστιν εἰκὼν[18]

τοῦ θεοῦ τοῦ ἀοράτου,[19] πρωτότοκος[20] πάσης κτίσεως, ὅτι ἐν αὐτῷ

ἐκτίσθη[21] τὰ πάντα[22] ἐν τοῖς οὐρανοῖς καὶ ἐπὶ τῆς γῆς, τὰ ὁρατὰ καὶ τὰ

ἀόρατα, εἴτε[23] θρόνοι εἴτε κυριότητες[24] εἴτε ἀρχαὶ εἴτε ἐξουσίαι· τὰ πάντα

δι᾽ αὐτοῦ καὶ εἰς αὐτὸν ἔκτισται.[25] καὶ αὐτός[26] ἐστιν πρὸ πάντων[27] καὶ τὰ

πάντα ἐν αὐτῷ συνέστηκεν,[28] καὶ αὐτός ἐστιν ἡ κεφαλὴ τοῦ σώματος[29]

τῆς ἐκκλησίας· ὅς ἐστιν ἀρχή, πρωτότοκος ἐκ τῶν νεκρῶν, ἵνα γένηται[30]

ἐν πᾶσιν[31] αὐτὸς πρωτεύων[32] (Col. 1:13-18)

15. ἔχομεν = "we have" (PrAInd1P)
16. ἀπολύτρωσιν = "redemption" (3NON-FAS, from ἀπολύτρωσις)
17. ἄφεσιν = "forgiveness" (3NON-FAS, from ἄφεσις)
18. εἰκών = "image" (3NON-FNS)
19. ἀοράτου = "unseen" (2ADJ-MGS); below in this text, note the related NNP forms ὁρατά, "seen (things)," and ἀόρατα, "unseen (things)."
20. πρωτότοκος πάσης κτίσεως = "firstborn of all creation"
21. ἐκτίσθη = "were created" (AoPInd3S, with subject in neuter plural, from κτίζω, ἔκτισα)
22. τὰ πάντα = "all things" (1/3ADJ-NNP, from πᾶς, πᾶσα, πᾶν, subject of previous verb)
23. εἴτε . . . εἴτε . . . εἴτε . . . εἴτε, correlative conjunctions, rendered "whether . . . or . . . or . . . or"
24. κυριότητες = "powers" (1NON-FNP, derived from κύριος)
25. ἔκτισται = "were created" (PfPInd3S, another form of κτίζω)
26. αὐτός = "he (himself)" (intnPRO-MNS)
27. πρὸ πάντων = "before all things" (preposition with M/NGP form of adjective πᾶς, πᾶσα, πᾶν)
28. συνέστηκεν = "hold together" (PfAInd3S form of ἔστησα, with prefixed preposition σύν)
29. σώματος = "body" (3NON-NGS)
30. γένηται = "he may become" (2AoMSub3S, from γίνομαι)
31. πᾶσιν = "all things" (1/3ADJ-M/NDP, from πᾶς, πᾶσα, πᾶν)
32. πρωτεύων = "being first" (PrAPar-MNS)

Review 1

I. Translate the following words.

1. ἀγαθός

2. πονηρός

3. θάνατος

4. ἐξουσία

5. δίκαιος

6. μέσος

7. διδάσκαλος

8. παιδίον

9. ἀπέλυσα

10. ἔθηκα

II. Parse and translate the following words. Remember to include *all* of the pertinent information for the parsing of each of the words.

1. ἐσπείραμεν

2. ἐπηρώτησαν

3. γαῖς

4. ἐπαγγελίᾳ

5. παραβολῶν

6. ἁγίας

7. ἀγγέλους

8. ἐσχάτης

9. ἐβάπτισας

10. ἤκουσε

III. Complete the following exercises

A. Change the following words from singular to plural, or from plural to singular.

   1. ὄχλῳ   3. ὥρᾳ

   2. παρεκάλεσαν   4. ἀπέκτεινας

B. Change the following words to the case indicated, and add the appropriate article. Keep the same number.

   5. ἔργοις (genitive)   6. θάλασσα (dative)

C. Construct attributive structures in the case and number indicated, using the two words listed below.

   7. ὁ ἄρτος; κακός, -ή, -όν (accusative plural)

   8. τὸ ἱμάτιον; λοιπός, -ή, -όν (dative singular)

D. Change the following verbs to the indicated person.

   9. ἔστησε (first)   11. παρέδωκα (second)

   10. ἐγράψαμεν (third)   12. ἐπιστεύσατε (first)

E. Supply the appropriate article and indicated adjective (in parentheses) for each noun in the following attributive phrases. Use the given case, gender, and number of the noun.

13. _____ ἐντολαῖς (ἀγαθός)

14. _____ ζωῇ (ἄλλος)

15. _____ καρποί (καλός)

IV. Give the complete paradigms of the following, *including labeling the forms.*

A. Use the verb ἐρωτάω, ἠρώτησα and give the complete paradigm (all of the forms) for the aorist active indicative form. Remember to label the forms.

B. Use the noun ἡμέρα and give the complete paradigm (all the forms) for this word. Remember to label the forms.

C. Give the complete paradigm (all the forms) for the Greek relative pronoun. Remember to label the forms.

V. Translate the following Greek sentences or phrases into English.

1. καὶ αὕτη ἐστὶν ἡ ἀγάπη καὶ αὕτη ἡ ἐντολή ἐστιν, ἧς ἠκούσατε ἀπ' ἀρχῆς.

2. Ἀβραὰμ ἐγέννησεν τὸν Ἰσαάκ, Ἰσαὰκ δὲ ἐγέννησεν τὸν Ἰακώβ.

3. ἀρχὴ τοῦ εὐαγγελίου Ἰησοῦ Χριστοῦ υἱοῦ θεοῦ.

Second Aorist Active Indicative and Infinitive; Imperfect Active Indicative

A. Parse and translate the following verbs. Remember to provide all of the information that a complete parsing requires. Thus εἶπε is second aorist active indicative third person singular, translated "he says or said."

1. παρέλαβας

2. ἐθαύμαζε

3. ἤλθετε

4. ἠκούομεν

5. ἔλεγε

6. ἤγαγον

7. εἶχον

8. εἰπεῖν

9. ἐξέβαλες

10. ἐδοξάζετε

B. Change the following verbs from the aorist to the imperfect, or vice versa. Be prepared to translate the resulting form. Thus εἶχε becomes ἔσχε, "he has or had."

1. ἐδόξαζες

2. εἴπετε

3. εἴχετε

4. ἠκούσαμεν

5. ἔκραζον

6. ἤκουον

7. ἔλεγεν

8. ἐθαύμαζον

9. ἔλιπε

10. ἐδοξάσαμεν

C. Change the following verbs to the indicated person, and translate. Thus παρελάβομεν (second) becomes παρελάβετε, translated "you receive or received," or "you take along or took along."

1. ἔβαλε (second)

2. συνηγάγετε (first)

3. ἐμέλλετε (third)

4. ἔγνωμεν (third)

5. ἤκουες (first)

6. παρέλαβες (third)

7. ἔσχον (second pl.)

8. ἔφαγον (second sg.)

9. ἐθέλετε (first)

10. ἔθελε (second)

D. Change the following verbs to the opposite number, and translate. Thus εὗρες becomes εὕρετε, translated "you find or found."

1. ἐδόξαζε

2. εἶχε

3. ἔπεμπες

4. ἔσχετε

5. ἐδιδάσκομεν

6. ἠκούομεν

7. ἔφαγον

8. εὗρε

E. Substitute the appropriate aorist active infinitive into the following sentences (the aorist active indicative form is given in parentheses), and translate. Thus παρεκάλεσαν _____ (ἔμεινα) becomes παρεκάλεσαν μεῖναι, translated "they asked to stay."

   1. παρεκάλεσαν _____ (ἔμεινα, ἔγνων, ἐλάλησα, ἠρώτησα, ἦλθον).

   2. ἔμελλες _____ (ἐπίστευσα, ἀπέκτεινα, ἔγραψα, παρέλαβον, εἶπον).

F. Translate the following sentences. Be prepared to parse the verbs, nouns, and adjectives studied so far.

   1. ἡ οὖν Μαριὰμ ὡς[1] ἦλθεν ὅπου ἦν Ἰησοῦς ἔπεσεν πρὸς τοὺς πόδας[2] αὐτοῦ καὶ ἔλεγεν, Κύριε, εἰ ἦς[3] ὧδε οὐκ ἄν μου ἀπέθανεν ὁ ἀδελφός (John 11:32)

   2. καὶ ἦλθεν Ἰησοῦς εἰς τὸ ἱερὸν καὶ ἐξέβαλεν πάντας[4] τοὺς ἀνθρώπους ἐν τῷ ἱερῷ (Matt. 21:12)

   3. ἤγαγεν δὲ αὐτὸν εἰς Ἰερουσαλὴμ καὶ ἔστησεν ἐπὶ τὸ ἱερὸν καὶ εἶπεν αὐτῷ . . . (Luke 4:9)

1. ὡς = "when" (a particle, here temporal. Elsewhere it can be a particle of comparison, rendered "as.")
2. πόδας = "feet" (3NON-MAP, from πούς)
3. ἦς = "you were" (aInd2S, from εἰμί)
4. πάντας = "all" (1/3ADJ-MAP, from πᾶς, πᾶσα, πᾶν)

4. καὶ ἔλαβον καὶ ἔγνωσαν ἀληθῶς[5] ὅτι παρὰ σοῦ[6] ἐξῆλθον,[7] καὶ ἐπίστευσαν ὅτι σύ με[8] ἀπέστειλας (John 17:8)

5. ἄλλα δὲ ἔπεσεν ἐπὶ τὰ πετρώδη[9] ὅπου οὐκ εἶχεν γῆν (Matt. 13:5)

6. καὶ ἐδίδασκεν αὐτοὺς ἐν παραβολαῖς πολλὰ καὶ ἔλεγεν αὐτοῖς ἐν τῇ διδαχῇ[10] αὐτοῦ . . . (Mark 4:2)

7. παρέδωκα γὰρ ὑμῖν[11] ἐν πρώτοις, ὃ καὶ παρέλαβον, ὅτι Χριστὸς ἀπέθανεν ὑπὲρ τῶν ἁμαρτιῶν ἡμῶν (1 Cor. 15:3)

8. ἐξῆλθον δὲ ἰδεῖν τὸ γεγονὸς[12] καὶ ἦλθον πρὸς τὸν Ἰησοῦν καὶ εὗρον τὸν ἄνθρωπον ἀφ᾽[13] οὗ τὰ δαιμόνια ἐξῆλθεν (Luke 8:35)

9. ἔλαβεν δὲ φόβος πάντας καὶ ἐδόξαζον τὸν θεόν (Luke 7:16)

---

5. ἀληθῶς = "truly" (adverb)
6. σοῦ = "you" (persPRO-2GS. In other contexts, this form may be rendered "your.")
7. ἐξῆλθον = "I came" (2AoAInd1S, from ἐξέρχομαι)
8. σύ and με are persPRO, the first = "you (sg.)" (2NS), the second = "me" (1AS)
9. πετρώδη = "rocky ground" (3NON-NAP)
10. διδαχῇ = "teaching" (1NON-FDS)
11. ὑμῖν = "(to) you" (persPRO-2DP)
12. τὸ γεγονός = "the thing that has come about" (PfAPar-NAS, from γίνομαι, ἐγενόμην)
13. ἀφ᾽, elided form of the preposition ἀπό, with π- changing to φ- when it precedes a word beginning with a vowel or diphthong that has rough breathing.

10. ἔκραζεν, Οὗτοι[14] οἱ ἄνθρωποι δοῦλοι τοῦ θεοῦ εἰσίν[15] (Acts 16:17)

11. μετὰ τοῦτο ἦλθεν εἰς Καφαρναοὺμ καὶ ἐκεῖ ἔμειναν οὐ πολλὰς[16] ἡμέρας (John 2:12)

12. καλόν σέ ἐστιν μονόφθαλμον[17] εἰσελθεῖν εἰς τὴν βασιλείαν τοῦ θεοῦ (Mark 9:47)

13. ἄρτον ἐκ τοῦ οὐρανοῦ ἔδωκεν αὐτοῖς φαγεῖν (John 6:31)

14. καὶ ἤρξαντο παρακαλεῖν αὐτὸν ἀπελθεῖν (Mark 5:17)

15. καὶ ἦλθεν καὶ ἤρξατο[18] κηρύσσειν ἐν τῇ Δεκαπόλει ἃ ἐποίησεν ὁ Ἰησοῦς, καὶ πάντες ἐθαύμαζον (Mark 5:20)

14. οὗτοι = "these" (demPRO-MNP)
15. εἰσίν = "we are" (uInd3P, from εἰμί. The form εἰσίν is enclitic.)
16. πολλάς = "many" (1/2ADJ-FAP, from πολύς, πολλή, πολύ)
17. μονόφθαλμον = "one-eyed" (2ADJ-MAS)
18. ἤρξατο = "began" (1AoMInd3S, from ἄρχω, ἠρξάμην)

33

G. Translate the following passage, using the notes from previous chapters. Be prepared to parse the verbs, nouns, and adjectives studied so far.

εἰς τὰ ἴδια ἦλθεν, καὶ οἱ ἴδιοι αὐτὸν οὐ παρέλαβον. ὅσοι[19] δὲ ἔλαβον

αὐτόν, ἔδωκεν αὐτοῖς ἐξουσίαν τέκνα θεοῦ γενέσθαι,[20] τοῖς πιστεύουσιν[21]

εἰς τὸ ὄνομα αὐτοῦ, οἳ οὐκ ἐξ αἱμάτων[22] οὐδὲ ἐκ θελήματος σαρκὸς[23]

οὐδὲ ἐκ θελήματος ἀνδρὸς[24] ἀλλ' ἐκ θεοῦ ἐγεννήθησαν.[25] καὶ ὁ λόγος

σὰρξ ἐγένετο καὶ ἐσκήνωσεν[26] ἐν ἡμῖν,[27] καὶ ἐθεασάμεθα[28] τὴν δόξαν

αὐτοῦ, δόξαν ὡς μονογενοῦς παρὰ πατρός,[29] πλήρης[30] χάριτος[31] καὶ

ἀληθείας. (John 1:11-14)

19. ὅσοι = οἱ
20. γενέσθαι = "to become" (2AoMInf, from γίνομαι, ἐγενόμην)
21. τοῖς πιστεύουσιν = "to the ones believing" (PrAPar-MDP)
22. αἱμάτων = "blood" (3NON-NGP, from αἷμα)
23. θελήματος σαρκός = "will of the flesh" (two third declension nouns, θέλημα ["will"] and σάρξ ["flesh"], in the genitive case)
24. ἀνδρός = "man" (3NON-MGS, from ἀνήρ, also dependent upon θελήματος)
25. ἐγεννήθησαν = "they were begotten" (AoPInd3P, from γεννάω, ἐγέννησα)
26. ἐσκήνωσεν = "dwelt" (1AoAInd3S, from σκηνόω)
27. ἡμῖν = "us" (persPRO-1DP)
28. ἐθεασάμεθα = "we saw" (1AoMInd1P)
29. πατρός = "(the) Father" (3NON-MGS, from πατήρ)
30. πλήρης = "full" (3ADJ)
31. χάριτος = "grace" (3NON-FGS, from χάρις)

Nouns (Third Declension) and Adjectives (Various Declension Patterns); the Verb εἰμί

A. Parse the following forms, and give a translation. Thus πνεῦμα is neuter nominative or accusative singular, translated "spirit."

1. δυνάμεως

6. μίας

2. ἀνδρί

7. μηδενί

3. ἡγεμόσι

8. πολλῶν

4. νύκτα

9. χειρί

5. πνεύματα

10. σώμασι

B. Change the following nouns and adjectives to their opposite number, and offer a translation. Thus πίστεως becomes πίστεων, translated "of faiths."

1. φωτός

6. στόμασι

2. ῥήματι

7. πίστιν

3. γραμματεύς

8. ἀληθοῦς

4. χεῖρας

9. πᾶσα

5. σῶμα

10. πολλάς

C. Change the following nouns and adjectives to the case indicated, keeping the same number, and offer a translation. Thus ἀρχιερεύς (dative) becomes ἀρχιερεῖ, translated "to the chief priest."

1. ὄρων (dative)

2. νύκτα (genitive)

3. μήτηρ (accusative)

4. θελημάτων (nominative)

5. δυνάμει (genitive)

6. γυναῖκα (dative)

7. βασιλέα (nominative)

8. ἀρχιερέως (vocative)

9. πολλοῦ (accusative)

10. πολλαῖς (genitive)

D. Change the following verbs to the opposite form (i.e. augmented to unaugmented, or unaugmented to augmented), and offer a translation. Indicate the forms that are enclitic. Thus ἦσθα becomes εἶ, translated "you are."

1. ἦτε

2. ἐσμέν

3. ἦν

4. ἤμην

5. ἐστί

6. εἶ

7. εἰσί

8. ἦς

E. Translate the following sentences. Be sure that you are able to parse all the verbs, nouns, and adjectives studied so far.

1. ἔστησαν οἱ ἀρχιερεῖς καὶ οἱ γραμματεῖς σὺν τοῖς πρεσβυτέροις (Luke 20:1)

2. ἤγειρεν τὸν Δαυὶδ αὐτοῖς[1] εἰς βασιλέα ᾧ καὶ εἶπεν, Εὗρον Δαυὶδ τὸν τοῦ Ἰεσσαί[2] (Acts 13:22)

3. παντὸς ἀνδρὸς ἡ κεφαλὴ ὁ Χριστός ἐστιν, κεφαλὴ δὲ γυναικὸς ὁ ἀνήρ (1 Cor. 11:3)

4. ἔμελλεν Ἰησοῦς ἀποθανεῖν ὑπὲρ τοῦ ἔθνους, καὶ οὐχ ὑπὲρ τοῦ ἔθνους μόνον[3] (John 11:51-52)

5. Παῦλος ἀπόστολος Χριστοῦ Ἰησοῦ διὰ θελήματος θεοῦ καὶ Τιμόθεος ὁ ἀδελφός τῇ ἐκκλησίᾳ τοῦ θεοῦ τῇ ἐν Κορίνθῳ σὺν τοῖς ἁγίοις πᾶσιν τοῖς ἐν ὅλῃ τῇ Ἀχαΐᾳ, χάρις ὑμῖν καὶ εἰρήνη ἀπὸ θεοῦ πατρὸς ἡμῶν καὶ κυρίου Ἰησοῦ Χριστοῦ (2 Cor. 1:1-2)

6. παρέλαβεν τὸ παιδίον καὶ τὴν μητέρα αὐτοῦ νυκτός[4] (Matt. 2:14)

1. αὐτοῖς = "for them" (intnPRO-MDP)
2. τοῦ Ἰεσσαί = "[son] of Jesse"
3. μόνον = "only" (adverbial use of 1/2ADJ-NAS, from μόνος)
4. νυκτός = "at night" (3NON-FGS, from νύξ, referring here to the time during which something occurred)

7. κύριε κύριε, οὐ τῷ σῷ[5] ὀνόματι ἐπροφητεύσαμεν[6] καὶ τῷ σῷ ὀνόματι δαιμόνια ἐξεβάλομεν, καὶ τῷ σῷ ὀνόματι δυνάμεις πολλὰς ἐποιήσαμεν; (Matt. 7:22)

8. οἱ πατέρες ἡμῶν ἐν τῷ ὄρει τούτῳ προσεκύνησαν (John 4:20)

9. ἦν ἀνὴρ ἀγαθὸς καὶ πλήρης[7] πνεύματος ἁγίου καὶ πίστεως (Acts 11:24)

10. εἰσῆλθόν σου εἰς τὴν οἰκίαν, ὕδωρ μοι ἐπὶ πόδας οὐκ ἔδωκας (Luke 7:44)

11. καθὼς[8] ἐλάλησεν διὰ στόματος τῶν ἁγίων ἀπ᾽ αἰῶνος προφητῶν αὐτοῦ (Luke 1:70)

12. ἦλθεν οὖν καὶ ἦρεν τὸ σῶμα αὐτοῦ (John 19:38)

---

5. σῷ = "your" (possPRO-D2S)
6. ἐπροφητεύσαμεν is a form of the verb telling what a prophet does.
7. πλήρης = "full" (3ADJ-MNS)
8. καθώς = "just as" (an adverb)

F. Translate the following passage, using the notes from previous chapters. Be prepared to parse the verbs, nouns, and adjectives studied so far.

Ἰωάννης μαρτυρεῖ[9] περὶ αὐτοῦ καὶ κέκραγεν[10] λέγων,[11] Οὗτος ἦν ὃν

εἶπον, Ὁ ὀπίσω μου ἐρχόμενος[12] ἔμπροσθέν μου γέγονεν,[13] ὅτι πρῶτός

μου[14] ἦν. ὅτι ἐκ τοῦ πληρώματος[15] αὐτοῦ ἡμεῖς[16] πάντες ἐλάβομεν καὶ

χάριν ἀντὶ[17] χάριτος· ὅτι ὁ νόμος διὰ Μωϋσέως ἐδόθη,[18] ἡ χάρις καὶ ἡ

ἀλήθεια διὰ Ἰησοῦ Χριστοῦ ἐγένετο. θεὸν οὐδεὶς ἑώρακεν[19] πώποτε.[20]

9. μαρτυρεῖ = "bears witness" (PrAInd3S)
10. κέκραγεν = "cried" (PfAInd3S, from κράζω, ἔκραξα)
11. λέγων = "saying" (PrAPar-MNS, here used adverbially)
12. ὁ ὀπίσω μου ἐρχόμενος = "the one coming after me" (PrMPar-MNS, used with article and prepositional phrase)
13. ἔμπροσθέν μου γέγονεν = "came before me" (PfAInd3P, with preceding prepositional phrase)
14. πρῶτός μου = "before me" (the genitive case here expresses the comparison)
15. πληρώματος = "fullness" (3NON-NGS, from πλήρωμα)
16. ἡμεῖς = persPRO-1NP, rendered "we."
17. ἀντί = "upon"
18. ἐδόθη = "was given" (AoPInd3S, from δίδωμι, ἔδωκα)
19. ἑώρακεν = "has seen" (from ὁράω, same parsing as κέκραγεν above)
20. πώποτε = "ever" (adverb)

μονογενὴς θεὸς ὁ ὢν εἰς τὸν κόλπον²¹ τοῦ πατρὸς ἐκεῖνος ἐξηγήσατο.²²

καὶ αὕτη ἐστὶν ἡ μαρτυρία τοῦ Ἰωάννου, ὅτε²³ ἀπέστειλαν πρὸς αὐτὸν οἱ

Ἰουδαῖοι ἐξ Ἱεροσολύμων ἱερεῖς²⁴ καὶ Λευίτας ἵνα ἐρωτήσωσιν²⁵ αὐτόν,

Σὺ τίς²⁶ εἶ; καὶ ὡμολόγησεν²⁷ καὶ οὐκ ἠρνήσατο,²⁸ καὶ ὡμολόγησεν ὅτι

Ἐγὼ οὐκ εἰμὶ ὁ Χριστός. (John 1:15-20)

21. ὁ ὢν εἰς τὸν κόλπον = "who is in the bosom" (article + uPar-MNS, from εἰμί, followed by prepositional phrase)

22. ἐξηγήσατο = "made clear" (1AoMInd3S, from ἐξηγέομαι, ἐξηγησάμην)

23. ὅτε = "when" (a subordinate conjunction)

24. ἱερεῖς = "priest" (see ἀρχιερεύς in the ch. 9 vocabulary)

25. ἐρωτήσωσιν = "they may ask" (1AoASub3P, from ἐρωτάω, ἠρώτησα)

26. τίς = "who?" (intgPRO-MNS)

27. ὡμολόγησεν = "confessed" (1AoAInd3S, from ὁμολογέω)

28. ἠρνήσατο = "denied" (same parsing as ἐξηγήσατο above)

Present and Future Active Indicative and Infinitive; Contract Verbs in εω

A. Parse the following verbs, then change them into their opposite form (i.e., present to imperfect, or imperfect to present), and translate. Thus ἔλεγον is parsed as imperfect active indicative first person singular or third person plural (ImAInd1S or 3P), becomes λέγω or λέγουσι, and is translated "I am saying" or "they are saying."

1. λέγουσιν	6. πείθεις
2. ζητοῦσιν	7. ἐβλέπετε
3. ἠκολούθει	8. δεῖ
4. ἐθεώρουν	9. ὑπάρχουσι
5. ἐποίει	10. ἔκρινον

B. Parse the following verbs, change them into their corresponding aorist form, and translate. Thus ἐποίουν, parsed as ImAInd1S or 3P, becomes ἐποίησα or ἐποίησαν and is translated "I do or did" or "they do or did."

1. ἠκούομεν	5. δώσουσι
2. γράφει	6. ποιεῖτε
3. εἴχετε	7. παρακαλεῖς
4. λέγεις	8. προσκυνῶ

C. Change the following verbs to their opposite form (i.e. present or imperfect to future, future to present), and translate. Thus σώσεις becomes σῴζεις, translated "you save."

1. παρακαλέσεις   6. λαλήσουσι

2. σώσει   7. ἀκούσει

3. αἰτεῖς   8. προσκυνήσεις

4. ἔχουσι   9. εἶ

5. τηρήσομεν   10. ἦν

D. Translate the following sentences. Be able to identify and parse all of the verbs, nouns, and adjectives studied so far.

1. πάντα ἐλάλησεν ὁ Ἰησοῦς ἐν παραβολαῖς τοῖς ὄχλοις καὶ χωρὶς παραβολῆς

   οὐδὲν ἐλάλει αὐτοῖς (Matt. 13:34)

2. καὶ δώσει αὐτῷ κύριος ὁ θεὸς τὸν θρόνον Δαυὶδ τοῦ πατρὸς αὐτοῦ (Luke 1:32)

3. ὑμῶν[1] δὲ μακάριοι οἱ ὀφθαλμοὶ ὅτι βλέπουσιν καὶ τὰ ὦτα[2] ὑμῶν ὅτι ἀκούουσιν

   (Matt. 13:16)

---

1. ὑμῶν = "your" (persPRO-2GP)
2. ὦτα = "ears" (3NON-NNP, from οὖς)

4. πολλὰ ἔχω περὶ ὑμῶν λαλεῖν καὶ κρίνειν, ἀλλ᾽ ὁ πέμψας με³ ἀληθής ἐστιν, κἀγώ⁴ ἃ ἤκουσα ταῦτα⁵ λαλῶ εἰς τὸν κόσμον (John 8:26)

5. κἀκεῖνα⁶ δεῖ με ἀγαγεῖν καὶ τῆς φωνῆς μου ἀκούσουσιν (John 10:16)

6. διὰ πίστεως γὰρ περιπατοῦμεν (2 Cor. 5:7)

7. παραδώσει δὲ ἀδελφὸς ἀδελφὸν εἰς θάνατον καὶ πατὴρ τέκνον (Matt. 10:21)

8. πολλοὶ δὲ ἔσονται πρῶτοι ἔσχατοι καὶ ἔσχατοι πρῶτοι (Matt. 19:30)

9. παρακαλῶ δὲ ὑμᾶς,⁷ ἀδελφοί, διὰ τοῦ κυρίου ἡμῶν Ἰησοῦ Χριστοῦ καὶ διὰ τῆς ἀγάπης τοῦ πνεύματος (Rom. 15:30)

10. ἐπίστευσα, διὸ ἐλάλησα, καὶ πιστεύομεν, διὸ καὶ λαλοῦμεν (2 Cor. 4:13)

11. Μωϋσῆς γὰρ γράφει τὴν δικαιοσύνην τὴν ἐκ τοῦ νόμου (Rom. 10:5)

---

3. ὁ πέμψας με = "the one who sent me" (an articular 1AoAPar with an accusative object)
4. κἀγώ = "and I" (a contraction of καὶ + ἐγώ. In the text, see 1.3.7.e.)
5. ταῦτα = "these things" (demPRO-NAP)
6. κἀκεῖνα = "them also" (a contraction of καὶ + ἐκεῖνα, demPRO-NAP)
7. ὑμᾶς = "you" (persPRO-2AP)

12. οἱ ἀπόστολοι καὶ οἱ πρεσβύτεροι ἀδελφοὶ τοῖς κατὰ[8] τὴν Ἀντιόχειαν καὶ Συρίαν

καὶ Κιλικίαν ἀδελφοῖς τοῖς ἐξ ἐθνῶν χαίρειν (Acts 15:23)

E. Translate the following passage, using the notes from previous chapters. Be prepared to parse the verbs, nouns, and adjectives studied so far.

ἀγαπητοί, οὐκ ἐντολὴν καινὴν[9] γράφω ὑμῖν ἀλλ᾽ ἐντολὴν παλαιὰν[10] ἣν

εἴχετε ἀπ᾽ ἀρχῆς· ἡ ἐντολὴ ἡ παλαιά ἐστιν ὁ λόγος ὃν ἠκούσατε. πάλιν

ἐντολὴν καινὴν γράφω ὑμῖν, ὅ ἐστιν ἀληθὲς ἐν αὐτῷ καὶ ἐν ὑμῖν, ὅτι ἡ

σκοτία παράγεται[11] καὶ τὸ φῶς τὸ ἀληθινὸν ἤδη φαίνει. ὁ λέγων[12] ἐν τῷ

8. κατά = "in" (a preposition)
9. καινήν = "new" (1/2ADJ-FAS)
10. παλαιάν = "old" (1/2ADJ-FAS)
11. παράγεται = "has passed away" (PrMInd3S, from παράγω)
12. ὁ λέγων = "the one who says" (articular PrAPar-MNS)

φωτὶ εἶναι καὶ τὸν ἀδελφὸν αὐτοῦ μισῶν[13] ἐν τῇ σκοτίᾳ ἐστὶν ἕως ἄρτι.[14]
ὁ ἀγαπῶν[15] τὸν ἀδελφὸν αὐτοῦ ἐν τῷ φωτὶ μένει καὶ σκάνδαλον[16] ἐν
αὐτῷ οὐκ ἔστιν· ὁ δὲ μισῶν τὸν ἀδελφὸν αὐτοῦ ἐν τῇ σκοτίᾳ ἐστὶν καὶ
ἐν τῇ σκοτίᾳ περιπατεῖ καὶ οὐκ οἶδεν[17] ποῦ[18] ὑπάγει,[19] ὅτι ἡ σκοτία
ἐτύφλωσεν[20] τοὺς ὀφθαλμοὺς αὐτοῦ. (1 John 2:7-11)

13. μισῶν = "hates" (from μισέω, same parsing as λέγων)
14. ἄρτι = "now" (adverb)
15. ὁ ἀγαπῶν = "the one who loves" (same parsing as λέγων and μισῶν)
16. σκάνδαλον = "cause of stumbling" (2NON-NNS)
17. οἶδεν = "know" (PfAInd3S, from οἶδα, the most widely used perfect tense-form in the New Testament)
18. ποῦ = "where; to what place" (interrogative adverb)
19. ὑπάγει = "goes" (PrAInd3S)
20. ἐτύφλωσεν = "blinded" (1AoAInd3S, from τυφλόω)

Pronouns: Intensive, Indefinite, and Interrogative; Questions

A. Change the following pronouns to their opposite number of the same gender and case, and provide a translation. Thus τινάς becomes τινά, translated "someone."

1. αὐτό

2. αὐτούς

3. αὐτῇ

4. αὐτῶν

5. τις

6. τίσι

7. τινές

8. τινός

B. Change the following pronouns to the gender indicated, and provide a translation. Thus αὐτῷ (neuter) becomes (or remains) αὐτῷ, rendered "to or for it."

1. αὐτῷ (feminine)

2. αὐτούς (neuter)

3. αὐτοῦ (feminine)

4. αὐτήν (masculine)

5. τι (masculine)

6. τινές (neuter)

7. τίς (feminine)

8. αὐτάς (masculine)

C. Change the following pronouns to the case indicated, keeping the same gender and number, and provide a translation. Thus αὐτῶν (accusative) becomes αὐτούς, rendered "them."

1. αὐταί (dative)

5. τινός (dative)

2. αὐτά (genitive)

6. τινά (accusative)

3. αὐτῷ (genitive)

7. τί (genitive)

4. αὐτή (dative)

8. τινῶν (accusative)

D. Fill in the appropriate pronoun, and provide a translation of the entire sentence. Thus εὗρον _____ (intnPRO-MAS) becomes εὗρον αὐτόν, translated "they found him."

1. λέγουσιν _____ (intnPRO-MDS).

2. καλέσεις τὸ ὄνομα _____ Ἰησοῦν (intnPRO-MGS)

3. _____ ὑμῖν δοκεῖ περὶ τοῦ Χριστοῦ; (intgPRO-NNS)

4. _____ εἶ; (intgPRO-MNS)

5. ἠκολούθει δὲ _____ ὄχλος πολύς (intnPRO-MDS)

E. Translate and indicate the use of the intensive pronoun and the indefinite/interrogative pronouns. Be prepared to parse the verbs, nouns, adjectives, and pronouns studied so far.

1. καὶ εὗρον αὐτὸν καὶ λέγουσιν[1] αὐτῷ ὅτι Πάντες ζητοῦσίν σε (Mark 1:37)

2. ἠκολούθει δὲ αὐτῷ ὄχλος πολύς, ὅτι ἐθεώρουν τὰ σημεῖα ἃ ἐποίει ἐπὶ τῶν ἀσθενούντων[2] (John 6:2)

3. καὶ καλέσεις τὸ ὄνομα αὐτοῦ Ἰησοῦν· αὐτὸς γὰρ σώσει τὸν λαὸν αὐτοῦ ἀπὸ τῶν ἁμαρτιῶν αὐτῶν (Matt. 1:21)

4. καὶ ἐπηρώτησαν αὐτὸν λέγοντες,[3] Διδάσκαλε, γινώσκομεν ὅτι ὀρθῶς[4] λέγεις καὶ διδάσκεις καὶ οὐ λαμβάνεις πρόσωπον,[5] ἀλλ᾽ ἐπ᾽ ἀληθείας τὴν ὁδὸν τοῦ θεοῦ διδάσκεις (Luke 20:21)

5. ὁ δὲ Πιλᾶτος εἶπεν πρὸς τοὺς ἀρχιερεῖς καὶ τοὺς ὄχλους, Οὐδὲν εὑρίσκω αἴτιον[6] ἐν τῷ ἀνθρώπῳ τούτῳ[7] (Luke 23:4)

---

1. λέγουσιν, an instance of the "historic" or "narrative" present; the translation should be the same as the other narrative tenses — that is, past: "they said."
2. ἐπὶ τῶν ἀσθενούντων = "for the weak" (a preposition followed by a PrAPar-MGP, from ἀσθενέω, ἠσθένησα)
3. λέγοντες = "saying" (adverbial use of the PrAPar-MNP)
4. ὀρθῶς = "correctly" (an adverb)
5. λαμβάνεις πρόσωπον = literally, "take (hold of a) face"; more idiomatically, "play favorites"
6. αἴτιον = "cause [of condemnation]" (2NON-NAS)
7. τούτῳ = "this" (demPRO-MDS)

6. εἴτε οὖν ἐσθίετε εἴτε πίνετε[8] εἴτε τι ποιεῖτε, πάντα εἰς δόξαν θεοῦ ποιεῖτε[9]

    (1 Cor. 10:31)

7. λέγουσιν αὐτῷ οἱ μαθηταί, Ῥαββί, νῦν ἐζήτουν σε λιθάσαι[10] οἱ Ἰουδαῖοι, καὶ

    πάλιν ὑπάγεις ἐκεῖ; (John 11:8)

8. τί ὑμῖν δοκεῖ περὶ τοῦ Χριστοῦ; τίνος υἱός ἐστιν; λέγουσιν αὐτῷ, Τοῦ Δαυίδ

    (Matt. 22:42)

9. καὶ ἀγαπήσεις κύριον τὸν θεόν σου ἐξ ὅλης τῆς καρδίας σου καὶ ἐξ ὅλης τῆς

    ψυχῆς σου (Mark 12:30)

10. ὁ Ἰησοῦς εἶπεν αὐτῇ, Ὦ γύναι, μεγάλη[11] σου ἡ πίστις (Matt. 15:28)

11. πῶς εἰσῆλθεν εἰς τὸν οἶκον τοῦ θεοῦ καὶ τοὺς ἄρτους ἔφαγον; (Matt. 12:4)

12. λέγουσιν αὐτῷ, Ποῦ, κύριε; (Luke 17:37)

---

8. πίνετε = "drink" (PrAInd2P)

9. ποιεῖτε = "do (2nd pl.)!" (PrAImp2P. Notice the occurrence of exactly the same form of ποιέω earlier in this same verse, which the context makes clear should be parsed PrAInd2P. See ch. 24 for a full discussion of the imperative, including the convergence of all present-tense Imp2P forms with their corresponding present-tense Ind2P forms.)

10. λιθάσαι = "stone" (1AoAINF, from λιθάζω, ἐλίθασα)

11. μεγάλη = "great" (1/2ADJ-FNS)

F. Translate the following passage, using the notes from previous readings. Be prepared to parse all the verbs, nouns, adjectives, and pronouns studied so far.

καὶ ἠρώτησαν αὐτόν, Τί οὖν; Σὺ Ἠλίας εἶ; καὶ λέγει, Οὐκ εἰμί. Ὁ προφήτης εἶ σύ; καὶ ἀπεκρίθη,[12] Οὔ. εἶπαν[13] οὖν αὐτῷ, Τίς εἶ; ἵνα ἀπόκρισιν δῶμεν τοῖς πέμψασιν ἡμᾶς·[14] τί λέγεις περὶ σεαυτοῦ;[15] ἔφη,[16] Ἐγὼ φωνὴ βοῶντος[17] ἐν τῇ ἐρήμῳ, Εὐθύνατε[18] τὴν ὁδὸν κυρίου, καθὼς εἶπεν Ἡσαΐας ὁ προφήτης. καὶ ἀπεσταλμένοι ἦσαν[19] ἐκ τῶν Φαρισαίων.

12. ἀπεκρίθη = "he answered" (AoPInd3S, from ἀποκρίνομαι, ἀπεκρινάμην)

13. εἶπαν = "they said" (2AoAInd3P, from λέγω, εἶπον). Notice that this second aorist verb form actually has features of both first and second aorist: like second aorist forms, its stem (εἶπ-) differs from its present-tense stem, and it has no tense formative; like first aorist forms, it has the connecting vowel -α- (though without the tense formative -σ-).

14. ἵνα ἀπόκρισιν δῶμεν τοῖς πέμψασιν ἡμᾶς = "that we may give an answer to those who sent us" (ἵνα is followed by a NON-FAS, functioning as direct object; the 2AoASub1P form of δίδωμι; and a phrase including the 1AoAPar-MDP, from πέμπω, functioning as indirect object).

15. περὶ σεαυτοῦ = "concerning yourself" (preposition followed by a rflxPRO-2MGS)

16. ἔφη = "he said" (aInd3S, from φημί)

17. βοῶντος = "crying" (PrAPar-MGS, from βοάω, ἐβόησα)

18. εὐθύνατε = "make straight!" (1AoAImp2P, from εὐθύνω)

19. ἀπεσταλμένοι ἦσαν = "they were sent" (periphrastic verb tense, formed from a PfPPar-MNP, plus an aInd3P form of εἰμί)

καὶ ἠρώτησαν αὐτὸν καὶ εἶπαν αὐτῷ, Τί[20] οὖν βαπτίζεις εἰ σὺ οὐκ εἶ
ὁ Χριστὸς οὐδὲ Ἠλίας οὐδὲ ὁ προφήτης; ἀπεκρίθη αὐτοῖς ὁ Ἰωάννης
λέγων, Ἐγὼ βαπτίζω ἐν ὕδατι· μέσος ὑμῶν ἔστηκεν[21] ὃν ὑμεῖς οὐκ
οἴδατε,[22] ὁ ὀπίσω μου ἐρχόμενος, οὗ οὐκ εἰμὶ ἐγὼ ἄξιος[23] ἵνα λύσω[24]
αὐτοῦ τὸν ἱμάντα τοῦ ὑποδήματος.[25] Ταῦτα ἐν Βηθανίᾳ ἐγένετο πέραν
τοῦ Ἰορδάνου,[26] ὅπου ἦν ὁ Ἰωάννης βαπτίζων.[27] (John 1:21-28)

20. τί = "why?"
21. μέσος ὑμῶν ἔστηκεν = "in your midst he stands" (PfAInd3S, from ἵστημι, ἔστησα/ἔστην)
22. οἴδατε = "you know" (PfAInd2P)
23. ἄξιος = "worthy" (1/2ADJ-MNS)
24. λύσω = "I may loose" (1AoASub1S)
25. τὸν ἱμάντα τοῦ ὑποδήματος = "the strap of his sandal"
26. πέραν τοῦ Ἰορδάνου = "on the other side of the Jordan (River)"
27. βαπτίζων = "baptizing" (adverbial use of PrAPar-MNS)

Participles: First and Second Aorist, Present, and Future Active Participle; Genitive Absolute

A. Change the following participles from aorist to present, or from present to aorist, adding the appropriate article and providing a translation. Thus βλέποντος becomes τοῦ βλέψαντος, translated "of the one seeing."

1. ἀκολουθήσασα

6. πίνοντος

2. σῷζον

7. ἐνέγκασι

3. βλεψάντων

8. εὑρίσκοντι

4. περιπατούσῃ

9. λαβοῦσα

5. εἰπόντα

10. λαλούντων

B. Change the following participles from singular to plural, or plural to singular, adding the appropriate article and providing a translation. Thus ἀποστείλαντα becomes τοὺς ἀποστειλάντας, translated "the ones sending."

1. καταβαίνων

6. ἐλθόντων

2. ἀναστασῶν

7. ζητοῦντι

3. ἀποστείλαντι

8. θεωροῦσαν

4. διδάσκοντας

9. κηρῦσσον

5. ἀπελθοῦσα

10. κραζόντων

C. Change the following participles to the gender and case indicated, and provide a translation. Thus μαρτυροῦντος (dative, plural) becomes μαρτυροῦσι, translated "to or for bearing witness."

1. κρίνουσαν (neuter, accusative)

6. μενουσῶν (neuter, genitive)

2. μαρτυρῶν (feminine, dative)

7. ἐσθίοντι (feminine, genitive)

3. σπείρουσα (neuter, accusative)

8. ἰδόντας (neuter, dative)

4. παραλαβόντα (masculine, genitive)

9. πεσόντας (feminine, nominative)

5. πέμψαντι (masculine, accusative)

10. τηρησασῶν (masculine, nominative)

D. Translate the following sentences. Be sure to be able to parse all verbs, nouns, adjectives, and pronouns studied so far.

1. καὶ προσελθόντες οἱ μαθηταὶ εἶπαν αὐτῷ, Διὰ τί ἐν παραβολαῖς λαλεῖς αὐτοῖς; (Matt. 13:10)

2. ὡς γὰρ ἄνθρωπος ἐκάλεσεν τοὺς ἰδίους δούλους καὶ παρέδωκεν αὐτοῖς τὰ ὑπάρχοντα αὐτοῦ (Matt. 25:14)

3. ἀκούσας δὲ ὁ Ἰησοῦς ἐθαύμασεν καὶ εἶπεν τοῖς ἀκολουθοῦσιν, Ἀμὴν λέγω ὑμῖν, παρ᾽ οὐδενὶ τοσαύτην[1] πίστιν ἐν τῷ Ἰσραὴλ εὗρον (Matt. 8:10)

4. ταῦτα αὐτοῦ λαλοῦντος αὐτοῖς ἰδοὺ ἄρχων εἷς ἐλθὼν προσεκύνει αὐτῷ λέγων ὅτι Ἡ θυγάτηρ[2] μου ἄρτι[3] ἐτελεύτησεν[4] (Matt. 9:18)

5. τοῦτο δὲ εἶπεν περὶ τοῦ πνεύματος ὃ ἔμελλον λαμβάνειν οἱ πιστεύσαντες εἰς αὐτόν (John 7:39)

6. τὸν μὴ γνόντα ἁμαρτίαν ὑπὲρ ἡμῶν ἁμαρτίαν ἐποίησεν (2 Cor. 5:21)

7. ἤκουσεν Ἰησοῦς ὅτι ἐξέβαλον αὐτὸν ἔξω καὶ εὑρὼν αὐτὸν εἶπεν, Σὺ πιστεύεις εἰς τὸν υἱὸν τοῦ ἀνθρώπου; (John 9:35)

8. διὰ τοῦτο ἐν παραβολαῖς αὐτοῖς λαλῶ, ὅτι βλέποντες οὐ βλέπουσιν καὶ ἀκούοντες οὐκ ἀκούουσιν (Matt. 13:13)

9. ἠρώτησαν αὐτόν, Τίς ἐστιν ὁ ἄνθρωπος ὁ εἰπών σοι; (John 5:12)

---

1. τοσαύτην = "such" (1/2ADJ-FAS, from τοσοῦτος, τοσαύτη, τοσοῦτον)
2. θυγάτηρ = "daughter" (3NON-FNS)
3. ἄρτι = "already" (an adverb)
4. ἐτελεύτησεν = "is dead" (1AoAInd3S, from τελευτάω)

10. εἰσελθόντος δὲ αὐτοῦ εἰς Καφαρναοὺμ προσῆλθεν αὐτῷ ἑκατόνταρχος[5]
    παρακαλῶν αὐτόν . . . (Matt. 8:5)

11. καὶ ἀναβαίνων ὁ Ἰησοῦς εἰς Ἱεροσόλυμα παρέλαβεν τοὺς δώδεκα μαθητὰς κατ᾽
    ἰδίαν[6] καὶ ἐν τῇ ὁδῷ εἶπεν αὐτοῖς, Ἰδοὺ ἀναβαίνομεν εἰς Ἱεροσόλυμα (Matt.
    20:17-18)

12. ἰδὼν δὲ τοὺς ὄχλους ἀνέβη εἰς τὸ ὄρος (Matt. 5:1)

13. οἱ τὴν περισσείαν[7] τῆς χάριτος καὶ τῆς δωρεᾶς[8] τῆς δικαιοσύνης λαμβάνοντες
    ἐν ζωῇ βασιλεύσουσιν διὰ τοῦ ἑνὸς Ἰησοῦ Χριστοῦ (Rom. 5:17)

14. τοῦτο γὰρ ποιῶν καὶ σεαυτὸν σώσεις καὶ τοὺς ἀκούοντάς σου (1 Tim. 4:16)

---

5. ἑκατόνταρχος = "centurion" (2NON-MNS)
6. κατ᾽ ἰδίαν = "in private" (idiomatic expression involving a preposition followed by 1/2ADJ-FAS)
7. τὴν περισσείαν = "abundance" (articular 1NON-FAS)
8. τῆς δωρεᾶς = "gift" (articular 1NON-FGS)

E. Translate the following passage, using the notes from the previous sections. Be sure to be able to parse all verbs, nouns, adjectives, and pronouns studied so far.

περιπατῶν δὲ παρὰ τὴν θάλασσαν τῆς Γαλιλαίας εἶδεν δύο ἀδελφούς,

Σίμωνα τὸν λεγόμενον Πέτρον καὶ Ἀνδρέαν τὸν ἀδελφὸν αὐτοῦ,

βάλλοντας ἀμφίβληστρον[9] εἰς τὴν θάλασσαν· ἦσαν γὰρ ἁλιεῖς.[10] καὶ

λέγει αὐτοῖς, Δεῦτε ὀπίσω μου,[11] καὶ ποιήσω ὑμᾶς ἁλιεῖς ἀνθρώπων. οἱ δὲ

εὐθέως[12] ἀφέντες[13] τὰ δίκτυα[14] ἠκολούθησαν αὐτῷ. καὶ προβὰς ἐκεῖθεν[15]

εἶδεν ἄλλους δύο ἀδελφούς, Ἰάκωβον τὸν τοῦ Ζεβεδαίου καὶ Ἰωάννην

τὸν ἀδελφὸν αὐτοῦ, ἐν τῷ πλοίῳ μετὰ Ζεβεδαίου τοῦ πατρὸς αὐτῶν

καταρτίζοντας[16] τὰ δίκτυα αὐτῶν, καὶ ἐκάλεσεν αὐτούς. οἱ δὲ εὐθέως

ἀφέντες τὸ πλοῖον καὶ τὸν πατέρα αὐτῶν ἠκολούθησαν αὐτῷ. (Matt.

4:18-22)

---

9. ἀμφίβληστρον = "fishing net" (2NON-NAS)

10. ἁλιεῖς = "fishermen" (3NON-MNP, from ἁλιεύς)

11. δεῦτε ὀπίσω μου = "come after me"

12. εὐθέως = "immediately" (adverb)

13. ἀφέντες = "leaving" (2AoAPar-MNP, from ἀφίστημι, formed from ἀπό + ἵστημι, ἔστησα/ἔστην)

14. δίκτυα = "fishing nets" (2NON-NAP)

15. προβὰς ἐκεῖθεν = "going on from there" (2AoAPar-MNS, from προβαίνω, προέβην; plus adverb ἐκεῖθεν, from ἐκεῖ + suffix -θεν, "[place] from which")

16. καταρτίζοντας = "repairing" (PrAPar-MAP)

Review 2

I. Translate the following words.

1. ἀπέθανον

2. αἴρω

3. ἤκουον

4. ἀναβάς

5. ὄνομα

6. ἀλέκτωρ

7. σύν

8. σπείρας

9. παρεκάλουν

10. προσῆλθον

II. Parse and translate the following words. Remember to include *all* of the pertinent information for the parsing of each of the words.

1. χαίρουσι

2. θεωρεῖς

3. πολλαῖς

4. αὐτοί

5. ἀρχιερεῖ

6. τίσι

7. εἴχετε

8. εὑρόντος

9. ἐξεβάλομεν

10. ποιούντων

III. Complete the following exercises.

A. Change the following words from singular to plural, or from plural to singular.

    1. ἐδόξαζε

    2. αὐτῇ

    3. λέγουσιν (participle)

    4. σῶμα

B. Change the following words to the case indicated. Keep the same number and gender.

    5. δύναμει (genitive)

    6. μαρτυρῶν (dative)

    7. τινός (dative)

    8. πολλοῦ (accusative)

C. Change the following verbs to the indicated tense-form. Keep the same form otherwise.

    9. ἔκραζον (aorist)

    10. ἔδωκαν (future)

    11. ἦν (unaugmented)

    12. εἰπόντα (present)

    13. ἠκολούθει (aorist)

IV. Give the complete paradigms of the following, *including labeling the forms.*

A. Use the verb ἐσθίω, ἔφαγον and give the complete paradigm (all of the forms) for the aorist active indicative. Remember to label the forms.

B. Give the paradigm for all the masculine forms of the indefinite pronoun. Remember to label the forms.

C. Give the complete paradigm (all the forms) for the aorist participle of εὑρών. Remember to label the forms.

V. Translate the following Greek sentences into English.

1. καὶ εἰσῆλθεν Ἰησοῦς εἰς τὸ ἱερὸν καὶ ἐξέβαλεν πάντας τοὺς ἀνθρώπους ἐν τῷ ἱερῷ.

2. καὶ εὗρον αὐτὸν καὶ λέγουσιν αὐτῷ ὅτι Πάντες ζητοῦσίν σε.

3. καὶ προσελθόντες οἱ μαθηταὶ εἶπαν αὐτῷ, Διὰ τί ἐν παραβολαῖς λαλεῖς αὐτοῖς;

The Middle Voice: First and Second Aorist and Future Middle Indicative and Infinitive

A. Create the aorist middle indicative verb from the following active verbs, and translate. Thus ᾔτουν becomes ᾐτησάμην, translated "I ask or asked" or "I am or was involved in asking."

1. ποιεῖ

5. εὐηγγέλισας

2. ἐποίουν

6. ἀπαγγέλλει

3. ἄρχουσι

7. θεωρῶ

4. αἰτεῖς

8. ἄρχομεν

B. Create the future middle verb form from the following verbs, and translate. Thus ἤρξατο becomes ἄρξεται, translated "he/she will begin."

1. ἀκούουσι

5. ἔπεσον

2. γινώσκεις

6. ἄρχετε

3. ἔπιε

7. ποιοῦμεν

4. παρῆλθε

8. κατέβητε

C. Change the following verbs to their opposite number and the person indicated, and translate. Thus ἐδιώξω (third) becomes ἐδιώξαντο, translated "they persecute" or "they persecuted."

1. ἐγενόμην (second)

5. ἠρξάμεθα (third)

2. ἀπηγγείλαντο (first)

6. ἐλαβόμεθα (second)

3. ἐποιησάμεθα (second)

7. κατῳκησάμην (third)

4. ἐθαυμασάμην (first)

8. ἐγένεσθε (third)

D. Translate the following sentences. Be sure to be able to parse all verbs, nouns, adjectives, and pronouns studied so far.

1. ἀπὸ τότε ἤρξατο ὁ Ἰησοῦς κηρύσσειν καὶ λέγειν, Ἤγγικεν[1] γὰρ ἡ βασιλεία τῶν οὐρανῶν (Matt. 4:17)

2. εἶπεν οὖν πάλιν αὐτοῖς, Ἐγὼ ὑπάγω καὶ ζητήσετέ με, καὶ ἐν τῇ ἁμαρτίᾳ ὑμῶν ἀποθανεῖσθε[2] (John 8:21)

3. ὁ οὐρανὸς καὶ ἡ γῆ παρελεύσονται, οἱ δὲ λόγοι μου οὐ μὴ[3] παρελεύσονται (Mark 13:31)

---

1. ἤγγικεν = "is near" (PfAInd3S)
2. ἀποθανεῖσθε = "you (pl.) will die" (FuMInd2P, from ἀποθνῄσκω, ἀπέθανον)
3. οὐ μή = "(indeed) will not" (a double negative, used for emphasis)

4. καὶ τῇ ἡμέρᾳ τῇ τρίτῃ[4] γάμος ἐγένετο ἐν Κανὰ τῆς Γαλιλαίας, καὶ ἦν ἡ μήτηρ τοῦ Ἰησοῦ ἐκεῖ (John 2:1)

5. ἐπηγγείλατο[5] διὰ τῶν προφητῶν αὐτοῦ ἐν γραφαῖς ἁγίαις (Rom. 1:2)

6. καὶ εἰ θέλετε δέξασθαι, αὐτός ἐστιν Ἡλίας ὁ μέλλων ἔρχεσθαι (Matt. 11:14)

7. καὶ ἐν τῷ κατηγορεῖσθαι[6] αὐτὸν ὑπὸ τῶν ἀρχιερέων καὶ πρεσβυτέρων οὐδὲν ἀπεκρίνατο (Matt. 27:12)

8. λήμψεται τὸν στέφανον[7] τῆς ζωῆς ὃν ἐπηγγείλατο τοῖς ἀγαπῶσιν αὐτόν (Jas. 1:12)

9. πῶς σὺ λέγεις ὅτι Ἐλεύθεροι[8] γενήσεσθε; (John 8:33)

10. ἐν τούτῳ γνώσονται πάντες ὅτι ἐμοὶ μαθηταί ἐστε (John 13:35)

4. τῇ ἡμέρᾳ τῇ τρίτῃ = "on the third day" (in this noun phrase the dative case is used to express the time when something happens)
5. ἐπηγγείλατο = "he promised" (2AoMInd3S, from ἐπαγγέλλομαι, ἐπηγγειλάμην)
6. κατηγορεῖσθαι αὐτόν = "he was accused" (PrPInf, plus intnPRO-MAS, which functions as the subject of the infinitive)
7. τὸν στέφανον = "the crown" (2NON-MAS)
8. ἐλεύθεροι = "free" (1/2ADJ-MNP)

11. καὶ εἰσελθοῦσα εὐθὺς μετὰ σπουδῆς[9] πρὸς τὸν βασιλέα ᾐτήσατο . . . (Mark 6:25)

12. καὶ εἰσῆλθεν εἰς τὸν οἶκον Ζαχαρίου καὶ ἠσπάσατο[10] τὴν Ἐλισάβετ (Luke 1:40)

13. τὸν μὲν πρῶτον λόγον ἐποιησάμην περὶ πάντων, ὦ Θεόφιλε, ὧν ἤρξατο ὁ Ἰησοῦς ποιεῖν τε καὶ[11] διδάσκειν (Acts 1:1)

14. ἁμαρτίαν ἐποίησα ἐμαυτόν,[12] ὅτι δωρεὰν[13] τὸ τοῦ θεοῦ εὐαγγέλιον εὐηγγελισάμην ὑμῖν; (2 Cor. 11:7)

9. μετὰ σπουδῆς = "with desire" (preposition with a 1NON-FGS)
10. ἠσπάσατο = "greeted" (2AoMInd3S, from ἀσπάζομαι, ἠσπασάμην)
11. τε καί = "and" (conjunctive particles used together to connect concepts)
12. ἐμαυτόν = "myself" (rflxPRO-1MAS)
13. δωρεάν = "freely" (accusative noun used adverbially)

E. Translate the following passage, using the notes from the previous sections. Be sure to be able to parse all nouns, adjectives, and pronouns studied so far.

καὶ περιῆγεν[14] ἐν ὅλῃ τῇ Γαλιλαίᾳ διδάσκων ἐν ταῖς συναγωγαῖς αὐτῶν

καὶ κηρύσσων τὸ εὐαγγέλιον τῆς βασιλείας καὶ θεραπεύων πᾶσαν νόσον

καὶ πᾶσαν μαλακίαν[15] ἐν τῷ λαῷ. καὶ ἀπῆλθεν ἡ ἀκοὴ[16] αὐτοῦ εἰς

ὅλην τὴν Συρίαν· καὶ προσήνεγκαν αὐτῷ πάντας τοὺς κακῶς ἔχοντας[17]

ποικίλαις[18] νόσοις καὶ βασάνοις συνεχομένους[19] καὶ δαιμονιζομένους[20]

καὶ σεληνιαζομένους[21] καὶ παραλυτικούς,[22] καὶ ἐθεράπευσεν αὐτούς. καὶ

ἠκολούθησαν αὐτῷ ὄχλοι πολλοὶ ἀπὸ τῆς Γαλιλαίας καὶ Δεκαπόλεως καὶ

Ἱεροσολύμων καὶ Ἰουδαίας καὶ πέραν τοῦ Ἰορδάνου. (Matt. 4:23-25)

14. περιῆγεν = "he traveled around" (ImAInd3S, from ἄγω, ἤγαγον, with a prefixed preposition)
15. νόσον . . . μαλακίαν = "disease . . . malady" (two feminine nouns, respectively 2NON and 1NON)
16. ἀκοή = "news" (1NON)
17. τοὺς κακῶς ἔχοντας = "those being ill," an idiomatic phrase with the participle and adverb (note the adverb's relation to the cognate adjective κακός)
18. ποικίλαις = "various" (1/2ADJ-FDP)
19. βασάνοις συνεχομένους = "those suffering torment" (a form of the feminine 2NON βάσανος, with a PrMPar-MAP)
20. δαιμονιζομένους = "demon possessed" (PrPPar-MAP)
21. σεληνιαζομένους = "epileptics" (PrPPar-MAP)
22. παραλυτικούς = "paralytics" (2NON-MAP)

Prepositions with One Case; Demonstratives

A. Substitute the appropriate form of the demonstrative pronoun in the following sentences. Practice with all forms. Be prepared to translate each sentence. Thus ὁ ἄνθρωπος _____ ἐσθίει τὸν ἄρτον _____ can become ὁ ἄνθρωπος οὗτος ἐσθίει τὸν ἄρτον ἐκεῖνον, translated "this person eats that bread."

1. ὁ θεὸς ἔδωκε _____ τὸν φόβον _____ τῷ ἀνθρώπῳ.

2. _____ ἡ θλῖψις παρελεύσεται _____ τῷ λαῷ ἐν

_____ τῷ ναῷ.

3. αὐτοὶ ἐθαύμαζον, βλέποντες _____ τὸ θηρίον καταβὰν πρὸ

_____. (In the last slot, use the demonstrative as a substantive.)

4. ἐπιστεύσαμεν _____ τὸν θεὸν εἰς _____ σωτηρίαν.

5. ἀπέθανον _____ τὸν σωτῆρα ὡς κρίσιν ἐκ _____

γενεᾶς.

B. Select an appropriate preposition to place in the following slots, keeping in mind the correlation of the cases with the prepositions. Be prepared to translate the prepositional phrase. Thus _____ τῆς γενεᾶς can become ἀπὸ τῆς γενεᾶς, translated "from the generation."

1. κακὸν _____ κακοῦ   4. _____ τὸ τέλος

2. _____ τῷ κυρίῳ   5. _____ Χριστῷ Ἰησοῦ

3. _____ οὐρανοῦ   6. _____ τῆς θύρας

7. _____ δύο ἀνθρώπους   8. _____ πίστεως

C. Change the following words to their opposite number, and translate. Thus μνημείου becomes μνημείων, translated "of the tombs."

1. ἐγενόμεθα   5. ἐλύσω

2. ἀναστάσεως   6. προβάτου

3. θύρᾳ   7. τιμαῖς

4. ἡψάμην   8. ἐπάθετο

D. Translate the following sentences. Be sure to be able to parse all verbs, nouns, adjectives, and pronouns studied so far. Circle all prepositions that take one case, and underline all demonstrative pronouns/adjectives.

1. οὕτως γὰρ ἐδίωξαν τοὺς προφήτας τοὺς πρὸ ὑμῶν (Matt. 5:12)

2. καὶ μὴ εἰσενέγκῃς[1] ἡμᾶς εἰς πειρασμόν,[2] ἀλλὰ ῥῦσαι[3] ἡμᾶς ἀπὸ τοῦ πονηροῦ (Matt. 6:13)

3. λαβὼν τοὺς πέντε[4] ἄρτους καὶ τοὺς δύο ἰχθύας, ἀναβλέψας εἰς τὸν οὐρανὸν εὐλόγησεν καὶ κλάσας[5] ἔδωκεν τοῖς μαθηταῖς τοὺς ἄρτους, οἱ δὲ μαθηταὶ τοῖς ὄχλοις (Matt. 14:19)

4. τοῦτο δὲ ἀφ᾽ ἑαυτοῦ[6] οὐκ εἶπεν (John 11:51)

5. σήμερον ἢ αὔριον[7] πορευσόμεθα[8] εἰς τήνδε τὴν πόλιν (Jas. 4:13)

6. καὶ ὅτε ἤγγισαν εἰς Ἱεροσόλυμα καὶ ἦλθον εἰς Βηθφαγὴ εἰς τὸ Ὄρος τῶν Ἐλαιῶν,[9] τότε Ἰησοῦς ἀπέστειλεν δύο μαθητάς (Matt. 21:1)

---

1. μὴ εἰσενέγκῃς = "do not lead!" (2AoASub2S, with μή, expressing a prohibition. See 24.4 on the various forms of prohibitions.)

2. πειρασμόν = "temptation" (2NON-MAS)

3. ῥῦσαι = "deliver!" (1AoMImp2S)

4. πέντε = "five"

5. κλάσας = "breaking" (a participle with the same parsing as ἀναβλέψας, from κλάω)

6. ἑαυτοῦ = "himself" (rflxPRO-3MGS. In no. 7, note also ἑαυτῷ, 3MDS form of the same pronoun, also rendered "himself.")

7. αὔριον = "tomorrow" (an adverb)

8. πορευσόμεθα = "we will go" (FuMInd1P)

9. τὸ Ὄρος τῶν Ἐλαιῶν = "the Mount of Olives"

7. καὶ εὐθὺς ὁ Ἰησοῦς ἐπιγνοὺς ἐν ἑαυτῷ τὴν ἐξ αὐτοῦ δύναμιν ἐξελθοῦσαν ἔλεγεν,
   Τίς μου ἥψατο τῶν ἱματίων; (Mark 5:30)

8. καί τινες τῶν ἐκεῖ ἑστηκότων[10] ἔλεγον αὐτοῖς, Τί ποιεῖτε λύοντες τὸν πῶλον;[11]
   (Mark 11:5)

9. καὶ ἤρξατο διδάσκειν αὐτοὺς ὅτι δεῖ τὸν υἱὸν τοῦ ἀνθρώπου πολλὰ παθεῖν
   (Mark 8:31)

10. πάντες γὰρ ἐκ τοῦ περισσεύοντος αὐτοῖς ἔβαλον (Mark 12:44)

11. πῶς εἰσῆλθεν εἰς τὸν οἶκον τοῦ θεοῦ καὶ τοὺς ἄρτους ἔφαγεν, καὶ ἔδωκεν καὶ
    τοῖς σὺν αὐτῷ οὖσιν . . . (Mark 2:26)

12. οὐ γὰρ ὃ θέλω τοῦτο πράσσω, ἀλλ᾽ ὃ μισῶ τοῦτο ποιῶ. . . . οὐ γὰρ ὃ θέλω
    ποιῶ ἀγαθόν, ἀλλὰ ὃ οὐ θέλω κακὸν τοῦτο πράσσω (Rom. 7:15, 19)

13. δικαιοσύνη γὰρ θεοῦ ἐν αὐτῷ ἀποκαλύπτεται ἐκ πίστεως εἰς πίστιν, καθὼς
    γέγραπται, Ὁ δὲ δίκαιος ἐκ πίστεως ζήσεται (Rom. 1:17)

---

10. τῶν . . . ἑστηκότων = "those who were standing" (article with PfAPar-MGP, from ἵστημι, ἔστησα/ἔστην)
11. πῶλον = "colt" (2NON-MAS)

E. Translate the following passage, using the notes from the previous sections. Be sure to be able to parse all verbs, nouns, adjectives, and pronouns studied so far.

ἐκεῖθεν δὲ ἀναστὰς[12] ἀπῆλθεν εἰς τὰ ὅρια[13] Τύρου. καὶ εἰσελθὼν εἰς

οἰκίαν οὐδένα ἤθελεν γνῶναι, καὶ οὐκ ἠδυνήθη λαθεῖν·[14] ἀλλ᾽ εὐθὺς

ἀκούσασα γυνὴ περὶ αὐτοῦ, ἧς εἶχεν τὸ θυγάτριον[15] αὐτῆς πνεῦμα

ἀκάθαρτον,[16] ἐλθοῦσα προσέπεσεν[17] πρὸς τοὺς πόδας αὐτοῦ· ἡ δὲ γυνὴ

ἦν Ἑλληνίς, Συροφοινίκισσα[18] τῷ γένει·[19] καὶ ἠρώτα αὐτὸν ἵνα τὸ

δαιμόνιον ἐκβάλῃ[20]

---

12. ἀναστάς = "rising" (2AoAPar-MNS, from ἀνίστημι, ἀνέστησα/ἀνέστην)

13. τὰ ὅρια = "region" (2NON-NAP)

14. οὐκ ἠδυνήθη λαθεῖν = "he could not remain hidden" (negative with AoPInd3S, from δύναμαι, and 2AoAInf, from λανθάνω, ἔλαθον)

15. θυγάτριον = "little daughter"

16. ἀκάθαρτον = "unclean" (2ADJ-NAS)

17. προσέπεσεν = "fell down" (2AoAInd3S, from προσπίπτω, προσέπεσον)

18. Ἑλληνίς, Συροφοινίκισσα = "a Greek, a Syro-Phoenician" (two feminine nouns, respectively 3NON and 1NON)

19. τῷ γένει = "by birth" (3NON-NDS, from γένος)

20. ἐκβάλῃ = "he may cast out" (2AoASub3S)

ἐκ τῆς θυγατρὸς αὐτῆς. καὶ ἔλεγεν αὐτῇ, Ἄφες[21] πρῶτον χορτασθῆναι[22] τὰ τέκνα, οὐ γάρ ἐστιν καλὸν λαβεῖν τὸν ἄρτον τῶν τέκνων καὶ τοῖς κυναρίοις[23] βαλεῖν. ἡ δὲ ἀπεκρίθη[24] καὶ λέγει αὐτῷ, Κύριε, καὶ τὰ κυνάρια ὑποκάτω τῆς τραπέζης[25] ἐσθίουσιν ἀπὸ τῶν ψιχίων[26] τῶν παιδίων. καὶ εἶπεν αὐτῇ, Διὰ τοῦτον τὸν λόγον ὕπαγε,[27] ἐξελήλυθεν[28] ἐκ τῆς θυγατρός σου τὸ δαιμόνιον. (Mark 7:24-29)

21. ἄφες = "allow!" (2AoAImp2S, from ἀφίημι [ἀπὸ + ἵημι], ἀφῆκα)
22. χορτασθῆναι = "to be fed" (AoPInf)
23. κυναρίοις = "dog" (2NON-NDP)
24. ἡ . . . ἀπεκρίθη = "she answered" (ART-FNS and AoPInd3S, from ἀποκρίνομαι, ἀπεκρινάμην)
25. ὑποκάτω τῆς τραπέζης = "under the table"
26. ψιχίων = "scraps" (2NON-NGP)
27. ὕπαγε = "go!" (PrAImp2S)
28. ἐξελήλυθεν = "has gone out" (PfAInd3S, from ἐξέρχομαι, ἐξῆλθον)

The Passive Voice: Present Middle/Passive Indicative and Infinitive; Imperfect Middle/Passive Indicative

A. Change the following verbs to the person indicated and the opposite number, providing a translation. Note that for transitive verbs (i.e., verbs that can take an object, such as διακονέω, "serve"), you should give both a middle and a passive translation. For intransitive verbs (i.e., verbs that cannot take an object, such as πορεύομαι, "go"), you can give only a middle translation. Thus λέγομαι (second) becomes λέγεσθε, translated "you are involved in speaking" or "you are spoken of."

1. ἐπορεύεσθε (third)

2. λέγεται (first)

3. δυνάμεθα (second)

4. ἀσπάζονται (second)

5. ἀπεκρίνατο (third)

6. ὑπέστρεψα (third)

7. ἐρχόμεθα (first)

8. διηκονοῦντο (first)

B. Select an appropriate preposition of agency to place in the following slots, keeping in mind the correlation of the cases with the prepositions. Then translate the phrase. Thus _____ ἀνθρώπων can become ὑπὸ ἀνθρώπων, translated "by the people."

1. _____ ἀγρῷ

2. _____ ἄρχοντος

3. _____ ἐπιθυμιῶν

4. _____ ὀργῇ

5. _____ ὠτί

6. _____ προσευχῆς

7. _____ μαρτυρίας

8. _____ μάρτυρος

C. Change the following words to their opposite number, and provide a translation. Thus γίνομαι becomes γινόμεθα, translated "we become."

1. ἐπορεύου   5. καθήμεθα

2. ἤρχοντο   6. γίνῃ

3. ἐδυνάμεθα   7. ἀσπάζεται

4. ἐβαπτίζοντο   8. κάθησαι

D. Translate the following sentences. Be sure to be able to parse all verbs, nouns, adjectives, and pronouns studied so far.

1. καὶ ἰδοὺ ἄγγελοι προσῆλθον καὶ διηκόνουν αὐτῷ (Matt. 4:11)

2. καὶ οὐδεὶς ἐδύνατο ἐν τῷ οὐρανῷ οὐδὲ ἐπὶ τῆς γῆς οὐδὲ ὑποκάτω τῆς γῆς ἀνοῖξαι[1] τὸ βιβλίον[2] (Rev. 5:3)

3. καὶ ἀναστὰς ὁ ἀρχιερεὺς εἶπεν αὐτῷ, Οὐδὲν ἀποκρίνη; (Matt. 26:62)

4. καὶ ἐλάλησεν αὐτοῖς πολλὰ ἐν παραβολαῖς λέγων, Ἰδοὺ ἐξῆλθεν ὁ σπείρων τοῦ σπείρειν[3] (Matt. 13:3)

---

1. ἀνοῖξαι = "to open" (1AoAInf, from ἀνοίγω, ἤνοιξα)
2. βιβλίον = "scroll" (2NON-NAS)
3. ἐξῆλθεν . . . τοῦ σπείρειν = "went out to sow" (a genitive singular articular PrAInf, which conveys the purpose of the main verb)

5. ἐν τῇ ἡμέρᾳ ἐκείνῃ ἐξελθὼν ὁ Ἰησοῦς τῆς οἰκίας ἐκάθητο παρὰ τὴν θάλασσαν (Matt. 13:1)

6. καὶ τοιαύταις[4] παραβολαῖς πολλαῖς ἐλάλει αὐτοῖς τὸν λόγον καθὼς ἠδύναντο ἀκούειν (Mark 4:33)

7. καὶ ἐξῆλθεν πάλιν παρὰ τὴν θάλασσαν· καὶ πᾶς ὁ ὄχλος ἤρχετο πρὸς αὐτόν, καὶ ἐδίδασκεν αὐτούς (Mark 2:13)

8. καὶ μὴ εὑρόντες ὑπέστρεψαν εἰς Ἰερουσαλήμ (Luke 2:45)

9. ἀναστὰς πορεύσομαι πρὸς τὸν πατέρα μου λέγων, Πάτερ, ἥμαρτον εἰς τὸν οὐρανόν (Luke 15:18)

10. ὁ δὲ Ἰησοῦς ἀπεκρίνατο αὐτοῖς, Ὁ πατήρ μου ἕως ἄρτι ἐργάζεται κἀγὼ ἐργάζομαι (John 5:17)

11. ὅπου ὑπάγω οὐ δύνασαί μοι νῦν ἀκολουθῆσαι, ἀκολουθήσεις δὲ ὕστερον[5] (John 13:36)

---

4. τοιαύταις = "such" (1/2ADJ-FDP)
5. ὕστερον = "later" (adverb)

12. ἀσπάζονται ὑμᾶς αἱ ἐκκλησίαι πᾶσαι τοῦ Χριστοῦ (Rom. 16:16)

13. λογιζόμεθα γὰρ δικαιοῦσθαι πίστει ἄνθρωπον χωρὶς ἔργων νόμου (Rom. 3:28)

14. βούλομαι οὖν προσεύχεσθαι τοὺς ἄνδρας ἐν παντὶ τόπῳ (1 Tim. 2:8)

E. Translate the following passage, using the notes from the previous sections. Be sure to be able to parse all verbs, nouns, adjectives, and pronouns studied so far.

καὶ ἐγένετο ὅτε ἐτέλεσεν[6] ὁ Ἰησοῦς πάντας τοὺς λόγους τούτους, εἶπεν τοῖς μαθηταῖς αὐτοῦ, Οἴδατε ὅτι μετὰ δύο ἡμέρας τὸ πάσχα[7] γίνεται, καὶ ὁ υἱὸς τοῦ ἀνθρώπου παραδίδοται[8] εἰς τὸ σταυρωθῆναι.[9] Τότε συνήχθησαν[10] οἱ ἀρχιερεῖς καὶ οἱ πρεσβύτεροι τοῦ λαοῦ εἰς τὴν αὐλὴν[11] τοῦ ἀρχιερέως τοῦ λεγομένου Καϊάφα καὶ συνεβουλεύσαντο[12] ἵνα τὸν Ἰησοῦν δόλῳ[13] κρατήσωσιν καὶ ἀποκτείνωσιν·[14] ἔλεγον δέ, Μὴ ἐν τῇ ἑορτῇ,[15] ἵνα μὴ θόρυβος[16] γένηται ἐν τῷ λαῷ. (Matt. 26:1-5)

6. ἐτέλεσεν = "finished" (1AoAInd3S, from τελέω, a verb like καλέω in not lengthening its stem-final vowel before a consonant)
7. τὸ πάσχα = "the passover" (indeclinable neuter noun)
8. παραδίδοται = "is betrayed" (PrPInd3S)
9. εἰς τὸ σταυρωθῆναι = "in order to be crucified" (preposition with AoPInf)
10. συνήχθησαν = "were gathered" (AoPInd3P, from συνάγω, συνήγαγον)
11. αὐλήν = "the courtyard" (1NON-FAS)
12. συνεβουλεύσαντο = "consulted together" (1AoMInd3P)
13. δόλῳ = "by deceit or treachery" (2NON-MDS)
14. κρατήσωσιν καὶ ἀποκτείνωσιν = "they may arrest and kill" (two subjunctive verbs, both parsed PrASub3P)
15. ἑορτῇ = "feast" (1NON-FDS)
16. θόρυβος = "disturbance" or "riot" (2NON-MNS)

The Subjunctive Mood: Aorist Active and Middle Subjunctive; Present Active and Middle/Passive Subjunctive; Clauses: Hortatory, Deliberative, and Purpose

A. Change the following verbs to the person indicated, and provide a translation. Thus γίνῃ (third) becomes γίνηται, translated "he may become."

1. ἀποκτείνω (third)

2. ἀπολύσωμεν (third)

3. δοξάσητε (first)

4. μένῃ (second)

5. ποιήσωσιν (first)

6. γίνηται (first)

7. δεξώμεθα (second)

8. ἀποθάνῃ (second)

B. Change the following verbs from the aorist to the present tense, or from the present to the aorist tense, and provide a translation. Thus εἴπω becomes λέγω, translated "I may say."

1. ποιήσῃ

2. γνῷς

3. εἴπῃ

4. σχῇς

5. εὑρίσκῃς

6. φαγώμεθα

7. ἀγάγω

8. ἅψωνται

C. Change the following verbs to their opposite number, and provide a translation. Thus ἔσχῃς becomes ἔσχητε, translated "you (pl.) may have."

1. αἰτήσωμαι

2. περιπατῶσιν

3. μείνητε

4. πίῃς

5. γίνῃ

6. ἐρχώμεθα

7. ἔχῃς

8. λέγητε

D. Translate the following sentences. Be sure to be able to parse all verbs, nouns, adjectives, and pronouns studied so far.

1. οἱ δὲ Φαρισαῖοι ἰδόντες εἶπαν αὐτῷ, Ἰδοὺ οἱ μαθηταί σου ποιοῦσιν ὃ οὐκ ἔξεστιν ποιεῖν ἐν σαββάτῳ (Matt. 12:2)

2. καὶ ἐπηρώτων[1] αὐτὸν οἱ ὄχλοι λέγοντες, Τί οὖν ποιήσωμεν; (Luke 3:10)

3. ὃς δ' ἄν[2] βλασφημήσῃ εἰς τὸ πνεῦμα τὸ ἅγιον, οὐκ ἔχει ἄφεσιν εἰς τὸν αἰῶνα[3] (Mark 3:29)

4. ταῦτα δὲ γέγραπται ἵνα πιστεύσητε ὅτι Ἰησοῦς ἐστιν ὁ Χριστὸς ὁ υἱὸς τοῦ θεοῦ, καὶ ἵνα πιστεύοντες ζωὴν ἔχητε ἐν τῷ ὀνόματι αὐτοῦ (John 20:31)

---

1. ἐπηρώτων = "were asking" (ImAInd3P, from ἐπερωτάω, ἐπηρώτησα)
2. ὃς δ' ἄν = "but whoever" (relPRO-MNS, the elided form of the particle δέ, and the particle ἄν, which is followed by the subjunctive)
3. εἰς τὸν αἰῶνα = literally, "into the age"; idiomatically, "forever"

5. διέλθωμεν ἕως Βηθλέεμ καὶ ἴδωμεν τὸ ῥῆμα τοῦτο (Luke 2:15)

6. καὶ ἐξελθόντες ἐκήρυξαν ἵνα μετανοῶσιν (Mark 6:12)

7. ὅστις δ᾽ ἂν ἀρνήσηταί με ἔμπροσθεν τῶν ἀνθρώπων, ἀρνήσομαι κἀγὼ αὐτὸν ἔμπροσθεν τοῦ πατρός μου τοῦ ἐν τοῖς οὐρανοῖς (Matt. 10:33)

8. καὶ ἐάν τίς μου⁴ ἀκούσῃ τῶν ῥημάτων καὶ μὴ φυλάξῃ, ἐγὼ οὐ κρίνω αὐτόν· οὐ γὰρ ἦλθον ἵνα κρίνω τὸν κόσμον, ἀλλ᾽ ἵνα σώσω τὸν κόσμον (John 12:47)

9. ὅταν⁵ γὰρ ἀσθενῶ, τότε δυνατός εἰμι (2 Cor. 12:10)

10. τί οὖν;⁶ ἁμαρτήσωμεν, ὅτι οὐκ ἐσμὲν ὑπὸ νόμον ἀλλὰ ὑπὸ χάριν; μὴ γένοιτο⁷ (Rom. 6:15)

11. καὶ ἡ πόλις οὐ χρείαν ἔχει τοῦ ἡλίου οὐδὲ τῆς σελήνης⁸ ἵνα φαίνωσιν αὐτῇ (Rev. 21:23)

---

4. Note the accenting pattern of ἐάν τίς μου, caused by two enclitics following ἐάν (τίς is not an interrogative pronoun here).

5. ὅταν (ὅτε + ἄν) = "when" or "whenever"

6. οὖν = "then" (a postpositive particle)

7. μὴ γένοιτο = "may it never be" (negated 2AoMOpt3S, from γίνομαι, ἐγενόμην. This is Paul's favorite strong negation in responding to an idea that he finds quite unacceptable.)

8. σελήνης = "moon" (1NON-FGS)

E. Translate the following passage, using the notes from the previous sections. Be sure to be able to parse all verbs, nouns, adjectives, and pronouns studied so far.

καὶ ἔστιν αὕτη ἡ ἀγγελία[9] ἣν ἀκηκόαμεν[10] ἀπ᾽ αὐτοῦ καὶ ἀναγγέλλομεν[11]

ὑμῖν, ὅτι ὁ θεὸς φῶς ἐστιν καὶ σκοτία ἐν αὐτῷ οὐκ ἔστιν οὐδεμία.

Ἐὰν εἴπωμεν ὅτι κοινωνίαν[12] ἔχομεν μετ᾽ αὐτοῦ καὶ ἐν τῷ σκότει

περιπατῶμεν, ψευδόμεθα[13] καὶ οὐ ποιοῦμεν τὴν ἀλήθειαν· ἐὰν δὲ ἐν τῷ

φωτὶ περιπατῶμεν ὡς αὐτός ἐστιν ἐν τῷ φωτί, κοινωνίαν ἔχομεν μετ᾽

ἀλλήλων[14] καὶ τὸ αἷμα Ἰησοῦ τοῦ υἱοῦ αὐτοῦ καθαρίζει ἡμᾶς ἀπὸ πάσης

9. ἀγγελία = "message" (1NON-FNS)
10. ἀκηκόαμεν = "we have heard" (PfAInd1P, from ἀκούω, ἤκουσα)
11. ἀναγγέλλομεν = "we proclaim" (PrAInd1P)
12. κοινωνίαν = "fellowship" (1NON-FAS)
13. ψευδόμεθα = "lie" (PrMInd1P)
14. ἀλλήλων = "each other" (rcpPRO-GP)

ἁμαρτίας. ἐὰν εἴπωμεν ὅτι ἁμαρτίαν οὐκ ἔχομεν, ἑαυτοὺς πλανῶμεν[15]

καὶ ἡ ἀλήθεια οὐκ ἔστιν ἐν ἡμῖν. ἐὰν ὁμολογῶμεν[16] τὰς ἁμαρτίας ἡμῶν,

πιστός ἐστιν καὶ δίκαιος, ἵνα ἀφῇ[17] ἡμῖν τὰς ἁμαρτίας καὶ καθαρίσῃ ἡμᾶς

ἀπὸ πάσης ἀδικίας.[18] ἐὰν εἴπωμεν ὅτι οὐχ ἡμαρτήκαμεν,[19] ψεύστην[20]

ποιοῦμεν αὐτὸν καὶ ὁ λόγος αὐτοῦ οὐκ ἔστιν ἐν ἡμῖν. (1 John 1:5-10)

15. ἑαυτοὺς πλανῶμεν = "we deceive ourselves" (rflxPRO-1MAP, with αω contract verb in the indicative mood)
16. ὁμολογῶμεν = "confess" (PrASub1P verb)
17. ἀφῇ = "forgive" (2AoASub3S, from ἀφίημι, ἀφῆκα)
18. ἀδικίας = "unrighteousness" (1NON-FGS, consisting of a so-called alpha privative [i.e., an α-prefix that negates the meaning of the word] plus a root that is related to the adjective δίκαιος)
19. οὐχ ἡμαρτήκαμεν = "we have not sinned" (PfAInd1P)
20. ψεύστην = "liar" (1NON-MAS, from ψεύστης)

Prepositions with Two or Three Cases; Pronouns: Personal and Possessive; Possessive Adjectives

A. Supply the correct form of the possessive pronoun, and translate the phrase. Thus our _____ μισθός becomes ἡμέτερος μισθός, translated "our reward."

1. my _____ ἀρνία

2. my _____ μισθόν

3. their _____ διδαχήν

4. your (pl.) _____ γνώσει

5. our _____ πάσχα

6. his _____ μαχαίραις

7. my _____ διάκονον

8. your (sg.) _____ συνειδήσεων

B. Change the following sentence from 2 Cor. 1:23 according to the words in brackets, and translate the resulting sentence. You will need to use personal, intensive, and possessive pronouns, as well as other words. Make sure to change the verb ending appropriately, and retain any changes until told to change to another.

ἐγὼ μάρτυρα τὸν θεὸν ἐπικαλοῦμαι ἐπὶ τὴν ἐμὴν ψυχήν ("I call upon God as a witness to my soul") (second person singular, aorist active verb)

σὺ μάρτυρα τὸν θεὸν ἐπεκάλεσας ἐπὶ τὴν σὴν ψυχήν, translated "you called upon God as a witness to your soul."

1. _____ μάρτυρα τὸν θεὸν _____ ἐπὶ τὴν ψυχήν

   _____ (third person masculine plural, imperfect middle verb)

2. _____ μάρτυρα τὸν θεὸν _____ ἐπὶ τὴν

   _____ ψυχήν (second person plural)

3. _____ μάρτυρα τὸν θεὸν _____ ἐπὶ τὴν

   _____ ψυχήν (first person singular, aorist middle verb)

4. _____ μάρτυρα τὸν θεὸν _____ ἐπὶ τὴν

   _____ ψυχήν (third person feminine singular)

5. _____ μάρτυρα τὸν θεὸν _____ ἐπὶ τὴν

   _____ ψυχήν (first person plural, present tense verb)

6. _____ μάρτυρα τὸν θεὸν _____ ἐπὶ τὴν

   _____ ψυχήν (second person singular, future middle verb)

7. _____ μάρτυρα τὸν θεὸν _____ ἐπὶ τὴν

   _____ ψυχήν (third person masculine singular)

8. _____ μάρτυρα τὸν θεὸν _____ ἐπὶ τὴν

   _____ ψυχήν (first person singular, aorist active verb)

C. Create a prepositional phrase using the noun and preposition given below, and translate the phrase. If the preposition can be used with more than one case, create all of the possible combinations. Thus διά + συνείδησις becomes διὰ συνειδήσεως and διὰ συνείδησιν, translated "through conscience" and "because of conscience."

1. περί + ἥλιος

2. κατά + διδαχή

3. πρός + Καῖσαρ

4. μετά + μάχαιρα

5. ὑπό + ἀρνίον

6. παρά + ἱερεύς

7. διά + διάκονος

8. ὑπέρ + παράκλησις

D. Translate the following sentences. Be sure to be able to parse all verbs, nouns, adjectives, and pronouns studied so far.

1. ἦλθεν διὰ Σιδῶνος εἰς τὴν θάλασσαν τῆς Γαλιλαίας ἀνὰ μέσον τῶν ὁρίων

   (Mark 7:31)

2. ἀγαπητοί μου, φεύγετε[1] ἀπὸ τῆς εἰδωλολατρίας[2] (1 Cor. 10:14)

3. πάλιν ἀπελθὼν προσηύξατο λέγων, Πάτερ μου, εἰ οὐ δύναται τοῦτο παρελθεῖν

   ἐὰν μὴ αὐτὸ πίω, γενηθήτω[3] τὸ θέλημά σου (Matt. 26:42)

4. ταῦτα λέγω ὑμῖν ἵνα ἡ χαρὰ ἡ ἐμὴ ἐν ὑμῖν ᾖ (John 15:11)

---

1. φεύγετε = "flee!" (PrAImp2P. See ch. 24 on the imperative.)
2. εἰδωλολατρίας = "idol worship" (1NON-FGS)
3. γενηθήτω = "let it [your will] come about!" (AoPImp3S, from γίνομαι, ἐγενόμην)

5. τυφλοὶ βλέπουσιν καὶ χωλοὶ⁴ περιπατοῦσιν, λεπροὶ⁵ καθαρίζονται καὶ κωφοὶ⁶ ἀκούουσιν, καὶ νεκροὶ ἐγείρονται καὶ πτωχοὶ εὐαγγελίζονται (Matt. 11:5)

6. ἀμὴν λέγω ὑμῖν ὅτι οὐ μὴ παρέλθῃ ἡ γενεὰ αὕτη ἕως ἂν πάντα ταῦτα γένηται· ὁ οὐρανὸς καὶ ἡ γῆ παρελεύσεται, οἱ δὲ λόγοι μου οὐ μὴ παρέλθωσιν (Matt. 24:34-35)

7. καὶ λέγουσιν αὐτῷ, Ἀπελθόντες ἀγοράσωμεν ἄρτους καὶ δώσομεν αὐτοῖς φαγεῖν; (Mark 6:37)

8. καὶ προσκαλεῖται τοὺς δώδεκα καὶ ἤρξατο αὐτοὺς ἀποστέλλειν δύο δύο⁷ (Mark 6:7)

9. ὑμῖν γάρ ἐστιν ἡ ἐπαγγελία καὶ τοῖς τέκνοις ὑμῶν καὶ πᾶσιν τοῖς εἰς μακράν,⁸ οὓς ἂν προσκαλέσηται κύριος ὁ θεὸς ἡμῶν (Acts 2:39)

10. ἀπὸ τοῦ προσώπου ἔφυγεν ἡ γῆ καὶ ὁ οὐρανός (Rev. 20:11)

---

4. χωλοί = "those who are lame" (1/2ADJ-MNP, here used as a noun)
5. λεπροί = "those who are lepers" (2NON-MNP). Or, since λέπρα, "leprosy," referred to various skin diseases, it could be rendered "people with skin diseases."
6. κωφοί = "those who are deaf" (1/2ADJ-MNP, here used as a noun)
7. δύο δύο = "two by two" (adverbial phrase)
8. εἰς μακράν = "far away" (adverbial phrase)

E. Translate the following passage, using the notes from the previous sections. Be sure to be able to parse all verbs, nouns, adjectives, and pronouns studied so far.

Ἰησοῦς δὲ ἔκραξεν καὶ εἶπεν, Ὁ πιστεύων εἰς ἐμὲ οὐ πιστεύει εἰς ἐμὲ ἀλλὰ εἰς τὸν πέμψαντά με, καὶ ὁ θεωρῶν ἐμὲ θεωρεῖ τὸν πέμψαντά με. ἐγὼ φῶς εἰς τὸν κόσμον ἐλήλυθα,[9] ἵνα πᾶς ὁ πιστεύων εἰς ἐμὲ ἐν τῇ σκοτίᾳ μὴ μείνῃ. καὶ ἐάν τίς μου ἀκούσῃ τῶν ῥημάτων καὶ μὴ φυλάξῃ, ἐγὼ οὐ κρίνω αὐτόν· οὐ γὰρ ἦλθον ἵνα κρίνω τὸν κόσμον, ἀλλ᾽ ἵνα σώσω τὸν κόσμον. ὁ ἀθετῶν[10] ἐμὲ καὶ μὴ λαμβάνων τὰ ῥήματά μου ἔχει τὸν κρίνοντα αὐτόν· ὁ λόγος ὃν ἐλάλησα ἐκεῖνος κρινεῖ[11] αὐτὸν ἐν τῇ ἐσχάτῃ ἡμέρᾳ. ὅτι ἐγὼ ἐξ ἐμαυτοῦ[12] οὐκ ἐλάλησα, ἀλλ᾽ ὁ πέμψας με πατὴρ αὐτός μοι ἐντολὴν δέδωκεν[13] τί εἴπω καὶ τί λαλήσω. (John 12:44-49)

9. ἐλήλυθα = "I have come" (PfAInd1S, from ἔρχομαι, ἦλθον)
10. ὁ ἀθετῶν = "the one who rejects" (PrAPar-MNS, from ἀθετέω. ἠθέτησα)
11. κρινεῖ = "will judge" (FuAInd3S-lq, from κρίνω, ἔκρινα; note the accenting)
12. ἐμαυτοῦ = "myself" (rflxPRO-1MGS)
13. δέδωκεν = "has given" (PfAInd3S, from δίδωμι, ἔδωκα)

Review 3

I. Translate the following words.

1. θλῖψις

2. βούλομαι

3. ἐπλήρωσα

4. διάβολος

5. οὐαί

6. φυλή

7. οἰκοδομέω

8. δυνατός

9. χωρίς

10. συνείδησις

II. Parse and translate the following words. Remember to include *all* of the pertinent information for the parsing of each of the words.

1. ἐποιήσατο

2. γίνεσθε

3. ἐγενόμεθα

4. ἐπορεύοντο

5. παρελεύσομαι

6. δέξηται

7. τούτοις

8. ἔχῃ

9. ἐκείνης

10. ἡμέτεροι

III. Complete the following exercises.

A. Change the following verbs to the person indicated. Keep the same tense-form and number.

   1. ἀποκτείνω (second)   4. ἐπορεύεσθε (third)

   2. δοξάσητε (first)   5. δυνάμεθα (second)

   3. ποιήσωσιν (first)   6. ἐρχόμεθα (third)

B. Give the correct forms of the nouns to match the various cases that can be used with the following prepositions.

   7. εἰς + ἄνθρωπος   9. περί + ἥλιος

   8. ἐκ + οὐρανός   10. ἐπί + διδαχή

IV. Give the complete paradigms of the following, *including labeling the forms.*

A. Using the verb ἀποκρίνομαι, ἀπεκρινάμην, give the complete paradigm (all of the forms) for the aorist middle indicative.

B. Give the paradigm for all the plural forms (first and second person) of the personal pronouns.

C. Give the complete paradigm (all the forms) for the near demonstrative adjective/pronoun οὗτος. Remember to label the forms.

V. Translate the following Greek sentences into English.

1. οὕτως γὰρ ἐδίωξαν τοὺς προφήτας τοὺς πρὸ ὑμῶν.

2. καὶ ἐβαπτίζοντο ἐν τῷ ᾽Ιορδάνῃ ποταμῷ ὑπ᾽ αὐτοῦ.

3. οὗτος ἦλθεν εἰς μαρτυρίαν ἵνα μαρτυρήσῃ περὶ τοῦ φωτός, ἵνα πάντες πιστεύσωσιν δι᾽ αὐτοῦ.

Contract Verbs in αω and οω; Conjunctions and Adverbs

A. Change the following verbs to the (1) subjunctive mood form; (2) masculine genitive participle of the aorist and present tenses of the opposite number, and be prepared to translate the resulting subjunctive. Thus δηλοῖ (active) becomes (1) δηλοῖ, (2) δηλωσάντων and δηλούντων, translated "he may make clear."

1. ἡγίασε

2. ἀγαπᾶτε

3. ἐπετίμησε

4. ἐδικούμεθα

5. γεννῶσιν

6. ἐνίκησε

7. ἰσχύσαμεν

8. πληρούμεθα

B. Change the following words to their opposite number, and translate. Thus ἐλέους becomes ἐλέων, translated "of mercy."

1. χώρας

2. θυγατέρων

3. σταυρόν

4. θυσίᾳ

5. μυστηρίῳ

6. κρίμασι

7. ἀληθινοῦ

8. καθαραῖς

C. Change the following verbs to the imperfect form, and translate. Thus δικαιοῦμεν becomes ἐδικαιοῦμεν, translated "we were justifying."

1. ἀγαπᾶτε

2. ἐκχύννεται

3. ἐγάμησαν

4. ἐπετίμησα

5. ἐρωτᾷ

6. ἔζητε

7. ἐπερωτῶμεν

8. ἰσχυσάμεθα

D. Translate the following sentences. Be able to indicate all of the conjunctions and adverbs used in the sentences, with some idea of their function. Be sure to be able to parse all verbs, nouns, adjectives, and pronouns studied so far.

1. ἐλθὼν δὲ ὁ Ἰησοῦς εἰς τὰ μέρη Καισαρείας τῆς Φιλίππου ἠρώτα τοὺς μαθητὰς

   αὐτοῦ λέγων, Τίνα λέγουσιν οἱ ἄνθρωποι εἶναι τὸν υἱὸν τοῦ ἀνθρώπου (Matt.

   16:13)

2. οὐ χρείαν ἔχουσιν οἱ ἰσχύοντες ἰατροῦ[1] ἀλλ᾽ οἱ κακῶς ἔχοντες[2] (Matt. 9:12)

3. οὕτως γὰρ ἠγάπησεν ὁ θεὸς τὸν κόσμον, ὥστε τὸν υἱὸν τὸν μονογενῆ ἔδωκεν,

   ἵνα πᾶς ὁ πιστεύων εἰς αὐτὸν ἔχῃ ζωὴν αἰώνιον (John 3:16)

---

1. ἰατροῦ = "(of a) doctor" (2NON-MGS)

2. οἱ κακῶς ἔχοντες = literally, "those having (it) badly"; idiomatically, "those who are sick" (articular participial phrase, with adverb related to κακός)

4. πολλοὶ γὰρ περιπατοῦσιν οὓς πολλάκις[3] ἔλεγον ὑμῖν, νῦν δὲ καὶ κλαίων λέγω, τοὺς ἐχθροὺς τοῦ σταυροῦ τοῦ Χριστοῦ (Phil. 3:18)

5. καὶ προσλαβόμενος[4] αὐτὸν ὁ Πέτρος ἤρξατο ἐπιτιμᾶν αὐτῷ λέγων, Οὐ μὴ ἔσται σοι τοῦτο (Matt. 16:22)

6. ἐάν τε γὰρ ζῶμεν, τῷ κυρίῳ ζῶμεν, ἐάν τε ἀποθνῄσκωμεν, τῷ κυρίῳ ἀποθνῄσκομεν (Rom. 14:8)

7. ὁ νικῶν δώσω αὐτῷ καθίσαι μετ᾽ ἐμοῦ ἐν τῷ θρόνῳ μου, ὡς κἀγὼ ἐνίκησα καὶ ἐκάθισα μετὰ τοῦ πατρός μου ἐν τῷ θρόνῳ αὐτοῦ (Rev. 3:21)

8. ὥστε, ἀγαπητοί μου, καθὼς πάντοτε ὑπηκούσατε,[5] μὴ ὡς ἐν τῇ παρουσίᾳ μου μόνον ἀλλὰ νῦν πολλῷ μᾶλλον ἐν τῇ ἀπουσίᾳ[6] μου, μετὰ φόβου καὶ τρόμου τὴν ἑαυτῶν[7] σωτηρίαν κατεργάζεσθε[8] (Phil. 2:12)

9. νόμον οὖν καταργοῦμεν διὰ τῆς πίστεως; (Rom. 3:31)

---

3. πολλάκις = "often" or "frequently" (adverb)
4. προσλαβόμενος = "taking aside" (2AoMPar-MNS)
5. ὑπηκούσατε = "you obey" (1AoAInd2P)
6. παρουσίᾳ and ἀπουσίᾳ = "presence" and "absence" (both 1NON-FDS, antonyms)
7. ἑαυτῶν = "your own" (rflxPRO-2MGP)
8. κατεργάζεσθε = "work out!" (PrAImp2P)

10. ἔλεος θέλω καὶ οὐ θυσίαν· οὐ γὰρ ἦλθον καλέσαι δικαίους ἀλλὰ ἁμαρτωλούς
    (Matt. 9:13)

11. τότε σταυροῦνται σὺν αὐτῷ δύο λῃσταί[9] (Matt. 27:38)

12. μακάριοι οἱ καθαροὶ τῇ καρδίᾳ, ὅτι αὐτοὶ τὸν θεὸν ὄψονται (Matt. 5:8)

13. καυχώμεθα ἐπ᾽ ἐλπίδι τῆς δόξης τοῦ θεοῦ (Rom. 5:2)

---

9. λῃσταί = "robbers" (1NON-MNP, from λῃστής)

E. Translate the following passage, using the notes from the previous sections. Be sure to
    be able to parse all verbs, nouns, adjectives, and pronouns studied so far.

πᾶς ὁ πιστεύων ὅτι Ἰησοῦς ἐστιν ὁ Χριστὸς, ἐκ τοῦ θεοῦ γεγέννηται,[10]

καὶ πᾶς ὁ ἀγαπῶν τὸν γεννήσαντα ἀγαπᾷ καὶ τὸν γεγεννημένον[11] ἐξ

αὐτοῦ. ἐν τούτῳ γινώσκομεν ὅτι ἀγαπῶμεν τὰ τέκνα τοῦ θεοῦ, ὅταν τὸν

θεὸν ἀγαπῶμεν καὶ τὰς ἐντολὰς αὐτοῦ ποιῶμεν. αὕτη γάρ ἐστιν ἡ ἀγάπη

τοῦ θεοῦ, ἵνα τὰς ἐντολὰς αὐτοῦ τηρῶμεν, καὶ αἱ ἐντολαὶ αὐτοῦ βαρεῖαι[12]

οὐκ εἰσίν. ὅτι πᾶν τὸ γεγεννημένον ἐκ τοῦ θεοῦ νικᾷ τὸν κόσμον· καὶ

αὕτη ἐστὶν ἡ νίκη ἡ νικήσασα τὸν κόσμον, ἡ πίστις ἡμῶν. τίς δέ ἐστιν

ὁ νικῶν τὸν κόσμον εἰ μὴ ὁ πιστεύων ὅτι Ἰησοῦς ἐστιν ὁ υἱὸς τοῦ θεοῦ;

(1 John 5:1-5)

---

10. γεγέννηται = "has been born" (PfPInd3S, from γεννάω, ἐγέννησα)
11. τὸν γεγεννημένον = "the one who has been born" (PfPPar-MAS, from γεννάω)
12. βαρεῖαι = "difficult, heavy, burdensome" (1/3ADJ-FNP, from βαρύς, βαρεῖα, βαρύ)

Participles: Aorist and Future Middle Participle; Present Middle/Passive Participle

A. Change the following forms from singular to plural, or from plural to singular, and provide a translation. Thus βλεπομένη becomes βλεπομέναις, translated "being seen."

1. ἀδελφῶν	6. στρατιώταις
2. ἀναβλεψάμενοι	7. φιλούμενον
3. Ἑλλήνων	8. ἀσθενοῦς
4. λευκῇ	9. κελευσαμένης
5. γνωριζομένῳ	10. φιλούμενος

B. Parse the following words, then change from aorist to present, or from present to aorist tense, and provide a translation. Thus γενομένους (2AoMPar-MAP) becomes γινομένους, translated "becoming."

1. ἀποκαλυπτομένας	5. δουλευομένων
2. ὁμολογουμένῳ	6. φρονησαμένοις
3. γνωρισάμενον	7. λυπουμένοις
4. φιλησάμεναι	8. μαθομένην

C. Substitute appropriate verbs into the following sentence, following the guidelines for the tense-form in parentheses, and then translate the new sentence. Try to use a middle voice verb where possible.

ταῦτα αὐτοῦ λαλοῦντος αὐτοῖς ἰδοὺ ὁ ἄρχων ἐλθὼν προσεκύνει αὐτῷ λέγων ὅτι ἡ θυγάτηρ μου ἄρτι ἐτελεύτησεν ("After he had said these things to them, behold the ruler, coming, was worshipping him, saying, 'My daughter is now dead.'")

1. ταῦτα αὐτοῦ _____ αὐτοῖς ἰδοὺ ὁ ἄρχων ἐλθὼν προσεκύνει αὐτῷ λέγων ὅτι ἡ θυγάτηρ μου ἄρτι ἐτελεύτησεν (aorist)

2. ταῦτα αὐτοῦ λαλοῦντος αὐτοῖς ἰδοὺ ὁ _____ ἐλθὼν προσεκύνει αὐτῷ λέγων ὅτι ἡ θυγάτηρ μου ἄρτι ἐτελεύτησεν (aorist)

3. ταῦτα αὐτοῦ λαλοῦντος αὐτοῖς ἰδοὺ ὁ ἄρχων ἐλθὼν προσεκύνει αὐτῷ λέγων ὅτι ἡ θυγάτηρ μου ἄρτι _____ (imperfect)

4. ταῦτα αὐτοῦ λαλοῦντος αὐτοῖς ἰδοὺ ὁ ἄρχων _____ προσεκύνει αὐτῷ λέγων ὅτι ἡ θυγάτηρ μου ἄρτι ἐτελεύτησεν (present)

5. ταῦτα αὐτοῦ λαλοῦντος αὐτοῖς ἰδοὺ ὁ ἄρχων ἐλθὼν _____ αὐτῷ λέγων ὅτι ἡ θυγάτηρ μου ἄρτι ἐτελεύτησεν (aorist)

6. ταῦτα αὐτοῦ λαλοῦντος αὐτοῖς ἰδοὺ ὁ ἄρχων ἐλθὼν προσεκύνει αὐτῷ _____ ὅτι ἡ θυγάτηρ μου ἄρτι ἐτελεύτησεν (aorist)

D. Translate the following sentences. Be sure to be able to parse all verbs, nouns, adjectives, and pronouns studied so far.

1. πολλοὶ οὖν ἐκ τῶν Ἰουδαίων οἱ ἐλθόντες πρὸς τὴν Μαριὰμ καὶ θεασάμενοι[1] ἃ ἐποίησεν ἐπίστευσαν εἰς αὐτόν (John 11:45)

2. ἀκούσας δὲ ὁ νεανίσκος[2] τὸν λόγον ἀπῆλθεν λυπούμενος· ἦν γὰρ ἔχων κτήματα[3] πολλά (Matt. 19:22)

3. περὶ τοῦ υἱοῦ αὐτοῦ τοῦ γενομένου ἐκ σπέρματος Δαυὶδ κατὰ σάρκα (Rom. 1:3)

4. καὶ λυπούμενοι σφόδρα[4] ἤρξαντο λέγειν αὐτῷ εἷς ἕκαστος, Μήτι[5] ἐγώ εἰμι, κύριε (Matt. 26:22)

5. καὶ λέγει αὐτοῖς· Ὑπάγετε εἰς τὴν κώμην τὴν κατέναντι[6] ὑμῶν, καὶ εὐθὺς εἰσπορευόμενοι εἰς αὐτὴν εὑρήσετε πῶλον (Mark 11:2)

6. εὐχαριστοῦμεν τῷ θεῷ πατρὶ τοῦ κυρίου ἡμῶν Ἰησοῦ Χριστοῦ πάντοτε περὶ ὑμῶν προσευχόμενοι (Col. 1:3)

---

1. θεασάμενοι = "see" (1AoMPar-MNP, from θεάομαι, ἐθεασάμην)
2. νεανίσκος = "youth" (2NON-MNS)
3. κτήματα = "possessions" (3NON-NAP)
4. σφόδρα = "very much" (adverb)
5. μήτι = "It's not me, is it?" (interrogative particle in questions that expect a negative answer)
6. κατέναντι = "opposite" or "before" (preposition with genitive)

7. διῆλθεν εὐεργετῶν[7] καὶ ἰώμενος πάντας τοὺς καταδυναστευομένους[8] ὑπὸ τοῦ διαβόλου, ὅτι ὁ θεὸς ἦν μετ’ αὐτοῦ (Acts 10:38)

8. ὁ λαὸς ὁ καθήμενος ἐν σκότει φῶς εἶδεν μέγα,[9] καὶ τοῖς καθημένοις ἐν χώρᾳ καὶ σκιᾷ[10] θανάτου φῶς ἀνέτειλεν[11] αὐτοῖς (Matt. 4:16)

9. καὶ προσκαλεσάμενος αὐτοὺς ἐν παραβολαῖς ἔλεγεν αὐτοῖς, Πῶς δύναται Σατανᾶς Σατανᾶν ἐκβάλλειν; (Mark 3:23)

10. περιβλεψάμενοι[12] οὐκέτι οὐδένα εἶδον ἀλλὰ τὸν Ἰησοῦν μόνον μεθ’ ἑαυτῶν[13] (Mark 9:8)

11. καὶ ἐβαπτίζοντο ἐν τῷ Ἰορδάνῃ ποταμῷ[14] ὑπ’ αὐτοῦ ὁμολογούμενοι τὰς ἁμαρτίας αὐτῶν (Matt. 3:6)

12. ὀψίας[15] δὲ γενομένης προσῆλθον αὐτῷ οἱ μαθηταὶ λέγοντες, Ἔρημός ἐστιν ὁ τόπος καὶ ἡ ὥρα ἤδη παρῆλθεν (Matt. 14:15)

---

7. εὐεργετῶν = "doing good" (PrAPar-MNS, from εω contract verb)
8. καταδυναστευομένους = "oppressed" (PrPPar-MAP)
9. μέγα = "great" (1/2ADJ-NAS, from μέγας, μεγάλη, μέγα)
10. σκιᾷ = "shadow" (1NON-FDS)
11. ἀνέτειλεν = "dawned" (1AoAInd3S, from ἀνατέλλω)
12. περιβλεψάμενοι = "looking around" (1AoMPar-MNP)
13. ἑαυτῶν = "themselves" (rflxPRO-3MGP)
14. ποταμῷ = "river" (2NON-MDS)
15. ὀψίας = "evening" (1NON-FGS)

13. εἰ γὰρ ἐγὼ λυπῶ ὑμᾶς, καὶ τίς ὁ εὐφραίνων[16] με εἰ μὴ ὁ λυπούμενος ἐξ ἐμοῦ;
(2 Cor. 2:2)

E. Translate the following passage, using the notes from the previous sections. Be sure to be able to parse all verbs, nouns, adjectives, and pronouns studied so far.

καὶ ἔρχεται εἰς οἶκον· καὶ συνέρχεται πάλιν ὁ ὄχλος, ὥστε μὴ δύνασθαι αὐτοὺς μηδὲ ἄρτον φαγεῖν. καὶ ἀκούσαντες οἱ παρ' αὐτοῦ ἐξῆλθον κρατῆσαι αὐτόν· ἔλεγον γὰρ ὅτι ἐξέστη.[17] καὶ οἱ γραμματεῖς οἱ ἀπὸ Ἱεροσολύμων καταβάντες ἔλεγον ὅτι Βεελζεβοὺλ ἔχει καὶ ὅτι ἐν τῷ ἄρχοντι τῶν δαιμονίων ἐκβάλλει τὰ δαιμόνια. καὶ προσκαλεσάμενος αὐτοὺς ἐν παραβολαῖς ἔλεγεν αὐτοῖς, Πῶς δύναται Σατανᾶς Σατανᾶν ἐκβάλλειν; καὶ ἐὰν βασιλεία ἐφ' ἑαυτὴν μερισθῇ,[18] οὐ δύναται σταθῆναι[19] ἡ βασιλεία ἐκείνη. (Mark 3:20-24)

16. εὐφραίνων = "make glad" (PrAPar-MNS)
17. ἐξέστη = "he's crazy" (2AoAInd3S, from ἐξίστημι, ἐξέστησα/ἐξέστην, lit. "stand outside oneself")
18. μερισθῇ = "be divided" (AoPSub3S, from μερίζω, ἐμέρισα)
19. σταθῆναι = "to stand" or "to be made to stand" (AoPInf, from ἵστημι, ἔστησα/ἔστην)

μι-Verbs (ἵστημι, δίδωμι)

A. Provide the opposite number of the following verbs, and translate. Thus for δίδωμι write δίδομεν, translated "we give."

1. δόμενος		6. δῶσθε	
2. ἐδίδοσθε		7. ἵστασθε	
3. ἵστην		8. ἔστη	
4. δούσαις		9. διδόντα	
5. δίδομεν		10. ἐδίδους	

B. Provide the equivalent form indicated for the following given forms, and translate. Thus for ἔδωκα (subjunctive) write δῶ, translated "I may give."

1. ἵστης (aorist)	6. διδῶτε (indicative)
2. στῆτε (present)	7. ἔστητε (present)
3. ἵσταμεν (aorist)	8. ἔστησαν (present)
4. ἱστάσης (aorist)	9. δίδως (subjunctive)
5. ἵσταμαι (subjunctive)	10. στάντος (present)

C. Change the following nouns and adjectives to their opposite number, and translate. Thus χιλιάδος becomes χιλιάδων, translated "of thousands."

1. ἀκοαῖς   5. θυσιαστηρίου

2. χιλιάς   6. εἰκόνος

3. ἀμπελῶνι   7. ζῴῳ

4. ἀσθένειαι   8. ἐπιστολήν

D. Translate the following sentences. Be sure to be able to parse all verbs, nouns, adjectives, and pronouns studied so far.

1. εἰς τοῦτο γὰρ κοπιῶμεν καὶ ἀγωνιζόμεθα,[1] ὅτι ἐλπίζομεν ἐπὶ θεῷ ζῶντι, ὅς ἐστιν σωτὴρ πάντων ἀνθρώπων (1 Tim. 4:10)

2. ἐπετίμησεν δὲ ὁ Ἰησοῦς τῷ πνεύματι τῷ ἀκαθάρτῳ καὶ ἰάσατο τὸν παῖδα καὶ ἀπέδωκεν αὐτὸν τῷ πατρὶ αὐτοῦ (Luke 9:42)

3. ἀναστὰς δὲ Πέτρος συνῆλθεν αὐτοῖς· αὐτὸν ἀνήγαγον εἰς τὸ ὑπερῷον[2] καὶ παρέστησαν αὐτῷ πᾶσαι αἱ χῆραι κλαίουσαι καὶ δεικνύμεναι χιτῶνας[3] καὶ ἱμάτια ἃ ἐποίει μετ' αὐτῶν οὖσα ἡ Δορκάς (Acts 9:39)

---

1. ἀγωνιζόμεθα = "struggle" (PrMInd1P)
2. ὑπερῷον = "upper room" (2NON-NAS)
3. χιτῶνας = "chitons," a garment worn under a robe

4. οἱ ἀστέρες ἔσονται ἐκ τοῦ οὐρανοῦ πίπτοντες (Mark 13:25)

5. διὸ καὶ ὁ θεὸς αὐτὸν ὑπερύψωσεν[4] καὶ ἐχαρίσατο αὐτῷ τὸ ὄνομα τὸ ὑπὲρ πᾶν ὄνομα (Phil. 2:9)

6. καὶ ἦλθον καὶ ἔπλησαν ἀμφότερα[5] τὰ πλοῖα (Luke 5:7)

7. ἐγὼ γὰρ παρέλαβον ἀπὸ τοῦ κυρίου, ὃ καὶ παρέδωκα ὑμῖν, ὅτι ὁ κύριος Ἰησοῦς ἐν τῇ νυκτὶ ᾗ παρεδίδετο ἔλαβεν ἄρτον καὶ εὐχαριστήσας ἔκλασεν[6] καὶ εἶπεν, Τοῦτό μού ἐστιν τὸ σῶμα τὸ ὑπὲρ ὑμῶν (1 Cor. 11:23-24)

8. δοὺς δὲ αὐτῇ χεῖρα ἀνέστησεν αὐτήν· φωνήσας δὲ τοὺς ἁγίους καὶ τὰς χήρας παρέστησεν αὐτὴν ζῶσαν (Acts 9:41)

9. πάλιν παραλαμβάνει αὐτὸν ὁ διάβολος εἰς ὄρος ὑψηλὸν λίαν[7] καὶ δείκνυσιν αὐτῷ πάσας τὰς βασιλείας τοῦ κόσμου καὶ τὴν δόξαν αὐτῶν (Matt. 4:8)

---

4. ὑπερύψωσεν = "highly exalted" (1AoAInd3S)
5. ἀμφότερα = "both" (1/2ADJ-NAP)
6. ἔκλασεν = "broke" (1AoAInd3S, from κλάω)
7. ὑψηλὸν λίαν = "exceedingly high" (1/2ADJ-NAS and adverb)

10. ἡμεῖς οἱ ζῶντες εἰς θάνατον παραδιδόμεθα διὰ Ἰησοῦν (2 Cor. 4:11)

11. καὶ δυνάμει μεγάλῃ[8] ἀπεδίδουν τὸ μαρτύριον οἱ ἀπόστολοι τῆς ἀναστάσεως τοῦ κυρίου Ἰησοῦ, χάρις τε μεγάλη ἦν ἐπὶ πάντας αὐτούς (Acts 4:33)

12. καθημένου δὲ αὐτοῦ ἐπὶ τοῦ Ὄρους τῶν Ἐλαιῶν προσῆλθον αὐτῷ οἱ μαθηταὶ κατ᾽ ἰδίαν λέγοντες, Πότε[9] ταῦτα ἔσται καὶ τί τὸ σημεῖον τῆς σῆς παρουσίας; (Matt. 24:3)

13. λέγει οὖν αὐτοῖς ὁ Ἰησοῦς, Ὁ καιρὸς ὁ ἐμὸς οὔπω πάρεστιν, ὁ δὲ καιρὸς ὁ ὑμέτερος πάντοτέ ἐστιν ἕτοιμος (John 7:6)

8. μεγάλη = "great" (1/2ADJ-FDS)
9. πότε = "when" (interrogative adverb. Cf. the enclitic ποτέ, "at some time, ever.")

E. Translate the following passage, using the notes from the previous sections. Be sure to be able to parse all verbs, nouns, adjectives, and pronouns studied so far.

καὶ εἰ ὁ Σατανᾶς ἀνέστη ἐφ᾽ ἑαυτὸν καὶ ἐμερίσθη,[10] οὐ δύναται στῆναι ἀλλὰ τέλος ἔχει. ἀλλ᾽ οὐ δύναται οὐδεὶς εἰς τὴν οἰκίαν τοῦ ἰσχυροῦ εἰσελθὼν τὰ σκεύη αὐτοῦ διαρπάσαι,[11] ἐὰν μὴ πρῶτον τὸν ἰσχυρὸν δήσῃ, καὶ τότε τὴν οἰκίαν αὐτοῦ διαρπάσει. Ἀμὴν λέγω ὑμῖν ὅτι πάντα ἀφεθήσεται[12] τοῖς υἱοῖς τῶν ἀνθρώπων τὰ ἁμαρτήματα[13] καὶ αἱ βλασφημίαι[14] ὅσα ἐὰν[15] βλασφημήσωσιν· ὃς δ᾽ ἂν βλασφημήσῃ εἰς τὸ πνεῦμα τὸ ἅγιον, οὐκ ἔχει ἄφεσιν εἰς τὸν αἰῶνα, ἀλλὰ ἔνοχός[16] ἐστιν αἰωνίου ἁμαρτήματος. (Mark 3:26-29)

10. ἐμερίσθη = "be divided" (AoPInd3S)
11. διαρπάσαι = "plunder" (1AoAInf, from διαρπάζω [διὰ + ἁρπάζω], διήρπασα)
12. ἀφεθήσεται = "will be forgiven" (FuPInd3S, from ἀφίημι, ἀφῆκα)
13. ἁμαρτήματα = "sins" (3NON-NNP)
14. βλασφημίαι = "blasphemies" (1NON-FNP, derived from the verb βλασφημέω)
15. ὅσα ἐάν = "whatever" (NAP correlative pronoun, "as many [things] as," which in many contexts is equivalent to the relative pronoun, or ἅ, "what [things]," + "if"); in ch. 19, D8, note also ὃς ἐάν, "whoever"; and in ch. 22, D2, ὅπου ἐάν, "wherever."
16. ἔνοχος = "guilty" (2ADJ-MNS)

Adjectives and Adverbs: Comparatives and Superlatives; Adjectives (Various Declension Patterns)

A. Provide the correct form of the comparative and superlative adjective for the following nouns, and translate. Thus (ἀγαθός) _____ μετάνοιαν becomes κρείττονα μετάνοιαν ("better repentance") and κρατίστην μετάνοιαν ("best repentance").

1. (ἡδύς) _____ πλούτου

2. (πολύς) _____ πληγαί

3. (ἀγαθός) _____ χιλίαρχοι

4. (μέγας) _____ διδασκαλίαις

5. (κακός) _____ τελώνην

6. (ἐκλεκτός) _____ συνεδρίῳ

7. (πονηρός) _____ κοιλίας

8. (μικρός) _____ πειρασμοῖς

B. Change the following verbs to the opposite tense-form (from aorist to present and present to aorist), and then translate. Thus θεασάμενοι becomes θεώμενοι, translated "seeing."

1. ἐβασίλευσας

2. δοκιμάζοντος

3. θερίσω

4. μνημονεύῃ

5. ἐξελέξατο

6. πωλοῦμεν

7. εὐδοκήσατε

8. κατεργάζηται

C. Change the following words to the case indicated. Thus δοκιμάζοντος (dative) becomes δοκιμάζοντι, translated "to or for putting to the test."

1. γρηγορήσαντι (accusative)

2. λατρευόντων (dative)

3. στρεψαμένῃ (genitive)

4. καταστάντες (genitive)

5. ταχίσταις (nominative)

6. καλλίονα (genitive)

7. χείρονος (dative)

8. ἐλασσόνων (nominative)

D. Translate the following sentences. Be sure to be able to parse all verbs, nouns, adjectives, and pronouns studied so far.

1. πολλοὶ γάρ εἰσιν κλητοὶ, ὀλίγοι δὲ ἐκλεκτοί (Matt. 22:14)

2. καὶ ἐπέστρεψα βλέπειν τὴν φωνὴν ἥτις[1] ἐλάλει μετ᾽ ἐμοῦ, καὶ ἐπιστρέψας εἶδον ἑπτὰ λυχνίας[2] χρυσᾶς (Rev. 1:12)

3. οὗτος ἔσται μέγας καὶ υἱὸς ὑψίστου[3] κληθήσεται[4] (Luke 1:32)

---

1. ἥτις = ἥ

2. ἑπτὰ λυχνίας = "seven lampstands" (an indeclinable number adjective plus a 1NON-FAP)

3. ὑψίστου = "highest" (s1/2ADJ-MGS)

4. κληθήσεται = "will be called" (FuPInd3S, from καλέω, ἐκάλεσα. This verb can specify [1] someone who is called and [2] what that someone is called. With the active voice, both items appear in the accusative case; with the passive, as here, both are in the nominative.)

4. ἰδόντες δὲ τὸν ἀστέρα ἐχάρησαν[5] χαρὰν μεγάλην[6] σφόδρα (Matt. 2:10)

5. νυνὶ δὲ μένει πίστις, ἐλπίς, ἀγάπη, τὰ τρία[7] ταῦτα· μείζων δὲ τούτων ἡ ἀγάπη (1 Cor. 13:13)

6. μειζοτέραν τούτων οὐκ ἔχω χαράν, ἵνα ἀκούω τὰ ἐμὰ τέκνα ἐν τῇ ἀληθείᾳ περιπατοῦντα (3 John 4)

7. ὑμεῖς δέ, ἀγαπητοί, οἰκοδομοῦντες ἑαυτοὺς[8] τῇ ἁγιωτάτῃ ὑμῶν πίστει, ἐν πνεύματι ἁγίῳ προσευχόμενοι (Jude 20)

8. ὃς ἐὰν οὖν λύσῃ μίαν τῶν ἐντολῶν τούτων τῶν ἐλαχίστων καὶ διδάξῃ οὕτως τοὺς ἀνθρώπους, ἐλάχιστος κληθήσεται ἐν τῇ βασιλείᾳ τῶν οὐρανῶν· ὃς δ' ἂν ποιήσῃ καὶ διδάξῃ, οὗτος μέγας κληθήσεται ἐν τῇ βασιλείᾳ τῶν οὐρανῶν (Matt. 5:19)

9. Κλαύδιος Λυσίας τῷ κρατίστῳ ἡγεμόνι Φήλικι χαίρειν[9] (Acts 23:26)

---

5. ἐχάρησαν = "rejoiced" (AoPInd3P, from χαίρω, ἐχάρην)
6. χαρὰν μεγάλην = "with great joy" (an accusative phrase illustrating what is sometimes called a cognate accusative — the accusative noun χαράν is cognate with the verb ἐχάρησαν)
7. τρία = "three" (3ADJ-NNP)
8. ἑαυτούς = "yourselves" (rflxPRO-2MAP)
9. χαίρειν = "(We send) greetings" (a PrAInf that, when used in the opening of a letter, functions like a finite verb)

10. οὐκ ἔστιν δοῦλος μείζων τοῦ κυρίου αὐτοῦ (John 15:20)

11. ἥδιστα[10] οὖν μᾶλλον καυχήσομαι ἐν ταῖς ἀσθενείαις μου, ἵνα ἐπισκηνώσῃ[11] ἐπ᾽ ἐμὲ ἡ δύναμις τοῦ Χριστοῦ (2 Cor. 12:9)

12. τότε πορεύεται καὶ παραλαμβάνει μεθ᾽ ἑαυτοῦ ἑπτὰ ἕτερα πνεύματα πονηρότερα ἑαυτοῦ[12] καὶ εἰσελθόντα κατοικεῖ ἐκεῖ· καὶ γίνεται τὰ ἔσχατα τοῦ ἀνθρώπου ἐκείνου χείρονα τῶν πρώτων. οὕτως ἔσται καὶ τῇ γενεᾷ ταύτῃ τῇ πονηρᾷ (Matt. 12:45)

13. Ἰουδαίους οὐδὲν ἠδίκησα ὡς καὶ σὺ κάλλιον[13] ἐπιγινώσκεις (Acts 25:10)

14. χωρὶς δὲ πάσης ἀντιλογίας[14] τὸ ἔλαττον ὑπὸ τοῦ κρείττονος εὐλογεῖται (Heb. 7:7)

10. ἥδιστα = "more gladly" (s1/2ADJ-NAP, used here adverbially)
11. ἐπισκηνώσῃ = "rest upon" or "live in" (1AoASub3S)
12. ἑαυτοῦ = "than himself" (rflxPRO-3NGS, with the genitive here expressing the comparison)
13. The adjective καλός has the comparative and superlative forms καλλίων and κάλλιστος. (Hint: the NAS comparative form here is not being used as an adjective.)
14. ἀντιλογίας = "argument, dispute" (1NON-FGS)

E. Translate the following passage, using the notes from the previous sections. Be sure to be able to parse all verbs, nouns, adjectives, and pronouns studied so far.

καὶ ἦλθον εἰς Καφαρναούμ. καὶ ἐν τῇ οἰκίᾳ γενόμενος ἐπηρώτα αὐτούς, Τί ἐν τῇ ὁδῷ διελογίζεσθε;[15] οἱ δὲ ἐσιώπων.[16] πρὸς ἀλλήλους[17] γὰρ διελέχθησαν[18] ἐν τῇ ὁδῷ τίς μείζων. καὶ καθίσας ἐφώνησεν τοὺς δώδεκα καὶ λέγει αὐτοῖς, Εἴ τις θέλει πρῶτος εἶναι, ἔσται πάντων ἔσχατος καὶ πάντων διάκονος. καὶ λαβὼν παιδίον ἔστησεν αὐτὸ ἐν μέσῳ αὐτῶν καὶ ἐναγκαλισάμενος[19] αὐτὸ εἶπεν αὐτοῖς, Ὃς ἂν ἓν τῶν τοιούτων[20] παιδίων δέξηται ἐπὶ τῷ ὀνόματί μου, ἐμὲ δέχεται· καὶ ὃς ἂν ἐμὲ δέχηται, οὐκ ἐμὲ δέχεται ἀλλὰ τὸν ἀποστείλαντά με. (Mark 9:33-37)

15. διελογίζεσθε = "were you discussing" (ImMInd2P)
16. ἐσιώπων = "were silent" (ImAInd3P, from σιωπάω, ἐσιώπησα)
17. ἀλλήλους = "each other" (rcpPRO-AP)
18. διελέχθησαν = "they had argued" (AoPInd3P, from διαλέγομαι, διαλεξάμην)
19. ἐναγκαλισάμενος = "take into one's arms (1AoMPar-MNS)
20. τοιούτων = "such" (1/2ADJ-NGP)

The Passive Voice: Aorist and Future Passive Indicative and Infinitive

A. Change the following verbs to the opposite number, and translate. Thus ἐλύθην becomes ἐλύθημεν, translated "we loose or loosed."

1. κληθήσῃ		5. ἀχθησόμεθα
2. κριθήσονται		6. παραδοθήσῃ
3. ἐβλήθη		7. ἠγέρθητε
4. ἠκούσθην		8. ἐχάρη

B. Change the following verbs to the opposite tense-form (from aorist to future and future to aorist), and translate. Thus χαρήσεται becomes ἐχαρήθη, translated "he rejoices or rejoiced."

1. ἐπορεύθης		5. παραδοθήσεται
2. ἐσώθησαν		6. προσηνέχθην
3. ἐφοβήθημεν		7. ἀπεκρίθητε
4. ἰαθήσεται		8. ἀποκαλυφθήσονται

C. Change the following words to the case indicated in parentheses, and translate. Thus προφητείαν (dative) becomes προφητείᾳ, translated "to or for prophecy."

1. γένους (accusative)

2. ἐπιγνώσεως (dative)

3. αἰτίαν (genitive)

4. κοινωνίᾳ (genitive)

5. γεωργοῖς (nominative)

6. παραπτώματι (genitive)

7. δῶρα (dative)

8. τοσαύτη (nominative)

9. ἐπουράνιον (genitive)

10. τελεία (dative)

D. Translate the following sentences. Be sure to be able to parse all verbs, nouns, adjectives, and pronouns studied so far.

1. ἰδόντες δὲ οἱ ὄχλοι ἐφοβήθησαν καὶ ἐδόξασαν τὸν θεὸν τὸν δόντα ἐξουσίαν

    τοιαύτην[1] τοῖς ἀνθρώποις (Matt. 9:8)

2. ἀπεκρίθη οὖν αὐτῷ ὁ ὄχλος, Ἡμεῖς ἠκούσαμεν ἐκ τοῦ νόμου ὅτι ὁ Χριστὸς

    μένει εἰς τὸν αἰῶνα, καὶ πῶς λέγεις σὺ ὅτι δεῖ ὑψωθῆναι τὸν υἱὸν τοῦ

    ἀνθρώπου; (John 12:34)

3. καὶ σύ, Καφαρναούμ, μὴ ἕως οὐρανοῦ ὑψωθήσῃ; ἕως τοῦ ᾅδου[2] καταβήσῃ

    (Luke 10:15)

---

1. τοιαύτην = "such" (1/2ADJ-FAS)
2. ᾅδου = "Hades" or "hell" (1NON-MGS, from ᾅδης)

4. ὥσπερ γὰρ διὰ τῆς παρακοῆς[3] τοῦ ἑνὸς ἀνθρώπου ἁμαρτωλοὶ κατεστάθησαν οἱ πολλοί, οὕτως καὶ διὰ τῆς ὑπακοῆς[4] τοῦ ἑνὸς δίκαιοι κατασταθήσονται οἱ πολλοί (Rom. 5:19)

5. ἡ ἀγάπη οὐδέποτε[5] πίπτει· εἴτε δὲ προφητεῖαι, καταργηθήσονται· εἴτε γλῶσσαι, παύσονται·[6] εἴτε γνῶσις, καταργηθήσεται (1 Cor. 13:8)

6. καὶ ταῦτα εἰπὼν βλεπόντων αὐτῶν ἐπήρθη καὶ νεφέλη ἔλαβεν αὐτὸν ἀπὸ τῶν ὀφθαλμῶν αὐτῶν (Acts 1:9)

7. νῦν χαίρω, οὐχ ὅτι ἐλυπήθητε ἀλλ᾽ ὅτι ἐλυπήθητε εἰς μετάνοιαν· ἐλυπήθητε γὰρ κατὰ θεόν, ἵνα ἐν μηδενὶ ζημιωθῆτε[7] ἐξ ἡμῶν (2 Cor. 7:9)

8. ἀκούσαντες δὲ ἐβαπτίσθησαν εἰς τὸ ὄνομα τοῦ κυρίου Ἰησοῦ (Acts 19:5)

9. ὥσπερ γὰρ ἐν τῷ Ἀδὰμ πάντες ἀποθνήσκουσιν, οὕτως καὶ ἐν τῷ Χριστῷ πάντες ζωοποιηθήσονται[8] (1 Cor. 15:22)

---

3. παρακοῆς = "disobedience" (1NON-FGS)
4. ὑπακοῆς = "obedience" (1NON-FGS)
5. οὐδέποτε = "never" (adverb)
6. παύσονται = "will cease" (FuMInd3P)
7. ζημιωθῆτε = "you may suffer loss" (AoPSub2P, from ζημιόω, a verb that appears only in the passive in the Greek New Testament)
8. ζωοποιηθήσονται = "will be made alive" (FuPInd3P)

10. ἦν δὲ ἄνθρωπος ἐκ τῶν Φαρισαίων, Νικόδημος ὄνομα αὐτῷ, ἄρχων τῶν

    Ἰουδαίων (John 3:1)

11. ἐν ᾧ γὰρ κρίματι κρίνετε κριθήσεσθε, καὶ ἐν ᾧ μέτρῳ μετρεῖτε μετρηθήσεται[9]

    ὑμῖν (Matt. 7:2)

12. παραδώσουσιν ὑμᾶς εἰς συνέδρια καὶ εἰς συναγωγὰς δαρήσεσθε[10] καὶ ἐπὶ

    ἡγεμόνων καὶ βασιλέων σταθήσεσθε ἕνεκεν ἐμοῦ εἰς μαρτύριον αὐτοῖς (Mark

    13:9)

9. ἐν ᾧ μέτρῳ μετρεῖτε μετρηθήσεται = "with the measure you measure, it will be measured" (a prepositional
phrase with a neuter noun and two forms of the cognate verb μετρέω, ἐμέτρησα)
    10. δαρήσεσθε = "you will be beaten" (FuPInd2P, from δέρω, ἔδειρα)

E. Translate the following passage, using the notes from the previous sections. Be sure to be able to parse all verbs, nouns, adjectives, and pronouns studied so far.

τὸν μὲν πρῶτον λόγον ἐποιησάμην περὶ πάντων, ὦ Θεόφιλε, ὧν ἤρξατο

ὁ Ἰησοῦς ποιεῖν τε καὶ διδάσκειν, ἄχρι ἧς ἡμέρας ἐντειλάμενος[11] τοῖς

ἀποστόλοις διὰ πνεύματος ἁγίου οὓς ἐξελέξατο ἀνελήμφθη·[12] οἷς καὶ

παρέστησεν ἑαυτὸν ζῶντα μετὰ τὸ παθεῖν αὐτὸν ἐν πολλοῖς τεκμηρίοις,[13]

δι᾿ ἡμερῶν τεσσεράκοντα[14] ὀπτανόμενος[15] αὐτοῖς καὶ λέγων τὰ περὶ

---

11. ἐντειλάμενος = "having commanded" (1AoMPar-MNS, from ἐντέλλομαι, ἐνετειλάμην)
12. ἀνελήμφθη = "he was taken up" (AoPInd3S, from ἀναλαμβάνω, ἀνέλαβον)
13. τεκμηρίοις = "proofs" (2NON-NDP)
14. τεσσεράκοντα = "forty"
15. ὀπτανόμενος = (mid.) "appearing" or (pass.) "being seen" (PrM/PPar-MNS, from ὀπτάνομαι)

τῆς βασιλείας τοῦ θεοῦ· καὶ συναλιζόμενος¹⁶ παρήγγειλεν αὐτοῖς ἀπὸ

Ἱεροσολύμων μὴ χωρίζεσθαι¹⁷ ἀλλὰ περιμένειν¹⁸ τὴν ἐπαγγελίαν τοῦ

πατρὸς ἣν ἠκούσατέ μου, ὅτι Ἰωάννης μὲν ἐβάπτισεν ὕδατι, ὑμεῖς δὲ ἐν

πνεύματι βαπτισθήσεσθε ἁγίῳ οὐ μετὰ πολλὰς ταύτας ἡμέρας.

(Acts 1:1-5)

---

16. συναλιζόμενος = "assemble or eat together" (PrMPar-MNS)
17. χωρίζεσθαι= "to leave" (PrMInf, from χωρίζω, ἐχώρισα)
18. περιμένειν = "to wait for" (PrAInf)

Review 4

I. Translate the following words.

1. θυγάτηρ

2. θυσιαστήριον

3. ἐπλήρωσα

4. αὐξάνω

5. ἐκεῖ

6. κοιλία

7. στρατιώτης

8. εὐδόκησα

9. ὤμοσα

10. τέλειος

II. Parse and translate the following words. Remember to include *all* of the pertinent information for the parsing of each of the words.

1. μεγάλης

2. καλεσαμένοις

3. ἐλήμφθης

4. ἐρχομένη

5. παριστῶμεν

6. τιμῶσι

7. ἀξιωτάτων

8. ἐδήλους

9. ἀποδίδοσαι

10. ἐγερθησόμεθα

III. Complete the following exercises.

A. Change the following words to their opposite number.

1. σταυρόν

2. ἵστασθε

3. γνωριζομένῳ

4. ἐβλήθη

B. Change the following verbs to the tense-form indicated.

5. θερίσω (present)

6. ἐπορεύθης (future)

IV. Give the complete paradigms of the following, *including labeling the forms.*

A. Use the verb γίνομαι, ἐγενόμην and give the complete paradigm (all of the forms) for the aorist middle participle. Remember to label the forms.

B. Use the verb παραδίδωμι, παρέδωκα and give the paradigm for the present active indicative. Remember to label the forms.

C. Use the verb νικάω, ἐνίκησα and give the paradigm for the present active subjunctive. Remember to label the forms.

D. Use the verb βάλλω, ἔβαλον and give the paradigm for the aorist passive indicative. Remember to label the forms.

V. Translate the following Greek sentences into English.

1. ἐάν τε γὰρ ζῶμεν, τῷ κυρίῳ ζῶμεν, ἐάν τε ἀποθνήσκωμεν, τῷ κυρίῳ ἀποθνήσκομεν.

2. καὶ εἰ ὁ Σατανᾶς ἀνέστη ἐφ' ἑαυτὸν καὶ ἐμερίσθη, οὐ δύναται στῆναι ἀλλὰ τέλος ἔχει.

3. οὗτος ἔσται μέγας καὶ υἱὸς ὑψίστου κληθήσεται καὶ δώσει αὐτῷ κύριος ὁ θεὸς τὸν θρόνον Δαυὶδ τοῦ πατρὸς αὐτοῦ.

4. πολλοὶ οὖν ἐκ τῶν Ἰουδαίων οἱ ἐλθόντες πρὸς τὴν Μαριὰμ καὶ θεασάμενοι ἃ ἐποίησεν ἐπίστευσαν εἰς αὐτόν.

μι-Verbs (τίθημι, ἵημι); Aspectually Vague Verbs

A. Change the following verbs to the opposite number, and translate. Thus φησί becomes φασί, translated "they say."

1. εἰσπορεύονται

2. κληρονομοῦσιν

3. ἐπέθηκαν

4. ἀφίεται

5. ἐκληρώθην

6. κοιμωμένου

7. ἀφῆκας

8. συνιστᾶσι

B. Change the following verbs to the aorist tense, and translate. Thus ἔκρυπτον becomes ἔκρυψα or ἔκρυψαν, translated "I or they hide or hid."

1. ἐπιβάλλω

2. τίκτει

3. ἐπιτιθέντος

4. ἀφιείς

5. ἐπιτρέπω

6. κατηγγέλλομεν

7. ἀφίεμεν

8. συνιᾶσι

C. Change the following words to the case indicated in parentheses, and translate. Thus πυλῶνος (dative) becomes πυλῶνι, translated "to or for the door."

1. ἀνάγκης (accusative)

2. βρώματα (dative)

3. ἀποκαλύψει (genitive)

4. πυλών (genitive)

5. ἄφεσιν (nominative)

6. φανεραίς (genitive)

7. κατακρινόντων (dative)

8. ἀπωλείᾳ (nominative)

9. θυμόν (genitive)

10. ἀφέσεως (dative)

D. Translate the following sentences. Be sure to be able to parse all verbs, nouns, adjectives, and pronouns studied so far.

1. καὶ ἀκούσαντες οἱ παρ' αὐτοῦ ἐξῆλθον κρατῆσαι αὐτόν· ἔλεγον γὰρ ὅτι ἐξέστη (Mark 3:21)

2. ἐὰν γὰρ ἀφῆτε τοῖς ἀνθρώποις τὰ παραπτώματα αὐτῶν, ἀφήσει καὶ ὑμῖν ὁ πατὴρ ὑμῶν ὁ οὐράνιος· ἐὰν δὲ μὴ ἀφῆτε τοῖς ἀνθρώποις, οὐδὲ ὁ πατὴρ ὑμῶν ἀφήσει τὰ παραπτώματα ὑμῶν (Matt. 6:14-15)

3. καὶ συντελέσας[1] πάντα πειρασμὸν ὁ διάβολος ἀπέστη ἀπ' αὐτοῦ ἄχρι καιροῦ (Luke 4:13)

---

1. συντελέσας = "finished" (1AoAPar-MNS, from συντελέω, συνετέλεσα)

4. τότε συνῆκαν οἱ μαθηταὶ ὅτι περὶ Ἰωάννου τοῦ βαπτιστοῦ εἶπεν αὐτοῖς (Matt. 17:13)

5. οἱ δὲ εἶπαν πρὸς αὐτόν, Οἱ μαθηταὶ Ἰωάννου νηστεύουσιν πυκνὰ[2] καὶ δεήσεις ποιοῦνται ὁμοίως καὶ οἱ τῶν Φαρισαίων, οἱ δὲ σοὶ ἐσθίουσιν καὶ πίνουσιν (Luke 5:33)

6. τότε ἀφίησιν αὐτὸν ὁ διάβολος, καὶ ἰδοὺ ἄγγελοι προσῆλθον καὶ διηκόνουν αὐτῷ (Matt. 4:11)

7. ἀκουόντων δὲ αὐτῶν ταῦτα προσθεὶς εἶπεν παραβολὴν διὰ τὸ ἐγγὺς εἶναι Ἰερουσαλὴμ αὐτὸν καὶ δοκεῖν αὐτοὺς ὅτι παραχρῆμα μέλλει ἡ βασιλεία τοῦ θεοῦ φαίνεσθαι (Luke 19:11)

8. εἰ δὲ ἡ ἀδικία ἡμῶν θεοῦ δικαιοσύνην συνίστησιν, τί ἐροῦμεν; μὴ ἄδικος[3] ὁ θεὸς ὁ φέρων τὴν ὀργήν; κατὰ ἄνθρωπον λέγω (Rom. 3:5)

9. ἐνόμιζεν[4] δὲ συνιέναι τοὺς ἀδελφοὺς αὐτοῦ ὅτι ὁ θεὸς διὰ χειρὸς αὐτοῦ δίδωσιν σωτηρίαν αὐτοῖς· οἱ δὲ οὐ συνῆκαν (Acts 7:25)

---

2. πυκνά = "often" (adverb)
3. ἄδικος = "unjust" (2ADJ-MNS)
4. ἐνόμιζεν = "he (Moses) thought" (ImAInd3S)

10. ὃν τρόπον⁵ δὲ Ἰάννης καὶ Ἰαμβρῆς ἀντέστησαν Μωϋσεῖ, οὕτως καὶ οὗτοι ἀνθίστανται τῇ ἀληθείᾳ (2 Tim. 3:8)

11. οὗτος ἔφη, Δύναμαι καταλῦσαι τὸν ναὸν τοῦ θεοῦ καὶ διὰ τριῶν ἡμερῶν οἰκοδομῆσαι (Matt. 26:61)

12. πάντες ὅσοι εἶχον ἀσθενοῦντας ἤγαγον αὐτοὺς πρὸς αὐτόν· ὁ δὲ ἑνὶ ἑκάστῳ αὐτῶν τὰς χεῖρας ἐπιτιθεὶς ἐθεράπευεν αὐτούς (Luke 4:40)

13. καὶ ἐπιθεὶς τὰς χεῖρας αὐτοῖς ἐπορεύθη ἐκεῖθεν (Matt. 19:15)

5. ὃν τρόπον = literally, "which manner"; idiomatically, "just as" (relPRO-MAS plus a 2NON-MAS)

E. Translate the following passage, using the notes from the previous sections. Be sure to be able to parse all verbs, nouns, adjectives, and pronouns studied so far.

καὶ προσελθόντες οἱ μαθηταὶ εἶπαν αὐτῷ, Διὰ τί ἐν παραβολαῖς λαλεῖς αὐτοῖς; ὁ δὲ ἀποκριθεὶς[6] εἶπεν αὐτοῖς, Ὅτι ὑμῖν δέδοται[7] γνῶναι τὰ μυστήρια τῆς βασιλείας τῶν οὐρανῶν, ἐκείνοις δὲ οὐ δέδοται. ὅστις[8] γὰρ ἔχει, δοθήσεται αὐτῷ καὶ περισσευθήσεται· ὅστις δὲ οὐκ ἔχει, καὶ ὃ ἔχει ἀρθήσεται ἀπ᾽ αὐτοῦ. διὰ τοῦτο ἐν παραβολαῖς αὐτοῖς λαλῶ, ὅτι βλέποντες οὐ βλέπουσιν καὶ ἀκούοντες οὐκ ἀκούουσιν οὐδὲ συνίουσιν,[9] καὶ ἀναπληροῦται[10] αὐτοῖς ἡ προφητεία Ἠσαΐου ἡ λέγουσα, Ἀκοῇ[11] ἀκούσετε καὶ οὐ μὴ συνῆτε, καὶ βλέποντες βλέψετε καὶ οὐ μὴ ἴδητε.

(Matt. 13:10-14)

---

6. ἀποκριθεὶς = "answering" (AoPPar-MNS, from ἀποκρίνομαι, ἀπεκρινάμην)

7. δέδοται = "it is given" (PfPInd3S, from δίδωμι, ἔδωκα)

8. ὅστις = ὅς

9. συνίουσιν = "understand" (PrAInd3P, from συνίημι, συνῆκα, a μι-verb stem with an ω-verb ending, a combination not uncommon in the New Testament)

10. ἀναπληροῦται = "is fulfilled" (PrPInd3S, from ἀναπληρόω, ἀνεπλήρωσα)

11. ἀκοῇ = 1NON-FDS, used with a cognate verb to reinforce hearing: "you will truly hear"

Aorist Passive Subjunctive and Participle; Future Passive Participle; Proper Nouns

A. Change the following verbs to their opposite number, and translate. Thus σκανδαλισθῇς becomes σκανδαλισθῆτε, translated "you may be caused to stumble."

1. σπαρέντος

2. βαπτισθέντα

3. κηρυχθῇς

4. ἀποκριθείς

5. ἐγερθεῖσι

6. δοθῇ

7. ἐθῇ

8. ἀρθῆσθε

B. Change the following words to the indicated case, supply the appropriate article, and provide a translation. Thus Ἐφέσου (dative) becomes τῷ Ἐφέσῳ, translated "to or for Ephesus."

1. ἕτοιμαι (genitive)

2. Δαυίδ (dative)

3. θησαυρῶν (accusative)

4. ἵππῳ (genitive)

5. Αἴγυπτος (dative)

6. Μακεδονία (accusative)

7. Ἔφεσον (genitive)

8. Μωϋσῆς (genitive)

C. Change the following finite verbs to the aorist passive subjunctive, and the participles to the aorist passive participle, maintaining their same person, number, case, and so forth. Provide a translation. Thus ἐστράφην becomes στραφῶ, translated "I may be turned."

1. ἀγαγόντι

2. ἐκενώσαμεν

3. βάλλοντος

4. ἐσκανδαλίζετε

5. ἐλυπήθην

6. σταυροῖ

7. ἐγείροντι

8. ἀποκρινάμενος

9. εὑρίσκει

10. γεννησάντων

D. Translate the following sentences. Be sure to be able to parse all verbs, nouns, adjectives, and pronouns studied so far.

1. ἡμεῖς οἱ ζῶντες εἰς θάνατον παραδιδόμεθα διὰ Ἰησοῦν, ἵνα καὶ ἡ ζωὴ τοῦ Ἰησοῦ

    φανερωθῇ ἐν τῇ θνητῇ[1] σαρκὶ ἡμῶν (2 Cor. 4:11)

2. ἀμὴν δὲ λέγω ὑμῖν, ὅπου ἐὰν κηρυχθῇ τὸ εὐαγγέλιον εἰς ὅλον τὸν κόσμον, καὶ

    ὃ ἐποίησεν αὕτη λαληθήσεται εἰς μνημόσυνον[2] αὐτῆς (Mark 14:9)

3. καὶ προαγαγὼν αὐτοὺς ἔξω ἔφη, Κύριοι, τί με δεῖ ποιεῖν ἵνα σωθῶ; (Acts 16:30)

---

1. θνητῇ = "mortal" (1/2ADJ-FDS. Note the similarity with the root of the related verb ἀποθνῄσκω, ἀπέθανον, "die.")

2. μνημόσυνον = "memorial" (2NON-NAS. Note the similarity to the verb μνημονεύω, ἐμνημόνευσα.)

4. ἰδοὺ ἄγγελος κυρίου κατ᾽ ὄναρ[3] ἐφάνη αὐτῷ λέγων, Ἰωσὴφ υἱὸς Δαυίδ, μὴ
   φοβηθῇς παραλαβεῖν Μαριὰμ τὴν γυναῖκά σου (Matt. 1:20)

5. καὶ ἠρώτησαν αὐτὸν οἱ μαθηταὶ αὐτοῦ λέγοντες, Ῥαββί, τίς ἥμαρτεν, οὗτος ἢ οἱ
   γονεῖς αὐτοῦ, ἵνα τυφλὸς γεννηθῇ; ἀπεκρίθη Ἰησοῦς, Οὔτε οὗτος ἥμαρτεν οὔτε
   οἱ γονεῖς αὐτοῦ, ἀλλ᾽ ἵνα φανερωθῇ τὰ ἔργα τοῦ θεοῦ ἐν αὐτῷ (John 9:2-3)

6. καὶ ὁ Ἰησοῦς εἶπεν αὐτῷ, Βλέπεις ταύτας τὰς μεγάλας οἰκοδομάς; οὐ μὴ ἀφεθῇ
   ὧδε λίθος ἐπὶ λίθον ὃς οὐ μὴ καταλυθῇ (Mark 13:2)

7. οὐ γὰρ ἀπέστειλέν με Χριστὸς βαπτίζειν ἀλλὰ εὐαγγελίζεσθαι, οὐκ ἐν σοφίᾳ
   λόγου, ἵνα μὴ κενωθῇ ὁ σταυρὸς τοῦ Χριστοῦ (1 Cor. 1:17)

8. ἐν ἐκείνῳ τῷ καιρῷ ἀποκριθεὶς ὁ Ἰησοῦς εἶπεν, Ἐξομολογοῦμαί[4] σοι, πάτερ,
   κύριε τοῦ οὐρανοῦ καὶ τῆς γῆς, ὅτι ἔκρυψας ταῦτα ἀπὸ σοφῶν καὶ ἀπεκάλυψας
   αὐτὰ νηπίοις[5] (Matt. 11:25)

---

3. κατ᾽ ὄναρ = "in a dream" (a prepositional phrase with the neuter noun ὄναρ, the only context in which ὄναρ appears in the New Testament)

4. ἐξομολογοῦμαι = ὁμολογοῦμαι = "confess"

5. νηπίοις = "little children" (1/2ADJ-MDP, here used substantivally)

9. ὁ δὲ εἶπεν, Πάτερ Ἀβραάμ, ἀλλ᾽ ἐάν τις ἀπὸ νεκρῶν πορευθῇ πρὸς αὐτοὺς μετανοήσουσιν. εἶπεν δὲ αὐτῷ, Εἰ Μωϋσέως καὶ τῶν προφητῶν οὐκ ἀκούουσιν, οὐδ᾽ ἐάν τις ἐκ νεκρῶν ἀναστῇ πεισθήσονται (Luke 16:30-31)

10. καὶ νῦν, τεκνία, μένετε ἐν αὐτῷ, ἵνα ἐὰν φανερωθῇ σχῶμεν παρρησίαν καὶ μὴ αἰσχυνθῶμεν[6] ἀπ᾽ αὐτοῦ ἐν τῇ παρουσίᾳ αὐτοῦ (1 John 2:28)

11. καὶ στραφεὶς πρὸς τοὺς μαθητὰς κατ᾽ ἰδίαν εἶπεν, Μακάριοι οἱ ὀφθαλμοὶ οἱ βλέποντες ἃ βλέπετε (Luke 10:23)

12. καὶ εἶπεν, Ἀμὴν λέγω ὑμῖν, ἐὰν μὴ στραφῆτε καὶ γένησθε ὡς τὰ παιδία, οὐ μὴ εἰσέλθητε εἰς τὴν βασιλείαν τῶν οὐρανῶν (Matt. 18:3)

---

6. αἰσχυνθῶμεν = "be ashamed" (AoPSub1P, from αἰσχύνομαι)

E. Translate the following passage, using the notes from the previous sections. Be sure to be able to parse all verbs, nouns, adjectives, and pronouns studied so far.

τοῦ δὲ Ἰησοῦ γεννηθέντος ἐν Βηθλέεμ τῆς Ἰουδαίας ἐν ἡμέραις Ἡρῴδου

τοῦ βασιλέως, ἰδοὺ μάγοι ἀπὸ ἀνατολῶν⁷ παρεγένοντο εἰς Ἱεροσόλυμα

λέγοντες, Ποῦ ἐστιν ὁ τεχθεὶς βασιλεὺς τῶν Ἰουδαίων; εἴδομεν γὰρ

αὐτοῦ τὸν ἀστέρα ἐν τῇ ἀνατολῇ καὶ ἤλθομεν προσκυνῆσαι αὐτῷ.

ἀκούσας δὲ ὁ βασιλεὺς Ἡρῴδης ἐταράχθη⁸ καὶ πᾶσα Ἱεροσόλυμα μετ᾽

αὐτοῦ, καὶ συναγαγὼν πάντας τοὺς ἀρχιερεῖς καὶ γραμματεῖς τοῦ λαοῦ

7. ἀνατολῶν = "east" (literally "rising" [of the sun], a 1NON-FGP, from ἀνατολή, related to ἀνατέλλω, "rise")
8. ἐταράχθη = "was troubled" (AoPInd3S, from ταράσσω, ἐτάραξα)

ἐπυνθάνετο⁹ παρ' αὐτῶν ποῦ ὁ Χριστὸς γεννᾶται. οἱ δὲ εἶπαν αὐτῷ, Ἐν

Βηθλέεμ τῆς Ἰουδαίας· οὕτως γὰρ γέγραπται¹⁰ διὰ τοῦ προφήτου· καὶ

σὺ Βηθλέεμ, γῆ Ἰούδα, οὐδαμῶς¹¹ ἐλαχίστη εἶ ἐν τοῖς ἡγεμόσιν Ἰούδα·

ἐκ σοῦ γὰρ ἐξελεύσεται ἡγούμενος, ὅστις ποιμανεῖ¹² τὸν λαόν μου τὸν

Ἰσραήλ. (Matt. 2:1-6)

9. ἐπυνθάνετο = "inquired" (ImMInd3S, from πυνθάνομαι, ἐπυθόμην)
10. γέγραπται = "it is written" (PfPInd3S, from γράφω, ἔγραψα)
11. οὐδαμῶς = "by no means"
12. ποιμανεῖ = "will shepherd" (FuAInd3S, from ποιμαίνω, ἐποίμανα; note the similarity of this form to the 3NON ποιμήν, "shepherd")

Liquid Verbs: Future and Aorist;
Pronouns: Reflexive and Reciprocal

A. Change the following verbs to the opposite number, and translate. Thus ἔκλεισας becomes ἐκλείσατε, translated "you lock or locked."

1. ἀνακρίναντες

2. περιτέμνῃς

3. διετάξαντο

4. ἠθέτησε

5. διψήσουσι

6. ἐπιθυμήσεις

7. ἐξέτεινας

8. ἐμβάντων

B. Change the following verbs to the opposite voice (from active to middle or passive, and middle or passive to active), and translate. Thus νίψαντος becomes νιψαμένου, translated "of washing."

1. ταράξῃ

2. ἐρρυσάμην

3. διατάξαντα

4. ἐπιθυμούμεθα

5. ἔκλεισε

6. περιτμηθῆναι

7. νίψηται

8. ἀνακρινομένοις

C. Change the following words to the case indicated in parentheses, and translate. Thus λύπαις (genitive) becomes λυπῶν, translated "of pains."

1. γάμου (accusative)

6. ποταμοίς (genitive)

2. ῥίζας (dative)

7. ὑποκριτοῦ (dative)

3. χαρίσματι (genitive)

8. εὐλογίας (nominative)

4. ἐργάτῃ (genitive)

9. δέσμιοι (genitive)

5. δείπνων (nominative)

10. κλεπτῶν (dative)

D. Translate the following sentences. Be sure to be able to parse all verbs, nouns, adjectives, and pronouns studied so far.

1. καὶ ἐάν τις ὑμῖν εἴπῃ τι, ἐρεῖτε ὅτι ῾Ο κύριος αὐτῶν χρείαν ἔχει· εὐθὺς δὲ ἀποστελεῖ αὐτούς (Matt. 21:3)

2. καὶ ἐφοβήθησαν φόβον μέγαν καὶ ἔλεγον πρὸς ἀλλήλους, Τίς ἄρα οὗτός ἐστιν ὅτι καὶ ὁ ἄνεμος καὶ ἡ θάλασσα ὑπακούει αὐτῷ; (Mark 4:41)

3. ὁ δὲ ἀποκριθεὶς εἶπεν, Ἀγαπήσεις κύριον τὸν θεόν σου ἐξ ὅλης τῆς καρδίας σου καὶ ἐν ὅλῃ τῇ ψυχῇ σου καὶ ἐν ὅλῃ τῇ ἰσχύϊ[1] σου καὶ ἐν ὅλῃ τῇ διανοίᾳ[2] σου, καὶ τὸν πλησίον σου ὡς σεαυτόν (Luke 10:27)

1. ἰσχύϊ = "strength" (3NON-FDS, from ἰσχύς)
2. διανοίᾳ = "mind" (1NON-FDS)

4. ἔκρινα γὰρ ἐμαυτῷ τοῦτο τὸ μὴ πάλιν ἐν λύπῃ πρὸς ὑμᾶς ἐλθεῖν (2 Cor. 2:1)

5. οὐδεὶς αἴρει τὴν ψυχὴν μου ἀπ᾽ ἐμοῦ, ἀλλ᾽ ἐγὼ τίθημι αὐτὴν ἀπ᾽ ἐμαυτοῦ. ἐξουσίαν ἔχω θεῖναι αὐτήν, καὶ ἐξουσίαν ἔχω πάλιν λαβεῖν αὐτήν (John 10:18)

6. οὕτως καὶ ὑμεῖς λογίζεσθε ἑαυτοὺς εἶναι νεκροὺς μὲν τῇ ἁμαρτίᾳ ζῶντας δὲ τῷ θεῷ ἐν Χριστῷ Ἰησοῦ (Rom. 6:11)

7. καὶ ἀποκτενοῦσιν αὐτόν, καὶ τῇ τρίτῃ ἡμέρᾳ ἐγερθήσεται (Matt. 17:23)

8. ὁ κριτής σε παραδώσει τῷ πράκτορι,[3] καὶ ὁ πράκτωρ σε βαλεῖ εἰς φυλακήν (Luke 12:58)

9. ἀπεκρίθη Ἰησοῦς, Ἀπὸ σεαυτοῦ σὺ τοῦτο λέγεις ἢ ἄλλοι εἶπόν σοι περὶ ἐμοῦ; (John 18:34)

10. τί οὖν ἐροῦμεν; ὁ νόμος ἁμαρτία; μὴ γένοιτο· ἀλλὰ τὴν ἁμαρτίαν οὐκ ἔγνων εἰ μὴ διὰ νόμου (Rom. 7:7)

---

3. πράκτορι = "officer" (3NON-MDS, from πράκτωρ)

11. πῶς δύνασθε ὑμεῖς πιστεῦσαι δόξαν παρὰ ἀλλήλων λαμβάνοντες, καὶ τὴν δόξαν τὴν παρὰ τοῦ μόνου θεοῦ οὐ ζητεῖτε; (John 5:44)

12. ὁ λόγος ὃν ἐλάλησα ἐκεῖνος κρινεῖ αὐτὸν ἐν τῇ ἐσχάτῃ ἡμέρᾳ (John 12:48)

13. παρήγγειλεν γὰρ τῷ πνεύματι τῷ ἀκαθάρτῳ ἐξελθεῖν ἀπὸ τοῦ ἀνθρώπου (Luke 8:29)

14. τῇ δὲ ἐπαύριον ἐξελθόντες ἤλθομεν εἰς Καισάρειαν καὶ εἰσελθόντες εἰς τὸν οἶκον Φιλίππου τοῦ εὐαγγελιστοῦ,[4] ἐμείναμεν παρ᾽ αὐτῷ (Acts 21:8)

15. τὰ ῥήματα ἃ ἔδωκάς μοι δέδωκα αὐτοῖς, καὶ αὐτοὶ ἔλαβον καὶ ἔγνωσαν ἀληθῶς ὅτι παρὰ σοῦ ἐξῆλθον, καὶ ἐπίστευσαν ὅτι σύ με ἀπέστειλας. ἐγὼ περὶ αὐτῶν ἐρωτῶ, οὐ περὶ τοῦ κόσμου ἐρωτῶ ἀλλὰ περὶ ὧν δέδωκάς μοι (John 17:8-9)

16. λέγει αὐτῇ Ἰησοῦς, Γύναι, τί κλαίεις; τίνα ζητεῖς; ἐκείνη δοκοῦσα ὅτι ὁ κηπουρός[5] ἐστιν λέγει αὐτῷ, Κύριε, εἰ σὺ ἐβάστασας αὐτόν, εἰπέ[6] μοι ποῦ ἔθηκας αὐτόν, κἀγὼ αὐτὸν ἀρῶ (John 20:15)

4. εὐαγγελιστοῦ = "evangelist" (1NON-MGS, from εὐαγγελιστής)
5. κηπουρός = "gardener" (2NON-MNS)
6. εἰπέ = "tell!" (2AoAImp2S. Note the accent, vs. the accent of εἶπε, 2AoAInd3S.)

17. οὐδεὶς γὰρ ἡμῶν ἑαυτῷ ζῇ καὶ οὐδεὶς ἑαυτῷ ἀποθνῄσκει (Rom. 14:7)

18. μενῶ καὶ παραμενῶ[7] πᾶσιν ὑμῖν εἰς τὴν ὑμῶν προκοπὴν[8] καὶ χαρὰν τῆς πίστεως (Phil. 1:25)

E. Translate the following passage, using the notes from the previous sections. Be sure to be able to parse all verbs, nouns, adjectives, and pronouns studied so far.

πάλιν οὖν αὐτοῖς ἐλάλησεν ὁ Ἰησοῦς λέγων, Ἐγώ εἰμι τὸ φῶς τοῦ κόσμου· ὁ ἀκολουθῶν ἐμοὶ οὐ μὴ περιπατήσῃ ἐν τῇ σκοτίᾳ, ἀλλ' ἕξει τὸ φῶς τῆς ζωῆς. εἶπον οὖν αὐτῷ οἱ Φαρισαῖοι, Σὺ περὶ σεαυτοῦ μαρτυρεῖς· ἡ μαρτυρία σου οὐκ ἔστιν ἀληθής. ἀπεκρίθη Ἰησοῦς καὶ εἶπεν αὐτοῖς, Κἂν[9] ἐγὼ μαρτυρῶ περὶ ἐμαυτοῦ, ἀληθής ἐστιν ἡ μαρτυρία μου, ὅτι οἶδα πόθεν ἦλθον καὶ ποῦ ὑπάγω· ὑμεῖς δὲ οὐκ οἴδατε πόθεν ἔρχομαι ἢ ποῦ ὑπάγω. ὑμεῖς κατὰ τὴν σάρκα κρίνετε, ἐγὼ οὐ κρίνω οὐδένα. (John 8:12-15)

---

7. παραμενῶ = "continue" (FuAInd1S)
8. προκοπήν = "progress" (1NON-FAS)
9. κἂν = "even if" (contraction of καὶ + ἐάν)

The Imperative Mood: Present and Aorist Imperative, in All Voices; Prohibitions

A. Change the following verbs to their opposite number, and translate. Thus γραφέτω becomes γραφέτωσαν, translated "let them write."

    1. φοβοῦ   6. ἀρνησάσθωσαν

    2. ἄφετε   7. θοῦ

    3. σταυρωθήτωσαν   8. ἀπάγγειλον

    4. μερίμνα   9. ἐλθέτωσαν

    5. γράψετε   10. θεμελίωσον

B. Change the following verbs to the opposite tense-form (from aorist to present and present to aorist), and translate. Thus λέγετε becomes εἴπετε, translated "speak!"

    1. εἰπέ   6. παραλάμβανε

    2. ῥυοῦμαι   7. γένεσθε

    3. ἐγείρεσθε (change to passive)   8. καθαρίζου (change to passive)

    4. αἶρε   9. γνώτω

    5. εἰσέρχου   10. μετανοήσατε

C. Change the following words to their opposite number, and translate. Thus συκήν becomes συκάς, translated "fig trees."

1. θεμελίου

2. γυμνῆς

3. τριχός

4. σφραγίς

5. παθήματι

6. εὐσεβείᾳ

7. εὐχαριστίαις

8. ἀνέσχετο

9. ἐγευσάμεθα

10. τέρατι

D. Translate the following sentences. Be sure to be able to parse all verbs, nouns, adjectives, and pronouns studied so far.

1. ἐγερθεὶς παράλαβε τὸ παιδίον καὶ τὴν μητέρα αὐτοῦ καὶ φεῦγε εἰς Αἴγυπτον καὶ ἴσθι ἐκεῖ ἕως ἂν εἴπω σοι (Matt. 2:13)

2. ὁ δὲ Ἰησοῦς ἀκούσας ἀπεκρίθη αὐτῷ, Μὴ φοβοῦ, μόνον πίστευσον, καὶ σωθήσεται (Luke 8:50)

3. εἰ δὲ ὁ ὀφθαλμός σου ὁ δεξιὸς σκανδαλίζει σε, ἔξελε[1] αὐτὸν καὶ βάλε ἀπὸ σοῦ (Matt. 5:29)

---

1. ἔξελε = "tear (it) out!" (2AoAImp2S, from ἐξαιρέω, ἐξεῖλον)

4. εἴ τις θέλει ὀπίσω μου ἐλθεῖν, ἀρνησάσθω ἑαυτὸν καὶ ἀράτω τὸν σταυρὸν αὐτοῦ καὶ ἀκολουθείτω μοι (Matt. 16:24)

5. καὶ γὰρ ἐγὼ ἄνθρωπός εἰμι ὑπὸ ἐξουσίαν τασσόμενος[2] ἔχων ὑπ᾽ ἐμαυτὸν στρατιώτας, καὶ λέγω τούτῳ, Πορεύθητι, καὶ πορεύεται, καὶ ἄλλῳ, Ἔρχου, καὶ ἔρχεται, καὶ τῷ δούλῳ μου, Ποίησον τοῦτο, καὶ ποιεῖ (Luke 7:8)

6. καὶ ἐλθὼν εἰς τὸν οἶκον συγκαλεῖ τοὺς φίλους καὶ τοὺς γείτονας[3] λέγων αὐτοῖς, Συγχάρητέ[4] μοι, ὅτι εὗρον τὸ πρόβατόν μου τὸ ἀπολωλός[5] (Luke 15:6)

7. καὶ προσῆλθεν ὁ Ἰησοῦς καὶ ἁψάμενος αὐτῶν εἶπεν, Ἐγέρθητε καὶ μὴ φοβεῖσθε (Matt. 17:7)

8. τότε λέγει αὐτοῖς, Ἀπόδοτε οὖν τὰ Καίσαρος Καίσαρι καὶ τὰ τοῦ θεοῦ τῷ θεῷ (Matt. 22:21)

9. καὶ ἀποκριθεὶς ὁ Ἰησοῦς εἶπεν αὐτοῖς, Πορευθέντες ἀπαγγείλατε Ἰωάννῃ ἃ ἀκούετε καὶ βλέπετε (Matt. 11:4)

---

2. ὑπὸ ἐξουσίαν τασσόμενος = "serving under authority" (prepositional phrase with PrMPar-MNS)
3. γείτονας = "neighbors" (3NON-MAP, from γείτων)
4. συγχάρητε = "rejoice with!" (AoPImp2P, from συγχαίρω, συνεχάρην)
5. ἀπολωλός = "lost" (PfAPar-NAS, from ἀπόλλυμι, ἀπώλεσα)

10. ἀποκριθεὶς δὲ ὁ Ἰησοῦς εἶπεν αὐτοῖς, Ἀμὴν λέγω ὑμῖν, ἐὰν ἔχητε πίστιν καὶ μὴ διακριθῆτε, οὐ μόνον τὸ τῆς συκῆς ποιήσετε, ἀλλὰ κἂν τῷ ὄρει τούτῳ εἴπητε, Ἄρθητι καὶ βλήθητι εἰς τὴν θάλασσαν, γενήσεται (Matt. 21:21)

11. εἶπον οὖν πρὸς αὐτόν, Κύριε, πάντοτε δὸς ἡμῖν τὸν ἄρτον τοῦτον (John 6:34)

12. ἐγὼ δὲ λέγω ὑμῖν, ἀγαπᾶτε τοὺς ἐχθροὺς ὑμῶν καὶ προσεύχεσθε ὑπὲρ τῶν διωκόντων ὑμᾶς (Matt. 5:44)

13. ἀσπάσασθε ἀλλήλους ἐν ἁγίῳ φιλήματι.[6] ἀσπάζονται ὑμᾶς οἱ ἅγιοι πάντες (2 Cor. 13:12)

14. καὶ εἶπεν ὁ Ἰησοῦς τῷ ἑκατοντάρχῃ, Ὕπαγε, ὡς ἐπίστευσας γενηθήτω σοι. καὶ ἰάθη ὁ παῖς αὐτοῦ ἐν τῇ ὥρᾳ ἐκείνῃ (Matt. 8:13)

15. ἀσθενεῖ τις ἐν ὑμῖν, προσκαλεσάσθω τοὺς πρεσβυτέρους τῆς ἐκκλησίας καὶ προσευξάσθωσαν ἐπ' αὐτὸν ἀλείψαντες[7] αὐτὸν ἐλαίῳ[8] ἐν τῷ ὀνόματι τοῦ κυρίου (Jas. 5:14)

6. φιλήματι = "kiss" (3NON-NDS)
7. ἀλείψαντες = "anointing" (1AoAPar-MNP, from ἀλείφω, ἤλειψα)
8. ἐλαίῳ = "with oil" (2NON-NDS)

16. πᾶσαν χαρὰν ἡγήσασθε, ἀδελφοί μου, ὅταν πειρασμοῖς περιπέσητε[9] ποικίλοις

(Jas. 1:2)

E. Translate the following passage, using the notes from the previous sections. Be sure to be able to parse all verbs, nouns, adjectives, and pronouns studied so far.

οὕτως οὖν προσεύχεσθε ὑμεῖς· Πάτερ ἡμῶν ὁ ἐν τοῖς οὐρανοῖς,

ἁγιασθήτω τὸ ὄνομά σου· ἐλθέτω ἡ βασιλεία σου· γενηθήτω τὸ θέλημά

σου, ὡς ἐν οὐρανῷ καὶ ἐπὶ γῆς· τὸν ἄρτον ἡμῶν τὸν ἐπιούσιον[10] δὸς ἡμῖν

σήμερον· καὶ ἄφες ἡμῖν τὰ ὀφειλήματα[11] ἡμῶν, ὡς καὶ ἡμεῖς ἀφήκαμεν

τοῖς ὀφειλέταις[12] ἡμῶν· καὶ μὴ εἰσενέγκῃς ἡμᾶς εἰς πειρασμόν, ἀλλὰ

ῥῦσαι ἡμᾶς ἀπὸ τοῦ πονηροῦ. (Matt. 6:9-13)

---

9. περιπέσητε = "you may encounter" (2AoASub2P, from περιπίπτω, περιέπεσον)
10. ἐπιούσιον = "for today" (2ADJ-MAS, origin not certain)
11. ὀφειλήματα = "debts, sins" (3NON-NAP, derived from ὀφείλω, "owe")
12. ὀφειλέταις = "debtors, sinners" (1NON-MDP, from ὀφειλέτης)

Perfect Active Indicative and Infinitive;
Pluperfect Active Indicative

A. Change the following verbs to the opposite number, and translate. Thus οἶδας becomes οἴδατε or ἴστε, translated "you know."

1. πεποιήκαμεν

2. ἐσφραγίσατε

3. ὡμοίωσαν

4. ἀπέσταλκε

5. κεκρίκασιν

6. ὠφέλησαν

7. ἐξηράναμεν

8. κτίσας

B. Change the following verbs to the indicated person, and translate. Thus σέσωκεν (first) becomes σέσωκα, translated "I have saved."

1. τέθνηκας (first)

2. πέποιθας (third)

3. ἐπαύσατο (second)

4. τετηρήκασι (second)

5. ἠκολουθήκατε (third)

6. συνήνεγκα (third)

7. ἐμοίχευσε (first)

8. λελάληκα (second)

C. Change the following words to the case indicated in parentheses, and translate. Thus Σαῦλος (accusative) becomes Σαῦλον, translated "Saul."

1. χόρτοις (accusative)   6. σκάνδαλα (genitive)

2. τραπεζῶν (dative)   7. λῃστοῦ (dative)

3. κληρονόμῳ (genitive)   8. παρθένους (nominative)

4. οἰκουμέναις (genitive)   9. τύπον (genitive)

5. ὑπακοῆς (nominative)   10. πέτραι (dative)

D. Translate the following sentences. Be sure to parse all verbs, nouns, adjectives, and pronouns studied so far.

1. τίνι γὰρ εἶπέν ποτε τῶν ἀγγέλων, Υἱός μου εἶ σύ, ἐγὼ σήμερον γεγέννηκά σε; καὶ πάλιν, Ἐγὼ ἔσομαι αὐτῷ εἰς πατέρα, καὶ αὐτὸς ἔσται μοι εἰς υἱόν; (Heb. 1:5)

2. εἰ ὁ κόσμος ὑμᾶς μισεῖ, γινώσκετε ὅτι ἐμὲ πρῶτον ὑμῶν μεμίσηκεν (John 15:18)

3. εἶπεν οὖν αὐτοῖς ὁ Ἰησοῦς, Ἀμὴν ἀμὴν λέγω ὑμῖν, οὐ Μωϋσῆς δέδωκεν ὑμῖν τὸν ἄρτον ἐκ τοῦ οὐρανοῦ, ἀλλ' ὁ πατήρ μου δίδωσιν ὑμῖν τὸν ἄρτον ἐκ τοῦ οὐρανοῦ τὸν ἀληθινόν (John 6:32)

4. κἀγὼ ἑώρακα καὶ μεμαρτύρηκα ὅτι οὗτός ἐστιν ὁ υἱὸς τοῦ θεοῦ (John 1:34)

5. δικαιωθέντες οὖν ἐκ πίστεως εἰρήνην ἔχομεν[1] πρὸς τὸν θεὸν διὰ τοῦ κυρίου ἡμῶν Ἰησοῦ Χριστοῦ δι᾽ οὗ καὶ τὴν προσαγωγὴν[2] ἐσχήκαμεν τῇ πίστει εἰς τὴν χάριν ταύτην ἐν ᾗ ἑστήκαμεν καὶ καυχώμεθα ἐπ᾽ ἐλπίδι τῆς δόξης τοῦ θεοῦ (Rom. 5:1-2)

6. καὶ οὐδεὶς ἀναβέβηκεν εἰς τὸν οὐρανὸν εἰ μὴ ὁ ἐκ τοῦ οὐρανοῦ καταβάς, ὁ υἱὸς τοῦ ἀνθρώπου (John 3:13)

7. ἔτι αὐτοῦ λαλοῦντος τοῖς ὄχλοις ἰδοὺ ἡ μήτηρ καὶ οἱ ἀδελφοὶ αὐτοῦ εἱστήκεισαν ἔξω ζητοῦντες αὐτῷ λαλῆσαι (Matt. 12:46)

8. ὡς κἀγὼ εἴληφα παρὰ τοῦ πατρός μου, καὶ δώσω αὐτῷ τὸν ἀστέρα τὸν πρωϊνόν.[3] ὁ ἔχων οὖς ἀκουσάτω τί τὸ πνεῦμα λέγει ταῖς ἐκκλησίαις (Rev. 2:28-29)

9. ἀπεκρίθη ὁ Πιλᾶτος, Ὃ γέγραφα, γέγραφα (John 19:22)

10. καὶ ἡμεῖς πεπιστεύκαμεν καὶ ἐγνώκαμεν ὅτι σὺ εἶ ὁ ἅγιος τοῦ θεοῦ (John 6:69)

---

1. ἔχομεν = "we have" (PrAInd1P. An alternate spelling ἔχωμεν [PrA<u>Sub</u>1P, "let us have"], however, has strong external and internal support and is likely Paul's original choice. See Stanley E. Porter, "The Argument of Romans 5: Can a Rhetorical Question Make a Difference?" *Journal of Biblical Literature* 110 [1991]: 655-77, esp. 662-65; also Robert Jewett, *Romans: A Commentary,* Hermeneia [Minneapolis: Fortress, 2007], p. 344.)
2. προσαγωγήν = "access" (1NON-FAS)
3. πρωϊνόν = "morning" (1/2ADJ-MAS)

11. οὐκ ἐλήλυθα καλέσαι δικαίους ἀλλὰ ἁμαρτωλοὺς εἰς μετάνοιαν (Luke 5:32)

12. φοβοῦμαι ὑμᾶς μή πως[4] εἰκῇ[5] κεκοπίακα εἰς ὑμᾶς (Gal. 4:11)

13. ἐχάρην λίαν ὅτι εὕρηκα ἐκ τῶν τέκνων σου περιπατοῦντας ἐν ἀληθείᾳ, καθὼς ἐντολὴν ἐλάβομεν παρὰ τοῦ πατρός (2 John 4)

14. ὑμεῖς δὲ βλέπετε· προείρηκα ὑμῖν πάντα (Mark 13:23)

15. ἀποκριθεὶς δὲ ὁ κύριος αὐτοῦ εἶπεν αὐτῷ, Πονηρὲ δοῦλε, ᾔδεις ὅτι θερίζω ὅπου οὐκ ἔσπειρα καὶ συνάγω ὅθεν οὐ διεσκόρπισα;[6] (Matt. 25:26)

4. μή πως = "lest somehow" (μή used as a conjunction, with enclitic πως)
5. εἰκῇ = "in vain" (adverb)
6. οὐ διεσκόρπισα = "I have not scattered" (1AoAInd1S, from διασκορπίζω)

E. Translate the following passage, using the notes from the previous sections. Be sure to parse all verbs, nouns, adjectives, and pronouns studied so far.

ὃ ἦν ἀπ᾽ ἀρχῆς, ὃ ἀκηκόαμεν, ὃ ἑωράκαμεν τοῖς ὀφθαλμοῖς ἡμῶν,

ὃ ἐθεασάμεθα καὶ αἱ χεῖρες ἡμῶν ἐψηλάφησαν⁷ περὶ τοῦ λόγου τῆς

ζωῆς — καὶ ἡ ζωὴ ἐφανερώθη, καὶ ἑωράκαμεν καὶ μαρτυροῦμεν καὶ

ἀπαγγέλλομεν ὑμῖν τὴν ζωὴν τὴν αἰώνιον ἥτις ἦν πρὸς τὸν πατέρα καὶ

ἐφανερώθη ἡμῖν — ὃ ἑωράκαμεν καὶ ἀκηκόαμεν, ἀπαγγέλλομεν καὶ ὑμῖν,

ἵνα καὶ ὑμεῖς κοινωνίαν ἔχητε μεθ᾽ ἡμῶν. καὶ ἡ κοινωνία δὲ ἡ ἡμετέρα

μετὰ τοῦ πατρὸς καὶ μετὰ τοῦ υἱοῦ αὐτοῦ Ἰησοῦ Χριστοῦ. καὶ ταῦτα

γράφομεν ἡμεῖς, ἵνα ἡ χαρὰ ἡμῶν ᾖ πεπληρωμένη.⁸ καὶ ἔστιν αὕτη ἡ

ἀγγελία⁹ ἣν ἀκηκόαμεν ἀπ᾽ αὐτοῦ καὶ ἀναγγέλλομεν ὑμῖν, ὅτι ὁ θεὸς φῶς

ἔστιν καὶ σκοτία ἐν αὐτῷ οὐκ ἔστιν οὐδεμία. (1 John 1:1-5)

---

7. ἐψηλάφησαν = "handled" (1AoAInd3P, from ψηλαφάω)

8. ᾖ πεπληρωμένη = "may be fulfilled" (periphrastic construction with uSub3S, from εἰμί, and PfPPar-FNS, from πληρόω, ἐπλήρωσα)

9. ἀγγελία = "message" (1NON-FNS)

Review 5

I. Translate the following words.

1. προστίθημι

2. πώς

3. κλέπτης

4. εὐσέβεια

5. ἐπιμένω

6. Μαριάμ

7. κατέλαβον

8. φανερός

9. ἔκτισα

10. βρῶμα

II. Parse and translate the following words. Remember to include *all* of the pertinent information for the parsing of each of the words.

1. κεκρίκαμεν

2. φαμέν

3. ἀλλήλοις

4. ἐτίθεσο

5. στραφῆτε

6. βαπτισθέντι

7. ἀγγελεῖς

8. λυσάσθωσαν

9. ἐθέμεθα

10. εἱστήκειτε

III. Complete the following exercises.

A. Change the following words to their opposite number, and translate.

1. πεποιήκαμεν

2. ἀνακρίναντες

3. σταυρωθήτωσαν

4. κηρυχθῇς

B. Change the following verbs to the tense-form indicated.

5. ἐπιτιθέντος (aorist)

6. εἰπέ (present)

C. Change the following to the case indicated.

7. γάμου (accusative)

8. ἕτοιμαι (genitive)

IV. Give the complete paradigms of the following, *including labeling the forms.*

A. Use the verb τίθημι, ἔθηκα and give the paradigm for the aorist active indicative. Remember to label the forms.

B. Use the verb γίνομαι, ἐγενόμην and give the paradigm for the perfect active indicative. Remember to label the forms.

C. Use the verb φαίνω, ἔφανον and give the paradigm for the aorist passive subjunctive. Remember to label the forms.

D. Use the verb λύω, ἔλυσα and give the paradigm for the aorist middle imperative. Remember to label the forms.

E. Give the paradigm for the first person singular reflexive pronoun. Remember to label the forms.

V. Translate the following Greek sentences or phrases into English.

1. ὁ δὲ ἀποκριθεὶς εἶπεν, Ἀγαπήσεις κύριον τὸν θεόν σου ἐξ ὅλης τῆς καρδίας σου καὶ ἐν ὅλῃ τῇ ψυχῇ σου καὶ ἐν ὅλῃ τῇ ἰσχύϊ σου καὶ ἐν ὅλῃ τῇ διανοίᾳ σου, καὶ τὸν πλησίον σου ὡς σεαυτόν.

2. πάτερ ἡμῶν ὁ ἐν τοῖς οὐρανοῖς· ἁγιασθήτω τὸ ὄνομά σου· ἐλθέτω ἡ βασιλεία σου· γενηθήτω τὸ θέλημά σου, ὡς ἐν οὐρανῷ καὶ ἐπὶ γῆς.

3. ὃ ἦν ἀπ᾽ ἀρχῆς, ὃ ἀκηκόαμεν, ὃ ἑωράκαμεν τοῖς ὀφθαλμοῖς ἡμῶν, ὃ ἐθεασάμεθα καὶ αἱ χεῖρες ἡμῶν ἐψηλάφησαν περὶ τοῦ λόγου τῆς ζωῆς.

4. τίνι γὰρ εἶπέν ποτε τῶν ἀγγέλων, Υἱός μου εἶ σύ, ἐγὼ σήμερον γεγέννηκά σε; καὶ πάλιν, Ἐγὼ ἔσομαι αὐτῷ εἰς πατέρα, καὶ αὐτὸς ἔσται μοι εἰς υἱόν;

Perfect Middle/Passive Indicative and Infinitive; Pluperfect Middle/Passive Indicative

A. Change the following verbs to the opposite number, and translate. Thus τεθεμελίωντο becomes τεθεμελίωτο, translated "he, she, it had been established."

1. ἀφέωται   5. βέβληται

2. δέδονται   6. λέλυται

3. πέπεισαι   7. ἐγήγερσαι

4. ἀνηγγέλμεθα   8. ἡτοίμασθε

B. Give the equivalent perfect middle/passive indicative form of the following verbs, and translate. As done in chapter 13, part A, give a separate middle and passive translation wherever possible (i.e., for all verbs that can take an object). Thus δικαιοῦται becomes δεδικαίωται, translated "he, she, it has been involved in justifying" and "he, she, it has been justified."

1. λύουσι   5. ἀναγγέλλει

2. ἔκρινα   6. ἐγεννήσαμεν

3. ἐκοινώσαμεν   7. εἴπομεν

4. θεᾶται   8. τελοῦται

C. Change the following verbs to the perfect middle/passive indicative third person singular and third person plural verb forms, and translate, picking either a middle or a passive rendering. Thus γεγεννήμεθα becomes γεγέννηται and γεγέννηνται, translated (pass.) "he, she, it has been begotten" and "they have been begotten."

1. ἐκκέχυμαι

2. κατήργησθε

3. κεκλήμεθα

4. ἐπήγγελσαι

5. τέταξαι

6. δεδικαίωμαι

7. ἥγημαι

8. πεπείσαι

9. πεφανέρωσθε

10. δεδέμεθα

D. Translate the following sentences. Be sure to be able to parse all verbs, nouns, adjectives, and pronouns studied so far.

1. πτωχὸς δέ τις ὀνόματι Λάζαρος ἐβέβλητο πρὸς τὸν πυλῶνα αὐτοῦ (Luke 16:20)

2. ἀμὴν λέγω ὑμῖν· οὐκ ἐγήγερται ἐν γεννητοῖς[1] γυναικῶν μείζων Ἰωάννου τοῦ βαπτιστοῦ· ὁ δὲ μικρότερος ἐν τῇ βασιλείᾳ τῶν οὐρανῶν μείζων αὐτοῦ ἐστιν (Matt. 11:11)

3. ὁ δὲ ἀποκριθεὶς εἶπεν αὐτοῖς, Ὅτι ὑμῖν δέδοται γνῶναι τὰ μυστήρια τῆς βασιλείας τῶν οὐρανῶν, ἐκείνοις δὲ οὐ δέδοται (Matt. 13:11)

1. γεννητοῖς = "those born" (1/2ADJ-MDP)

4. εὐθέως ἐζητήσαμεν ἐξελθεῖν εἰς Μακεδονίαν συμβιβάζοντες² ὅτι προσκέκληται ἡμᾶς ὁ θεὸς εὐαγγελίσασθαι αὐτούς (Acts 16:10)

5. εὗρον καὶ βωμὸν³ ἐν ᾧ ἐπεγέγραπτο, Ἀγνώστῳ⁴ θεῷ (Acts 17:23)

6. καθὼς γέγραπται ὅτι Οὐκ ἔστιν δίκαιος οὐδὲ εἷς (Rom. 3:10)

7. λέγω γὰρ Χριστὸν διάκονον γεγενῆσθαι περιτομῆς ὑπὲρ ἀληθείας θεοῦ, εἰς τὸ βεβαιῶσαι⁵ τὰς ἐπαγγελίας τῶν πατέρων (Rom. 15:8)

8. θεῷ δὲ πεφανερώμεθα· ἐλπίζω δὲ καὶ ἐν ταῖς συνειδήσεσιν ὑμῶν πεφανερῶσθαι (2 Cor. 5:11)

9. ἐγὼ γὰρ διὰ νόμου νόμῳ ἀπέθανον, ἵνα θεῷ ζήσω. Χριστῷ συνεσταύρωμαι (Gal. 2:19)

10. εἰ γὰρ ἐκ νόμου ἡ κληρονομία, οὐκέτι ἐξ ἐπαγγελίας· τῷ δὲ Ἀβραὰμ δι' ἐπαγγελίας κεχάρισται ὁ θεός (Gal. 3:18)

2. συμβιβάζοντες = "concluding" (PrAPar-MNP)
3. βωμόν = "altar" (2NON-MAS)
4. ἀγνώστῳ = "unknown" (2ADJ-MDS, consisting of an alpha privative plus γνωστός)
5. βεβαιῶσαι = "confirm" (1AoAInf, from βεβαιόω, ἐβεβαίωσα; note that βεβαιῶσαι is not a perfect tense-form)

11. ἦλθεν ὁ Ἰησοῦς εἰς τὴν Γαλιλαίαν κηρύσσων τὸ εὐαγγέλιον τοῦ θεοῦ καὶ λέγων ὅτι Πεπλήρωται ὁ καιρὸς καὶ ἤγγικεν ἡ βασιλεία τοῦ θεοῦ· μετανοεῖτε καὶ πιστεύετε ἐν τῷ εὐαγγελίῳ (Mark 1:14-15)

12. καὶ ἡμεῖς τεθεάμεθα καὶ μαρτυροῦμεν ὅτι ὁ πατὴρ ἀπέσταλκεν τὸν υἱὸν σωτῆρα τοῦ κόσμου (1 John 4:14)

13. καὶ ἰδὼν τὴν πίστιν αὐτῶν εἶπεν, Ἄνθρωπε, ἀφέωνταί σοι αἱ ἁμαρτίαι σου. . . . τί ἐστιν εὐκοπώτερον,[6] εἰπεῖν, Ἀφέωνταί σοι αἱ ἁμαρτίαι σου, ἢ εἰπεῖν, Ἔγειρε καὶ περιπάτει; (Luke 5:20, 23)

14. ἐγὼ εἰς τοῦτο γεγέννημαι καὶ εἰς τοῦτο ἐλήλυθα εἰς τὸν κόσμον, ἵνα μαρτυρήσω τῇ ἀληθείᾳ (John 18:37)

6. εὐκοπώτερον = "easier" (c1/2ADJ-NNS)

E. Translate the following passage, using the notes from the previous sections. Be sure to be able to parse all verbs, nouns, adjectives, and pronouns studied so far.

εὐχαριστῶ τῷ θεῷ μου ἐπὶ πάσῃ τῇ μνείᾳ[7] ὑμῶν πάντοτε ἐν πάσῃ

δεήσει μου ὑπὲρ πάντων ὑμῶν, μετὰ χαρᾶς τὴν δέησιν ποιούμενος, ἐπὶ

τῇ κοινωνίᾳ ὑμῶν εἰς τὸ εὐαγγέλιον ἀπὸ τῆς πρώτης ἡμέρας ἄχρι τοῦ

νῦν, πεποιθὼς[8] αὐτὸ τοῦτο, ὅτι ὁ ἐναρξάμενος[9] ἐν ὑμῖν ἔργον ἀγαθὸν

ἐπιτελέσει[10] ἄχρι ἡμέρας Χριστοῦ Ἰησοῦ· καθώς ἐστιν δίκαιον ἐμοὶ τοῦτο

φρονεῖν ὑπὲρ πάντων ὑμῶν διὰ τὸ ἔχειν με ἐν τῇ καρδίᾳ ὑμᾶς, ἔν τε

τοῖς δεσμοῖς μου καὶ ἐν τῇ ἀπολογίᾳ[11] καὶ βεβαιώσει[12] τοῦ εὐαγγελίου

συγκοινωνούς[13] μου τῆς χάριτος πάντας ὑμᾶς ὄντας. (Phil. 1:3-7)

7. μνείᾳ = "remembrance" (1NON-FDS)
8. πεποιθὼς = "being convinced" (PfAPar-MNS, from πείθω, ἔπεισα)
9. ὁ ἐναρξάμενος = "the one who began" (1AoMPar-MNS)
10. ἐπιτελέσει = "will complete" (FuAInd3S)
11. ἀπολογίᾳ = "defense" (1NON-FDS)
12. βεβαιώσει = "confirmation" (3NON-FDS, from βεβαίωσις)
13. συγκοινωνούς = "sharers, participants" (2NON-MAP)

Perfect Participle, Imperative, and Subjunctive, in All Voices

A. Change the following verbs to the opposite number, supply the appropriate article, and translate, using either a middle or a passive meaning, where appropriate. Thus ἀπεσταλμέναι becomes ἡ ἀπεσταλμένη, translated (pass.) "the (feminine) one sent."

1. συνηγμένου   6. κεκρυμμένοι

2. ἑωρακότες   7. εἰδώς

3. κεκλεισμένη   8. ἀνθεστηκώς

4. ἐσχηκότας   9. νενικηκότες

5. κατεσκευασμένου   10. ἀνεῳγμένης

B. Give the equivalent perfect middle/passive participle form of the following perfect active participles, supply the appropriate article, and translate. Thus γεγραφότες becomes οἱ γεγραμμένοι, translated "the ones being written."

1. δεδεκότα   4. πεποιηκότες

2. τεθεμελιωκυῖαι   5. ἀπολελυκότα

3. τετελευτηκότος   6. γεγονυῖα

7. γεγραφόσι   9. γεγεννηκότος

8. μεμνηκώς   10. βεβληκότα

C. Give the equivalent perfect active participle form of the following perfect middle/
    passive participles, supply the appropriate article, and translate. Thus γεγεννημένοις
    becomes τοῖς γεγεννηκόσι, translated "to or for the ones begetting."

1. τεθνημένος   6. μεμαθημένους

2. ἠλεημένου   7. γεγεννημένης

3. δεδεμένα   8. πεπιστευμένας

4. τεθειμένων   9. πεποιημένοι

5. προβεβημένη   10. κεκοπιαμένην

D. Translate the following sentences. Be sure to be able to parse all verbs, nouns, adjec-
    tives, and pronouns studied so far.

1. καὶ ἐλθὼν ὁ Ἰησοῦς εἰς τὴν οἰκίαν Πέτρου εἶδεν τὴν πενθεράν[1] αὐτοῦ

   βεβλημένην (Matt. 8:14)

2. δεῖ πληρωθῆναι πάντα τὰ γεγραμμένα ἐν τῷ νόμῳ Μωϋσέως καὶ τοῖς

   προφήταις καὶ ψαλμοῖς περὶ ἐμοῦ (Luke 24:44)

1. πενθεράν = "mother-in-law" (1NON-FAS)

3. ἔλεγεν οὖν ὁ Ἰησοῦς πρὸς τοὺς πεπιστευκότας αὐτῷ Ἰουδαίους, Ἐὰν ὑμεῖς μείνητε ἐν τῷ λόγῳ τῷ ἐμῷ, ἀληθῶς μαθηταί μού ἐστε (John 8:31)

4. οἴδαμεν γὰρ ὅτι ὁ νόμος πνευματικός ἐστιν, ἐγὼ δὲ σάρκινός[2] εἰμι πεπραμένος[3] ὑπὸ τὴν ἁμαρτίαν (Rom. 7:14)

5. ἠγέρθη δὲ Σαῦλος ἀπὸ τῆς γῆς, ἀνεῳγμένων δὲ τῶν ὀφθαλμῶν αὐτοῦ οὐδὲν ἔβλεπεν (Acts 9:8)

6. εἰδότες ὅτι οὐ δικαιοῦται ἄνθρωπος ἐξ ἔργων νόμου ἐὰν μὴ διὰ πίστεως Ἰησοῦ Χριστοῦ, καὶ ἡμεῖς εἰς Χριστὸν Ἰησοῦν ἐπιστεύσαμεν, ἵνα δικαιωθῶμεν ἐκ πίστεως Χριστοῦ καὶ οὐκ ἐξ ἔργων νόμου, ὅτι ἐξ ἔργων νόμου οὐ δικαιωθήσεται πᾶσα σάρξ (Gal. 2:16)

7. θεωροῦσιν τὸν δαιμονιζόμενον καθήμενον, τὸν ἐσχηκότα τὸν λεγιῶνα,[4] καὶ ἐφοβήθησαν (Mark 5:15)

---

2. σάρκινος = "fleshly" (1/2ADJ-MNS, derived from σάρξ)
3. πεπραμένος = "sold" (PfPPar-MNS, from πιπράσκω, ἐπράθην, part of a periphrastic construction with εἰμί)
4. λεγιῶνα = "legion" (3NON-FAS)

8. ἴστε, ἀδελφοί μου ἀγαπητοί· ἔστω δὲ πᾶς ἄνθρωπος ταχὺς εἰς τὸ ἀκοῦσαι, βραδὺς[5] εἰς τὸ λαλῆσαι, βραδὺς εἰς ὀργήν (Jas. 1:19)

9. ταῦτα ἔγραψα ὑμῖν ἵνα εἰδῆτε ὅτι ζωὴν ἔχετε αἰώνιον (1 John 5:13)

10. καὶ ἀπῆλθον καὶ εὗρον πῶλον δεδεμένον πρὸς θύραν ἔξω (Mark 11:4)

11. ἐξῆλθεν ὁ τεθνηκὼς δεδεμένος τοὺς πόδας καὶ τὰς χεῖρας[6] (John 11:44)

12. οὐ γὰρ ἔκρινά τι εἰδέναι ἐν ὑμῖν εἰ μὴ Ἰησοῦν Χριστὸν καὶ τοῦτον ἐσταυρωμένον (1 Cor. 2:2)

13. καὶ ἀπῆλθεν πρὸς ἑαυτὸν θαυμάζων τὸ γεγονός (Luke 24:12)

14. οἵ ποτε οὐ λαὸς νῦν δὲ λαὸς θεοῦ, οἱ οὐκ ἠλεημένοι νῦν δὲ ἐλεηθέντες (1 Pet. 2:10)

---

5. βραδύς = "slow" (3ADJ-MNS)

6. δεδεμένος τοὺς πόδας = "bound (in respect to his) feet and hands" (two accusative plural nouns, used here adverbially in a usage sometimes called the accusative of respect, indicating the particulars of the dead man's binding).

E. Translate the following passage, using the notes from the previous sections. Be sure to be able to parse all verbs, nouns, adjectives, and pronouns studied so far.

μάρτυς γάρ μου ὁ θεός ὡς ἐπιποθῶ[7] πάντας ὑμᾶς ἐν σπλάγχνοις[8]

Χριστοῦ Ἰησοῦ. καὶ τοῦτο προσεύχομαι, ἵνα ἡ ἀγάπη ὑμῶν ἔτι μᾶλλον

καὶ μᾶλλον περισσεύῃ ἐν ἐπιγνώσει καὶ πάσῃ αἰσθήσει[9] εἰς τὸ δοκιμάζειν

ὑμᾶς τὰ διαφέροντα, ἵνα ἦτε εἰλικρινεῖς[10] καὶ ἀπρόσκοποι[11] εἰς ἡμέραν

Χριστοῦ, πεπληρωμένοι καρπὸν δικαιοσύνης τὸν διὰ Ἰησοῦ Χριστοῦ εἰς

δόξαν καὶ ἔπαινον θεου. (Phil. 1:8-11)

---

7. ἐπιποθῶ = "long for" (PrAInd1S, from ἐπιποθέω, ἐπεπόθησα)
8. σπλάγχνοις = "affection" (2NON-NDP, lit. "inward parts," i.e., one's heart, liver, etc.)
9. αἰσθήσει = "insight" (3NON-FDS, from αἴσθησις)
10. εἰλικρινεῖς = "pure" (3ADJ-MNP)
11. ἀπρόσκοποι = "blameless" (2ADJ-MNP, consisting of an alpha privative plus a root related to the 1NON προσκοπή, "cause for offense")

Periphrastic and Catenative Constructions

A. Supply a periphrastic equivalent of the following simple verb forms (remember to keep the same tense-form, mood, etc.). Then change them to the opposite number. Be able to translate both created forms. Thus ἐδιδάσκομεν becomes ἦμεν διδάσκοντες in the plural and ἤμην διδάσκων in the singular. They are translated "we were teaching" and "I was teaching."

1. ἔκλεπτες

2. πεπαιδεύκατε

3. ἐστηρίγμεθα

4. τύπτεις

5. κεχώρισμαι

6. πεπιστεύκαμεν

7. καταρτίζουσιν

8. ἀναπαήσεται

B. Supply a periphrastic equivalent in the subjunctive mood and in the indicative mood of the following simple verb forms. Be able to translate both created forms. Thus λύητε becomes ἦτε λύοντες in the subjunctive and ἔστε λύοντες in the indicative. They are translated "you (pl.) may be loosing" and "you (pl.) are loosing."

1. κατήρτισται

2. διαφέρει

3. προσδέχῃ

4. δέδενται

5. γέγραπται

6. τεθεμελιώμεθα

7. διαλεγοῦσθε

8. ἐπαίδευον

C. Create two catenative constructions that are based upon the following finite verbs, and be able to translate the new constructions. Put one infinitive in the aorist, the other in the present. Thus πέμπει could become ἐλπίζει πέμψαι or δεῖ πέμπειν, translated "he hopes to send" or "it is necessary to send."

1. ἔθυε   6. ἐδεξάμεθα

2. κατηρτίσατε   7. ἀνηγγείλαμεν

3. ἀπέστειλας   8. ἐβαπτίσθης

4. χωρίζομαι   9. τύπτουσιν

5. ἐμπαίζομεν   10. γέγονε

D. Translate the following sentences. Be sure to be able to parse all verbs, nouns, adjectives, and pronouns studied so far.

1. μελλήσετε δὲ ἀκούειν πολέμους καὶ ἀκοὰς πολέμων . . . δεῖ γὰρ γενέσθαι (Matt. 24:6)

2. ἀμὴν λέγω ὑμῖν· ὅσα ἐὰν δήσητε ἐπὶ τῆς γῆς ἔσται δεδεμένα ἐν οὐρανῷ, καὶ ὅσα ἐὰν λύσητε ἐπὶ τῆς γῆς ἔσται λελυμένα ἐν οὐρανῷ (Matt. 18:18)[1]

3. καὶ ἰδοὺ ἔσῃ σιωπῶν καὶ μὴ δυνάμενος λαλῆσαι ἄχρι ἧς ἡμέρας γένηται ταῦτα (Luke 1:20)

---

1. Remember that in Greek a neuter plural subject often takes a singular finite verb. Here the verb ἔσται is singular, but both the subject (ὅσα) and the participles (δεδεμένα and λελυμένα) are neuter plural.

4. ἀμὴν ἀμὴν λέγω σοι, ἐὰν μή τις γεννηθῇ ἐξ ὕδατος καὶ πνεύματος, οὐ δύναται εἰσελθεῖν εἰς τὴν βασιλείαν τοῦ θεοῦ. . . . μὴ θαυμάσῃς ὅτι εἶπόν σοι, Δεῖ ὑμᾶς γεννηθῆναι ἄνωθεν (John 3:5, 7)

5. ὁ δὲ ποιῶν τὴν ἀλήθειαν ἔρχεται πρὸς τὸ φῶς, ἵνα φανερωθῇ αὐτοῦ τὰ ἔργα ὅτι ἐν θεῷ ἐστιν εἰργασμένα (John 3:21)

6. ἔσεσθε μισούμενοι ὑπὸ πάντων διὰ τὸ ὄνομά μου (Matt. 10:22)

7. καὶ ἦσαν καθήμενοι Φαρισαῖοι καὶ νομοδιδάσκαλοι[2] οἳ ἦσαν ἐληλυθότες ἐκ πάσης κώμης τῆς Γαλιλαίας (Luke 5:17)

8. εἰ δὲ καὶ ἔστιν κεκαλυμμένον[3] τὸ εὐαγγέλιον ἡμῶν, ἐν τοῖς ἀπολλυμένοις ἐστὶν κεκαλυμμένον (2 Cor. 4:3)

9. θέλεις δὲ γνῶναι, ὦ ἄνθρωπε κενέ, ὅτι ἡ πίστις χωρὶς τῶν ἔργων ἀργή[4] ἐστιν; (Jas. 2:20)

10. οὐ δύναται δένδρον ἀγαθὸν καρποὺς πονηροὺς ποιεῖν (Matt. 7:18)

---

2. νομοδιδάσκαλοι = "teachers or interpreters of the law" (2NON-MNP)
3. κεκαλυμμένον = "hidden" (PfPPar-NNS. See ἀποκαλύπτω, in the notes of ch. 12)
4. ἀργή = "useless" (1/2ADJ-FNS)

11. οὐ θέλω δὲ ὑμᾶς ἀγνοεῖν, ἀδελφοί, ὅτι πολλάκις προεθέμην[5] ἐλθεῖν πρὸς ὑμᾶς (Rom. 1:13)

12. ἀπὸ τότε ἤρξατο ὁ Ἰησοῦς κηρύσσειν καὶ λέγειν, Μετανοεῖτε· ἤγγικεν γὰρ ἡ βασιλεία τῶν οὐρανῶν (Matt. 4:17)

13. ἦλθεν δὲ ἡ ἡμέρα τῶν ἀζύμων,[6] ἐν ᾗ ἔδει θύεσθαι τὸ πάσχα (Luke 22:7)

14. οἱ ἄνδρες εἰσὶν ἐν τῷ ἱερῷ ἑστῶτες καὶ διδάσκοντες τὸν λαόν (Acts 5:25)

15. ἦν γὰρ διδάσκων αὐτοὺς ὡς ἐξουσίαν ἔχων (Mark 1:22)

5. προεθέμην = "planned" (AoMInd1S, from προτίθεμαι)
6. ἀζύμων = "unleavened" (2ADJ-FGP, consisting of alpha privative plus ζύμη, "leaven")

E. Translate the following passage, using the notes from the previous sections. Be sure to be able to parse all verbs, nouns, adjectives, and pronouns studied so far.

γινώσκειν δὲ ὑμᾶς βούλομαι, ἀδελφοί, ὅτι τὰ κατ' ἐμὲ μᾶλλον εἰς προκοπὴν τοῦ εὐαγγελίου ἐλήλυθεν, ὥστε τοὺς δεσμούς μου φανεροὺς ἐν Χριστῷ γενέσθαι ἐν ὅλῳ τῷ πραιτωρίῳ[7] καὶ τοῖς λοιποῖς πάσιν, καὶ τοὺς πλείονας τῶν ἀδελφῶν ἐν κυρίῳ πεποιθότας τοῖς δεσμοῖς μου περισσοτέρως[8] τολμᾶν ἀφόβως τὸν λόγον λαλεῖν. Τινὲς μὲν καὶ διὰ φθόνον[9] καὶ ἔριν,[10] τινὲς δὲ καὶ δι' εὐδοκίαν[11] τὸν Χριστὸν κηρύσσουσιν· οἱ μὲν ἐξ ἀγάπης, εἰδότες ὅτι εἰς ἀπολογίαν τοῦ εὐαγγελίου κεῖμαι, οἱ δὲ ἐξ ἐριθείας[12] τὸν Χριστὸν καταγγέλλουσιν, οὐχ ἁγνῶς,[13] οἰόμενοι[14] θλῖψιν ἐγείρειν τοῖς δεσμοῖς μου. (Phil. 1:12-17)

7. πραιτωρίῳ = "praetorian guard" (2NON-NDS)
8. περισσοτέρως = "all the more" (adverb)
9. φθόνον = "envy" (2NON-MAS)
10. ἔριν = "strife" (3NON-FAS, from ἔρις)
11. εὐδοκίαν = "good will" (1NON-FAS)
12. ἐριθείας = "selfishness" (1NON-FGS)
13. ἁγνῶς = "sincerely" (adverb)
14. οἰόμενοι = "thinking" or "supposing" (PrMPar-MNP, from οἴομαι, contracted οἶμαι, ᾠήθην)

Conditional Statements; Numerals

A. Supply the correct cardinal adjective/numeral for each noun, and translate the phrase. Thus ἐκ _____ ("two") ἀνθρώπων becomes ἐκ δυσῖν ἀνθρώπων, and is translated "from two people."

1. ἐν τῷ _____ ("one") δικτύῳ

2. εἶδεν _____ ("two") ἀδελφούς

3. τὰς _____ ("twenty-one") λυχνίας

4. _____ ("three") ἡμέρας καὶ _____ ("forty") νύκτας

5. τοὺς _____ ("three") ὀδόντας

6. ἐκ τῶν _____ ("four") ἀνέμων

7. τὰ _____ ("thousand") ἔθη

8. δότε τὰ _____ ("ten") τάλαντα

B. Supply the correct ordinal numeral for each noun, and translate the phrase. Thus τῆς _____ ("third") γυναικός, becomes τῆς τρίτης γυναικός, translated "of the third woman."

1. τὸν _____ ("twelfth") μαθητήν

2. ἄνθρωπος θέλει τὸ _____ ("one hundredth") πρόβατον

3. μετὰ ἡμέραν _____ ("sixth")

4. παραλαμβάνει _____ ("seventh") πνεῦμα

5. τὸν _____ ("fifth") ἄρτον καὶ _____ ("second") ἰχθύν

6. ἡμέρας _____ ("fortieth") καὶ νύκτος _____ ("fortieth")

C. Change the following conditionals to the class of conditional indicated. Make any other necessary changes, and be prepared to translate the created form. Thus εἰ ἐγὼ ἐν Βεελζεβοὺλ ἐξέβαλλον τὰ δαιμόνια, οἱ υἱοὶ ὑμῶν ἐν τίνι ἐκβάλλουσιν; (third) becomes ἐὰν ἐγὼ ἐν Βεελζεβοὺλ ἐκβάλλω τὰ δαιμόνια, οἱ υἱοὶ ὑμῶν ἐν τίνι ἐκβάλλωσιν; translated as: "If I should cast out demons by Beelzeboul, by whom do your sons cast them out?"

1. ἐὰν τις ἔχῃ ὦτα ἀκούειν ἀκουέτω (Mark 4:23) (first)

2. εἰ οὐ ποιῶ τὰ ἔργα τοῦ πατρός μου, μὴ πιστεύετέ μοι (John 10:37) (second)

3. εἰ βασιλεία ἐφ᾽ ἑαυτὴν ἐμερίσθη, οὐ δύναται σταθῆναι ἡ βασιλεία ἐκείνη (Mark 3:24) (third)

4. ἐὰν ἐμὲ διώξωσιν, καὶ ὑμᾶς διώξουσιν· ἐὰν τὸν λόγον μου τηρήσωσιν, καὶ τὸν ὑμέτερον τηρήσουσιν (John 15:20) (first)

5. ἐὰν γὰρ πιστεύητε Μωϋσεῖ, ἐπιστεύετε ἐμοί (John 5:46) (second)

6. εἰ εἴπομεν τοῦτον, ἑαυτοὺς πλανῶμεν (1 John 1:8) (third)

7. ἐὰν οὗτοι σιωπήσωσιν, οἱ λίθοι κράζουσιν (Luke 19:40) (fifth)

D. Translate the following sentences. Be sure to be able to parse all verbs, nouns, adjectives, and pronouns studied so far. (In conditional statements, underline the protasis and double-underline the apodosis.)

1. οἱ δὲ λέγουσιν αὐτῷ, Οὐκ ἔχομεν ὧδε εἰ μὴ πέντε ἄρτους καὶ δύο ἰχθύας (Matt. 14:17)

2. τετάρτῃ δὲ φυλακῇ τῆς νυκτὸς ἦλθεν πρὸς αὐτοὺς περιπατῶν ἐπὶ τὴν θάλασσαν (Matt. 14:25)

3. εἶπαν οὖν οἱ Ἰουδαῖοι, Τεσσεράκοντα καὶ ἓξ ἔτεσιν οἰκοδομήθη ὁ ναὸς οὗτος, καὶ σὺ ἐν τρισὶν ἡμέραις ἐγερεῖς αὐτόν; (John 2:20)

4. εἰ γὰρ ἐπιστεύετε Μωϋσεῖ, ἐπιστεύετε ἂν ἐμοί· περὶ γὰρ ἐμοῦ ἐκεῖνος ἔγραψεν (John 5:46)

5. ἀπεκρίθη Ἰησοῦς, Οὔτε ἐμὲ οἴδατε οὔτε τὸν πατέρα μου· εἰ ἐμὲ ᾔδειτε, καὶ τὸν πατέρα μου ἂν ᾔδειτε (John 8:19)

6. εἰ γὰρ Ἀβραὰμ ἐξ ἔργων ἐδικαιώθη, ἔχει καύχημα,[1] ἀλλ' οὐ πρὸς θεόν (Rom. 4:2)

7. εἴ τινος τὸ ἔργον κατακαήσεται, ζημιωθήσεται,[2] αὐτὸς δὲ σωθήσεται, οὕτως δὲ ὡς διὰ πυρός (1 Cor. 3:15)

8. ἐν Θεσσαλονίκῃ καὶ ἅπαξ καὶ δὶς εἰς τὴν χρείαν μοι ἐπέμψατε (Phil. 4:16)

9. εἰ γὰρ καὶ τῇ σαρκὶ ἄπειμι,[3] ἀλλὰ τῷ πνεύματι σὺν ὑμῖν εἰμι (Col. 2:5)

---

1. καύχημα = "a boast" or "something to boast about" (3NON-NAS)
2. ζημιωθήσεται = "he will suffer loss" (FuPInd3S, from ζημιόω)
3. ἄπειμι = "I am absent" (uInd1S. The antonym of ἄπειμι is πάρειμι, "be present.")

10. οἴδαμεν δὲ ὅτι καλὸς ὁ νόμος, ἐάν τις αὐτῷ νομίμως[4] χρῆται[5] (1 Tim. 1:8)

11. ἐὰν οὖν προσφέρῃς τὸ δῶρόν σου ἐπὶ τὸ θυσιαστήριον κἀκεῖ[6] μνησθῇς ὅτι ὁ ἀδελφός σου ἔχει τι κατὰ σοῦ, ἄφες ἐκεῖ τὸ δῶρόν σου ἔμπροσθεν τοῦ θυσιαστηρίου καὶ ὕπαγε πρῶτον διαλλάγηθι[7] τῷ ἀδελφῷ σου, καὶ τότε ἐλθὼν πρόσφερε τὸ δῶρόν σου (Matt. 5:23-24)

12. εἰ δὲ ὁ ὀφθαλμός σου ὁ δεξιὸς σκανδαλίζει σε, ἔξελε αὐτὸν καὶ βάλε ἀπὸ σοῦ (Matt. 5:29)

13. οὗτος εἰ ἦν προφήτης, ἐγίνωσκεν ἂν τίς καὶ ποταπὴ[8] ἡ γυνὴ ἥτις ἅπτεται αὐτοῦ (Luke 7:39)

4. νομίμως = "lawfully" (adverb based on νόμος)
5. χρῆται = "makes use of" (PrMInd3S, from χράομαι, ἐχρησάμην)
6. κἀκεῖ = καὶ + ἐκεῖ
7. διαλλάγηθι = "be reconciled!" (AoPImp2S, from διαλλάσσομαι)
8. ποταπή = "what sort of" (FNS qualitative interrogative pronoun)

E. Translate the following passage, using the notes from the previous sections. Be sure to be able to parse all verbs, nouns, adjectives, and pronouns studied so far.

τί γάρ; πλὴν ὅτι παντὶ τρόπῳ, εἴτε προφάσει[9] εἴτε ἀληθείᾳ, Χριστὸς καταγγέλλεται, καὶ ἐν τούτῳ χαίρω. ἀλλὰ καὶ χαρήσομαι, οἶδα γὰρ ὅτι τοῦτό μοι ἀποβήσεται[10] εἰς σωτηρίαν διὰ τῆς ὑμῶν δεήσεως καὶ ἐπιχορηγίας[11] τοῦ πνεύματος Ἰησοῦ Χριστοῦ κατὰ τὴν ἀποκαραδοκίαν[12] καὶ ἐλπίδα μου, ὅτι ἐν οὐδενὶ αἰσχυνθήσομαι ἀλλ᾽ ἐν πάσῃ παρρησίᾳ ὡς πάντοτε καὶ νῦν μεγαλυνθήσεται[13] Χριστὸς ἐν τῷ σώματί μου, εἴτε διὰ ζωῆς εἴτε διὰ θανάτου. (Phil. 1:18-20)

9. προφάσει = "pretense" (3NON-FDS, from πρόφασις)
10. ἀποβήσεται = "will result" (FuMInd3S, from ἀποβαίνω, ἀπέβην)
11. ἐπιχορηγίας = "help" (1NON-FGS)
12. ἀποκαραδοκίαν = "deep desire" (1NON-FAS)
13. μεγαλυνθήσεται = "made great" or "honored" (FuPInd3S, from μεγαλύνω)

The Optative Mood; Aorist, Present, and Future Optative, in All Voices; Brief Syntax of Clauses

A. Change the following verbs to their opposite number, and translate. Thus τιθείην becomes τιθεῖμεν, and is translated "we might put."

1. φάγοιεν

2. γένοιντο

3. θέλοιεν

4. ποιήσαι

5. δυναίμεθα

6. ἔχοιεν

7. δύναιτο

8. εἴησαν

9. βούλοιντο

10. στηρίξαιεν

B. Change the following verbs to their opposite tense-form (from aorist to present and present to aorist), and translate. Thus θείη becomes τιθείη, and is translated "he, she, it might put."

1. λαμβάνοι

2. ἐσθίοι

3. εὑρίσκοι

4. διδῷη

5. πάθοιτε

6. πληροίη

7. σχοῖεν

8. τυγχάνοι

C. Change the following verbs to the indicated voice. Be prepared to translate both forms. Thus φονεύσαιεν (passive) becomes φονευθείησαν; they are translated "they might kill" and "they might be killed."

1. περισσεύσαιτο (active)   5. παρακαλέσαιτο (active)

2. καταρτισθείη (active)   6. λογίσαιτο (passive)

3. ἁγιασθείη (active)   7. ἐπιτιμήσαιτο (active)

4. πληθύναι (passive)   8. ἁγιάσαιτο (active)

D. Translate the following sentences. Be sure to be able to parse all verbs, nouns, adjectives, and pronouns studied so far.

1. ἔλεγον εἰ[1] βούλοιτο πορεύεσθαι εἰς Ἱεροσόλυμα κἀκεῖ κρίνεσθαι περὶ τούτων

   (Acts 25:20)

2. ὑμᾶς δὲ ὁ κύριος πλεονάσαι[2] καὶ περισσεύσαι τῇ ἀγάπῃ εἰς ἀλλήλους καὶ εἰς

   πάντας καθάπερ καὶ ἡμεῖς εἰς ὑμᾶς (1 Thess. 3:12)

3. τί ἂν θέλοι ὁ σπερμολόγος[3] οὗτος λέγειν; (Acts 17:18)

4. ὁ δὲ θεὸς τῆς ἐλπίδος πληρώσαι ὑμᾶς πάσης χαρᾶς καὶ εἰρήνης (Rom. 15:13)

---

1. εἰ can be used to introduce an indirect question, that is, a question that is not a direct quotation. Here it can be translated "whether."

2. πλεονάσαι (1AoAOpt3S, from πλεονάζω, ἐπλεόνασα). The whole clause could be rendered "Might the Lord cause you to increase."

3. σπερμολόγος = "seed picker," with reference to one who picks up scraps of information.

5. τί οὖν ἐροῦμεν; ἐπιμένωμεν τῇ ἁμαρτίᾳ, ἵνα ἡ χάρις πλεονάσῃ; μὴ γένοιτο (Rom. 6:1-2a)

6. αὐτὸς δὲ ὁ θεὸς τῆς εἰρήνης ἁγιάσαι ὑμᾶς (1 Thess. 5:23)

7. ἔδει ἐπὶ σοῦ παρεῖναι καὶ κατηγορεῖν εἴ τι ἔχοιεν πρὸς ἐμέ (Acts 24:19)

8. ὁ δὲ θεὸς τῆς εἰρήνης καταρτίσαι ὑμᾶς ἐν παντὶ ἀγαθῷ εἰς τὸ ποιῆσαι τὸ θέλημα αὐτοῦ (Heb. 13:20-21)

9. ἀλλ᾽ εἰ καὶ πάσχοιτε διὰ δικαιοσύνην, μακάριοι (1 Pet. 3:14)

10. ἔλεος ὑμῖν καὶ εἰρήνη καὶ ἀγάπη πληθυνθείη (Jude 2)

11. μηκέτι εἰς τὸν αἰῶνα ἐκ σοῦ μηδεὶς καρπὸν φάγοι (Mark 11:14)

12. ἐλάλουν πρὸς ἀλλήλους τί ἂν ποιήσαιεν τῷ Ἰησοῦ (Luke 6:11)

13. ἐν τῇ πρώτῃ μου ἀπολογίᾳ οὐδείς μοι παρεγένετο, ἀλλὰ πάντες με ἐγκατέλιπον· μὴ αὐτοῖς λογισθείη (2 Tim. 4:16)

14. παρακαλέσαι ὑμῶν τὰς καρδίας καὶ στηρίξαι ἐν παντὶ ἔργῳ καὶ λόγῳ ἀγαθῷ (2 Thess. 2:17)

15. ὁ δὲ θεὸς τῆς ὑπομονῆς καὶ τῆς παρακλήσεως δῴη ὑμῖν τὸ αὐτὸ φρονεῖν ἐν ἀλλήλοις κατὰ Χριστὸν Ἰησοῦν (Rom. 15:5)

16. εὐξαίμην[4] ἂν τῷ θεῷ καὶ ἐν ὀλίγῳ καὶ ἐν μεγάλῳ οὐ μόνον σὲ ἀλλὰ καὶ πάντας τοὺς ἀκούοντάς μου σήμερον γενέσθαι τοιούτους ὁποῖος καὶ ἐγώ εἰμι (Acts 26:29)

17. οὐκ ἔστιν ἔθος Ῥωμαίοις χαρίζεσθαί τινα ἄνθρωπον πρὶν ἢ ὁ κατηγορούμενος κατὰ πρόσωπον ἔχοι τοὺς κατηγόρους τόπον τε ἀπολογίας λάβοι περὶ τοῦ ἐγκλήματος[5] (Acts 25:16)

18. ἐπιτιμήσαι σοι κύριος (Jude 9)

4. εὐξαίμην = "(I) would that" (1AoMOpt1S, from εὔχομαι, εὐξάμην)
5. ἐγκλήματος = "charge" or "accusation" (3NON-NGS)

E. Translate the following passage, using the notes from the previous sections. Be sure to be able to parse all verbs, nouns, adjectives, and pronouns studied so far.

ἐμοὶ γὰρ τὸ ζῆν Χριστὸς καὶ τὸ ἀποθανεῖν κέρδος.[6] εἰ δὲ τὸ ζῆν ἐν σαρκί, τοῦτό μοι καρπὸς ἔργου, καὶ τί αἱρήσομαι[7] οὐ γνωρίζω. συνέχομαι δὲ ἐκ τῶν δύο, τὴν ἐπιθυμίαν ἔχων εἰς τὸ ἀναλῦσαι[8] καὶ σὺν Χριστῷ εἶναι, πολλῷ γὰρ μᾶλλον κρεῖσσον· τὸ δὲ ἐπιμένειν ἐν τῇ σαρκὶ ἀναγκαιότερον δι᾽ ὑμᾶς. καὶ τοῦτο πεποιθὼς οἶδα ὅτι μενῶ καὶ παραμενῶ πᾶσιν ὑμῖν εἰς τὴν ὑμῶν προκοπὴν καὶ χαρὰν τῆς πίστεως, ἵνα τὸ καύχημα ὑμῶν περισσεύῃ ἐν Χριστῷ Ἰησοῦ ἐν ἐμοὶ διὰ τῆς ἐμῆς παρουσίας πάλιν πρὸς ὑμᾶς. (Phil. 1:21-26)

6. κέρδος = "gain" (3NON-NNS)
7. αἱρήσομαι = "I will choose" (FuMInd1S, from αἱρέω)
8. ἀναλῦσαι = "depart" (1AoAInf)

Review 6

I. Translate the following words.

1. ἐνιαυτός

2. ὄφις

3. ἐκόλλησα

4. καπνός

5. πρωΐ

6. ταχύς

7. γέεννα

8. ἔσωθεν

9. συνέχω

10. ἠπείθησα

II. Parse and translate the following words. Remember to include *all* of the pertinent information for the parsing of each of the words.

1. βεβλημένην

2. συνετέθειντο

3. βαπτισθεὶς ἦν

4. φονεύσαιμεν

5. τρία

6. γένοιτο

7. εἰδῇ

8. ἦν δεδομένον

9. κέκληται

10. πεπιστευκότας

III. Complete the following exercises.

A. Change the following verbs to their opposite number, and translate.

1. πέπεισαι

3. κεκλεισμένου

2. δυναίμεθα

B. Change the following to the indicated class of conditional protasis.

4. ἐὰν τις ἔχῃ ὦτα ἀκούειν ἀκουέτω (first)

5. εἰ εἴπομεν τοῦτον, ἑαυτοὺς πλανῶμεν (third)

C. Supply a periphrastic equivalent of the following simple verb form (remember to keep the same tense-form, mood, etc.).

6. ἔκλεπτες

7. πεπιστεύκαμεν

IV. Give the complete paradigms of the following, *including labeling the forms.*

A. Use the verb παιδεύω, ἐπαίδευσα and give the paradigm for the perfect active participle. Remember to label the forms.

B. Use the verb διδάσκω, ἐδίδαξα and give the paradigm for the imperfect active periphrastic. Remember to label the forms.

C. Use the verb ἀποστέλλω, ἀπέστειλα and give the paradigm for the perfect passive participle. Remember to label the forms.

D. Use the verb πληρόω, ἐπλήρωσα and give the paradigm for the perfect middle indicative. Remember to label the forms.

V. Translate the following Greek sentences or phrases into English. Underline with a single line any periphrastic constructions and underline with a double line any protases of conditional constructions.

1. εὗρον καὶ βωμὸν ἐν ᾧ ἐπεγέγραπτο, Ἀγνώστῳ θεῷ.

2. ἐγένετο ἄνθρωπος ἀπεσταλμένος παρὰ θεοῦ, ὄνομα αὐτῷ Ἰωάννης . . . καὶ ἀπεσταλμένοι ἦσαν ἱερεῖς ἐκ τῶν Φαρισαίων.

3. ἀνὴν λέγω ὑμῖν· ὅσα ἐὰν δήσητε ἐπὶ τῆς γῆς ἔσται δεδεμένα ἐν οὐρανῷ, καὶ ὅσα ἐὰν λύσητε ἐπὶ τῆς γῆς ἔσται λελυμένα ἐν οὐρανῷ.

4. ἐὰν εἴπωμεν ὅτι κοινωνίαν ἔχομεν μετ’ αὐτοῦ καὶ ἐν τῷ σκότει περιπατῶμεν, ψευδόμεθα καὶ οὐ ποιοῦμεν τὴν ἀλήθειαν.

Verb Formulas

The following pages summarize in chart form the many formulas presented throughout *Fundamentals* for the various Greek verb forms. They are divided here according to the four moods, plus infinitives and participles, and then by the various tense-form and voice combinations. In each chart we show separately **ω**-stem verbs, **μι**-stem verbs, and liquid verbs (i.e., verbs whose stem ends in a liquid consonant: **λ**, **ρ**, **μ**, or **ν**). Formulas of the last two types appear even in cases where they do not differ from those of **ω**-stem verbs. Each chart contains five main columns, showing:

1. *tense-form and voice,* using the parsing conventions followed throughout *Fundamentals.* For example:
   PrA, M/P — forms for present active and for present middle/passive

2. *augment and/or reduplication.* For example:
   (aug.) redup. — some pluperfect indicative forms have an augment; all have reduplication

3. the *tense stem* used, indicated by the numbers 1-6, following the traditional order:
   1 = present (active and middle/passive voices)
   2 = future (active and middle)
   3 = aorist (active and middle)
   4 = perfect active
   5 = perfect middle/passive
   6 = aorist passive

4. any *formatives* used. This column combines three columns kept distinct in the formulas in the text:
   the passive formative **(θ)ε**, used in aorist passive and future passive forms
   the connecting vowel **ε**, used only in liquid future tense-forms
   the tense formatives **σ** (in first aorist and future forms) and **κ** (in some perfect and pluperfect forms)

5. the *connecting vowel* (if any) and *verb endings* used, subdivided by voice. (See the following section for the full set of verb endings.)

This arrangement may help clarify the patterns in the use of the various verb endings. Note particularly the anomaly in the use of *active* verb endings throughout in aorist *passive* tense-forms.

INDICATIVE

Tense-form and voice	Aug. and/ or redup.	Tense stem	Formatives	(Connecting vowel -) Verb endings		
				ACTIVE	MIDDLE (/PASSIVE)	PASSIVE
ω-stem						
PrA, M/P	—	1	—	prim. act.[1]	o/ε - prim. mid.	
ImA, M/P	aug.	1	—	o/ε - secon. act.	o/ε - secon. mid.	
1AoA, M	aug.	3	σ	α/ε - secon. act.	α - secon. mid.	
2AoA, M	aug.	3	—	o/ε - secon. act.	o/ε - secon. mid.	
AoP	aug.	6	(θ)ε			secon. act.
PfA	redup.	4	(κ)	α/ε - secon. act.		
PfM/P	redup.	5	—		prim. mid.	
PpA	(aug.) redup.	4	(κ)	ει - secon. act.		
PpM/P	(aug.) redup.	5	—		secon. mid.	
FuA, M	—	2	σ	prim. act.[1]	o/ε - prim. mid.	
FuP	—	6	(θ)εσ			o/ε - prim. mid.
μι-stem						
PrA, M/P	—	1	—	μι-verb prim.	prim. mid.	
ImA, M/P	aug.	1	—	secon. act.	secon. mid.	
2AoA, M	aug.	3	—	secon. act.	secon. mid.	
liquid						
1AoA, M	aug.	3	σ	α/ε - secon. act.	α - secon. mid.	
FuA, M	—	2	εσ	prim. act.[1]	o/ε - prim. mid.	

SUBJUNCTIVE

Tense-form and voice	Aug. and/ or redup.	Tense stem	Formatives	(Connecting vowel -) Verb endings		
				ACTIVE	MIDDLE (/PASSIVE)	PASSIVE
ω-stem						
PrA, M/P	—	1	—	act. subj.	ω/η - prim. mid.	
1AoA, M	—	3	σ	act. subj.	ω/η - prim. mid.	
2AoA, M	—	3	—	act. subj.	ω/η - prim. mid.	
AoP	—	6	(θ)ε			act. subj.
PfA	redup.	4	(κ)	act. subj.		
PfM/P [periphrastic forms]						
μι-stem						
PrA, M/P	—	1	—	act. subj.	ω/η - prim. mid.	
2AoA, M	—	3	—	act. subj.	ω/η - prim. mid.	
liquid						
1AoA, M	—	3	σ	act. subj.	ω/η - prim. mid.	

1. The primary active verb endings historically had o/ε as their connecting vowel, as discussed on page 83 in the text. Over time, however, this vowel merged with some of the endings, making it difficult now for beginning students to distinguish the two. For the sake of simplicity, we present the primary active endings as a unit without a separate connecting vowel.

OPTATIVE

Tense-form and voice	Aug. and/ or redup.	Tense stem	Formatives	(Connecting vowel -) Verb endings		
				ACTIVE	MIDDLE (/PASSIVE)	PASSIVE
ω-stem						
PrA, M/P	—	1	—	οι - act. opt.	οι - secon. mid.	
1AoA, M	—	3	σ	αι - act. opt.	αι - secon. mid.	
2AoA, M	—	3	—	οι - act. opt.	οι - secon. mid.	
AoP	—	6	(θ)ε			ει(η) - act. opt.
FuA, M	—	2	σ	οι - act. opt.	οι - secon. mid.	
FuP	—	6	(θ)εσ			οι - secon. mid.
μι-stem						
PrA, M/P	—	1	—	ει(η) - act. opt.	ει - secon. mid.	
2AoA, M	—	3	—	ει(η) - act. opt.	ει - secon. mid.	

IMPERATIVE

Tense-form and voice	Aug. and/ or redup.	Tense stem	Formatives	(Connecting vowel -) Verb endings		
				ACTIVE	MIDDLE (/PASSIVE)	PASSIVE
ω-stem						
PrA, M/P	—	1	—	ε - act. imper.	ε - mid. imper.	
1AoA, M	—	3	σ	α - act. imper.	α - mid. imper.	
2AoA, M	—	3	—	ε - act. imper.	ε - mid. imper.	
AoP	—	6	(θ)ε			act. imper.
PfA	redup.	4	(κ)	ε - act. imper.		
PfM/P	redup.	5	—		mid. imper.	
μι-stem						
PrA, M/P	—	1	—	act. imper.	mid. imper.	
2AoA, M	—	3	—	act. imper.	mid. imper.	

Infinitive

Tense-form and voice	Aug. and/ or redup.	Tense stem	Formatives	(Connecting vowel -) Verb endings		
				ACTIVE	MIDDLE (/PASSIVE)	PASSIVE
ω-stem						
PrA, M/P	—	1	—	ε - act. infin.	ε - mid. infin.	
1AoA, M	—	3	σ	1st aor. act. infin.	α - mid. infin.	
2AoA, M	—	3	—	ε - act. infin.	ε - mid. infin.	
AoP	—	6	(θ)ε			μι-verb act. infin.
PfA	redup.	4	(κ)	ε - μι-verb act. infin.		
PfM/P	redup.	5	—		mid. infin.	
FuA, M	—	2	σ	ε - act. infin.	ε - mid. infin.	
FuP	—	6	(θ)εσ			ε - mid. infin.
μι-stem						
PrA, M/P	—	1	—	μι-verb act. infin.	mid. infin.	
2AoA, M	—	3	—	μι-verb act. infin.	mid. infin.	
liquid						
1AoA, M	—	3	σ	1st aor. act. infin.	α - mid. infin.	
FuA, M	—	2	εσ	ε - act. infin.	ε - mid. infin.	

Participle

Tense-form and voice	Aug. and/ or redup.	Tense stem	Formatives	(Connecting vowel -) Verb endings		
				ACTIVE	MIDDLE (/PASSIVE)	PASSIVE
ω-stem						
PrA, M/P	—	1	—	o - act. part.	o - mid. part.	
1AoA, M	—	3	σ	α - act. part.	α - mid. part.	
2AoA, M	—	3	—	o - act. part.	o - mid. part.	
AoP	—	6	(θ)ε			act. part.
PfA	redup.	4	(κ)	perf. act. part.		
PfM/P	redup.	5	—		mid. part.	
FuA, M	—	2	σ	o - act. part.	o - mid. part.	
FuP	—	6	(θ)εσ			o - mid. part.
μι-stem						
PrA, M/P	—	1	—	act. part.	mid. part.	
2AoA, M	—	3	—	act. part.	mid. part.	
liquid						
1AoA, M	—	3	σ	α - act. part.	α - mid. part.	
FuA, M	—	2	εσ	o - act. part.	o - mid. part.	

Verb Endings

The charts in this section list the full set of endings for each verb ending or participle marker identified in the formulas of the preceding section. Note that the indicative, subjunctive, and optative endings include three sets of primary active endings and two sets of secondary active endings. With consideration of sufficient historical data, these five sets could be reduced to two, supplemented by a number of phonetic-change rules. At this stage, however, students will probably advance more quickly by simply learning the various sets of endings listed here, helped by the many features in common in the respective persons and numbers.

INDICATIVE, SUBJUNCTIVE, AND OPTATIVE ENDINGS

	Primary active	Active subjunctive	μι-verb primary	Secondary active[1]	Active optative[2]
1S	ω	ω	μι	–, ν	μι, ν
2S	εις	ῃς	ς	ς	ς
3S	ει	ῃ	σι(ν)	–(ν)	–
1P	ομεν	ωμεν	μεν	μεν	μεν
2P	ετε	ητε	τε	τε	τε
3P	ουσι(ν)	ωσι(ν)	ασι(ν)	ν, σαν, σι(ν)	εν, σαν/εν

	Primary middle			Secondary middle	
1S	μαι			μην	
2S	σαι			σο, ο[3]	
3S	ται			το	
1P	μεθα			μεθα	
2P	σθε			σθε	
3P	νται			ντο	

1. The various endings for first person singular (– or **ν**) and for third person plural (**ν**, **σαν**, or **σι**) combine as follows in the tense-forms (including the aorist passive) that use the secondary active ending:

	Im	1Ao	2Ao	AoP	Pf	Pp	Im-μι	2Ao-μι
1S	ν	—	ν	ν	—	ν	ν	ν
3P	ν	ν	ν	σαν	σι	σαν	σαν	σαν

2. In the active optative ending (which includes the aorist passive), the alternative endings for first person singular and third person plural combine as follows:

	Pr	1Ao	2Ao	AoP	Fu	Pr-μι	2Ao-μι
1S	μι	μι	μι	ν	μι	ν	ν
3P	εν	εν	εν	σαν/εν	εν	εν	σαν/εν

3. The indicative and subjunctive use **σο**; the optative uses **ο**.

IMPERATIVE ENDINGS

	Active imperative[4]	Middle imperative
2S	–, ε, ον, ς, θι/τι[5]	σο/ου,[6] αι
3S	τω	σθω
2P	τε	σθε
3P	τωσαν	σθωσαν

Second Person Singular Imperative Endings						
	Pr		Pf	1Ao[7]	2Ao	
	ω	μι			ω	μι
ACTIVE	–	ε	–	ον	–	σ, θι, –
MIDDLE				αι	σο/ου	σο/ου
PASSIVE	σο/ου	σο	σο		θι/τι	

INFINITIVE ENDINGS

εν	active (for present, second aorist, and future)
σθαι	middle (all middle and passive except aorist passive)
αι	first aorist active
ναι	μι-verb active (also for perfect active and aorist passive)

PARTICIPLE MARKERS

ντ/ντσ	active (all active except perfect active), plus aorist passive (ντ is for masculine and neuter, ντσ for feminine)
μεν	middle (all middle and passive except aorist passive)
οτ/υι	perfect active (οτ is for masculine and neuter, υι for feminine)

4. Aorist passive imperatives use *active* imperative endings throughout. For the aorist passive ending θι/τι, see, in the text, 24.3.2, note 2.

5. In ω-verbs, the null (i.e., "blank") ending appears in PrA (λυ+ε+– > λῦε), PfA (λε+λυ+κε+– > λέλυκε), and 2AoA (λιπ+ε+– > λίπε) forms. In μι-verbs, we see four different imperative active second person singular endings: ε, with PrA (τιθε+ε > τίθει, διδο+ε > δίδου, etc.), -ς, with 2AoA (θές, δός, ἕς), plus -θι (στῆθι) and – (στά), alternate 2AoAImp2S forms of ἵστημι.

6. A slash here in the second personal singular endings indicates a difference between the "underlying" and the "surface" endings. For example, the PrM/PImp2S of the ω-verb λύω, λυ+ε+σο, is λύου (following dropping of the intervocalic σ and vowel contraction); the comparable form of the μι-verb δίδωμι is διδο+σο > δίδοσο (with no changes).

7. The first aorist imperative endings for second person singular, ον and αι, are irregular; their origin and their relation to the other imperative endings are unclear.

Verb Accents

In Greek the accenting of verbs is more complicated than the accenting of the other parts of speech, for only verbs show both recessive and retentive accenting. (For a summary of these two types of accenting, plus the general rules of Greek accenting, see 1.4.1 in the text.) The use of these two accent types divides neatly between finite verb forms and nonfinite verb forms.

Finite verbs — all verb forms that express grammatical person, namely, all forms of the four moods (indicative, subjunctive, optative, and imperative) — have *recessive* accenting. That is, in these forms the accent "recedes" as far as possible from the end of the word — if possible, to the antepenult. (For one of the rare exceptions to this rule, see, in the text, 24.3.2.) Because this kind of accent is predictable, there is no need to memorize the placement of the accent on finite verb forms. In virtually every case, the correct accent for any finite verb form may be determined simply on the basis of the general rules of accentuation.

The situation is different, however, for the nonfinite verb forms of Greek, that is, for infinitives and participles (often called verbal nouns and verbal adjectives). Like ordinary nouns and adjectives, these verbal forms have *retentive* accenting. That is, the various forms "retain" their accent on one of the final three syllables of each type of infinitive and participle, moving it only when required by the general accent rules. Which of the three syllables in the lexical form receives the accent must be learned separately for each tense-voice combination (although some infinitive and participle endings do show similarities in their accent, which makes the job of learning them easier).

The following two charts summarize the accents of the various tense-voice combinations of Greek infinitives and participles..

Infinitive accents: 5 <u>ante</u>penult, 10 <u>pen</u>ult, 1 <u>ult</u>ima

	Pr -ω	Pr -μι	Fu	1Ao	2Ao -ω	2Ao -μι	Pf
ACTIVE	pen	pen	pen	pen	ult	pen	pen
MIDDLE	ant	ant	ant	ant	pen	pen	pen
PASSIVE	ant	ant	ant	pen	pen	pen	pen

examples of the 16 infinitives:

PrA-ω: λύειν
PrM/P-ω: λύεσθαι
PrA-μι: διδόναι
PrM/P-μι: δίδοσθαι

FuA: λύσειν
FuM: λύσεσθαι
FuP: λυθήσεσθαι

1AoA: ἀκοῦσαι
1AoM: λύσασθαι
2AoA-ω: λιπεῖν
2AoM-ω: λιπέσθαι
2AoA-μι: ἀναστῆναι
2AoM-μι: ἀποθέσθαι
AoP: λυθῆναι

PfA: λελυκέναι
PfM/P: λελύσθαι

Participle accents: 7 <u>ante</u>penult, 4 <u>pen</u>ult, 5 <u>ulti</u>ma

	Pr		Fu	1Ao	2Ao		Pf
	-ω	-μι			-ω	-μι	
ACTIVE	pen	ult	pen	pen	ult	ult	ult
MIDDLE	ant	ant	ant	ant	ant	ant	pen
PASSIVE			ant	ult			

examples of the 16 participles:

PrA-ω: λύων   FuA: λύσων   1AoA: ἀκούσας   PfA: λελυκώς
PrM/P-ω: λυόμενος   FuM: λυσόμενος   1AoM: λυσάμενος   PfM/P: λελυμένος
PrA-μι: διδούς   FuP: λυθησόμενος   2AoA-ω: λιπών
PrM/P-μι: διδόμενος   2AoM-ω: λιπόμενος
                                         2AoA-μι: ἀναστάς
                                         2AoM-μι: ἀποθέμενος
                                         AoP: λυθείς

Paradigms

The paradigms appear here under five major headings:

1. *nouns*, listed by the three declension types
2. *pronouns*, showing the nine types considered in the text
3. *adjectives*, including the article; the "positive" (or dictionary) form, subdivided by declension pattern; and then the comparative and superlative forms
4. *participles*, often called verbal adjectives, placed in a separate category here between the adjectives and the verbs
5. *verbs*, divided into **ω**-verbs, **μι**-verbs, and aspectually vague verbs. Throughout, the forms follow the standard parsing order of tense, voice, and mood. For example, the present tense-forms are divided into the active and the middle/passive forms, both of which are subdivided into the four moods plus infinitive and participle. The contract verbs and the verbs with liquid stems are listed separately at the end of the **ω**-verbs.

1   Nouns

1.1   First Declension

FEMININE	ἡμέρα *day*	δόξα *glory*	φωνή *sound, voice*	ἀλήθεια *truth*	γλῶσσα *tongue*
N/VS	ἡμέρα	δόξα	φωνή	ἀλήθεια	γλῶσσα
GS	ἡμέρας	δόξης	φωνῆς	ἀληθείας	γλώσσης
DS	ἡμέρᾳ	δόξῃ	φωνῇ	ἀληθείᾳ	γλώσσῃ
AS	ἡμέραν	δόξαν	φωνήν	ἀλήθειαν	γλῶσσαν
NP	ἡμέραι	δόξαι	φωναί	ἀλήθειαι	γλῶσσαι
GP	ἡμερῶν	δοξῶν	φωνῶν	ἀληθειῶν	γλωσσῶν
DP	ἡμέραις	δόξαις	φωναῖς	ἀληθείαις	γλώσσαις
AP	ἡμέρας	δόξας	φωνάς	ἀληθείας	γλώσσας

MASCULINE	μαθητής *disciple*	Μεσσίας *Messiah*
NS	μαθητής	Μεσσίας
VS	μαθητά	Μεσσία
GS	μαθητοῦ	Μεσσίου
DS	μαθητῇ	Μεσσίᾳ
AS	μαθητήν	Μεσσίαν
NP	μαθηταί	Μεσσίαι
GP	μαθητῶν	Μεσσιῶν
DP	μαθηταῖς	Μεσσίαις
AP	μαθητάς	Μεσσίας

1.2 Second Declension

	(ὁ) κύριος *lord/Lord*	(ὁ) δοῦλος *slave*	(ὁ) ἀδελφός *brother*	(ἡ) ὁδός *way*	(τὸ) ἔργον *work*
NS	κύριος	δοῦλος	ἀδελφός	ὁδός	ἔργον
VS	κύριε	δοῦλε	ἀδελφέ	ὁδέ	ἔργον
GS	κυρίου	δούλου	ἀδελφοῦ	ὁδοῦ	ἔργου
DS	κυρίῳ	δούλῳ	ἀδελφῷ	ὁδῷ	ἔργῳ
AS	κύριον	δοῦλον	ἀδελφόν	ὁδόν	ἔργον
NP	κύριοι	δοῦλοι	ἀδελφοί	ὁδοί	ἔργα
GP	κυρίων	δούλων	ἀδελφῶν	ὁδῶν	ἔργων
DP	κυρίοις	δούλοις	ἀδελφοῖς	ὁδοῖς	ἔργοις
AP	κυρίους	δούλους	ἀδελφούς	ὁδούς	ἔργα

1.3 Third Declension

1.3.1 Consonant Stem

STOPS   VELARS (κ, γ, χ)   DENTALS (τ, δ, θ)

	(ἡ) σάρξ *flesh*	(τὸ) πνεῦμα *spirit, wind*	(ὁ) ἄρχων *ruler*	(ὁ, ἡ) παῖς *boy, girl; servant*	(ἡ) ἐλπίς *hope*
NS	σάρξ	πνεῦμα	ἄρχων	παῖς	ἐλπίς
VS	σάρξ	πνεῦμα	ἄρχων	παῖς	ἐλπί
GS	σαρκός	πνεύματος	ἄρχοντος	παιδός	ἐλπίδος
DS	σαρκί	πνεύματι	ἄρχοντι	παιδί	ἐλπίδι
AS	σάρκα	πνεῦμα	ἄρχοντα	παῖδα	ἐλπίδα
NP	σάρκες	πνεύματα	ἄρχοντες	παῖδες	ἐλπίδες
GP	σαρκῶν	πνευμάτων	ἀρχόντων	παίδων	ἐλπίδων
DP	σαρξί(ν)	πνεύμασι(ν)	ἄρχουσι(ν)	παισί(ν)	ἐλπίσι(ν)
AP	σάρκας	πνεύματα	ἄρχοντας	παῖδας	ἐλπίδας

LIQUIDS	NASALS (μ, ν)			MEDIAN (ρ)	
	(ὁ) ποιμήν *shepherd*	(ὁ) ἡγεμών *leader*	(ὁ) αἰών *age*	(ὁ) σωτήρ *savior*	(ὁ) ἀλέκτωρ *rooster*
NS	ποιμήν	ἡγεμών	αἰών	σωτήρ	ἀλέκτωρ
VS	ποιμήν	ἡγεμών	αἰών	σῶτερ	ἀλέκτορ
GS	ποιμένος	ἡγεμόνος	αἰῶνος	σωτῆρος	ἀλέκτορος
DS	ποιμένι	ἡγεμόνι	αἰῶνι	σωτῆρι	ἀλέκτορι
AS	ποιμένα	ἡγεμόνα	αἰῶνα	σωτῆρα	ἀλέκτορα
NP	ποιμένες	ἡγεμόνες	αἰῶνες	σωτῆρες	ἀλέκτορες
GP	ποιμένων	ἡγεμόνων	αἰῶνων	σωτήρων	ἀλεκτόρων
DP	ποιμέσι(ν)	ἡγεμόσι(ν)	αἰῶσι(ν)	σωτῆρσι(ν)	ἀλέκτορσι(ν)
AP	ποιμένας	ἡγεμόνας	αἰῶνας	σωτῆρας	ἀλέκτορας

σ AND SYNCOPATED	σ (stem -εσ)	SYNCOPATED (stems -τερ/τρ, -νερ/ν[δ]ρ)			
	(τὸ) ἔτος *year*	(ὁ) πατήρ *father*	(ἡ) μήτηρ *mother*	(ἡ) θυγάτηρ *daughter*	(ὁ) ἀνήρ *man*
NS	ἔτος	πατήρ	μήτηρ	θυγάτηρ	ἀνήρ
VS	ἔτος	πάτερ	μῆτερ	θύγατερ	ἄνερ
GS	ἔτους	πατρός	μητρός	θυγατρός	ἀνδρός
DS	ἔτει	πατρί	μητρί	θυγατρί	ἀνδρί
AS	ἔτος	πατέρα	μητέρα	θυγατέρα	ἄνδρα
NP	ἔτη	πατέρες	μητέρες	θυγατέρες	ἄνδρες
GP	ἐτῶν, ἐτέων	πατέρων	μητέρων	θυγατέρων	ἄνδρων
DP	ἔτεσι(ν)	πατράσι(ν)	μητράσι(ν)	θυγατράσι(ν)	ἀνδράσι(ν)
AP	ἔτη	πατέρας	μητέρας	θυγατέρας	ἄνδρας

1.3.2 Vowel Stem

	ι	ευ	υ
	(ἡ) πόλις *city*	(ὁ) γραμματεύς *scribe*	(ὁ) ἰχθύς *fish*
NS	πόλις	γραμματεύς	ἰχθύς
VS	πόλι	γραμματεῦ	ἰχθύ
GS	πόλεως	γραμματέως	ἰχθύος
DS	πόλει	γραμματεῖ	ἰχθύι
AS	πόλιν	γραμματέα	ἰχθύν
NP	πόλεις	γραμματεῖς	ἰχθύες
GP	πόλεων	γραμματέων	ἰχθύων
DP	πόλεσι(ν)	γραμματεῦσι(ν)	ἰχθύσι(ν)
AP	πόλεις	γραμματεῖς	ἰχθύας

2 Pronouns

2.1 Relative

ὅς, ἥ, ὅ
who, which, what, that

	Masc.	Fem.	Neut.
NS	ὅς	ἥ	ὅ
GS	οὗ	ἧς	οὗ
DS	ᾧ	ᾗ	ᾧ
AS	ὅν	ἥν	ὅ
NP	οἵ	αἵ	ἅ
GP	ὧν	ὧν	ὧν
DP	οἷς	αἷς	οἷς
AP	οὕς	ἅς	ἅ

2.2 Intensive

αὐτός, αὐτή, αὐτό
self; he, she, it; (pl.) they

	Masc.	Fem.	Neut.
NS	αὐτός	αὐτή	αὐτό
GS	αὐτοῦ	αὐτῆς	αὐτοῦ
DS	αὐτῷ	αὐτῇ	αὐτῷ
AS	αὐτόν	αὐτήν	αὐτό
NP	αὐτοί	αὐταί	αὐτά
GP	αὐτῶν	αὐτῶν	αὐτῶν
DP	αὐτοῖς	αὐταῖς	αὐτοῖς
AP	αὐτούς	αὐτάς	αὐτά

2.3 Interrogative and Indefinite

	τίς, τί *who? which? what?*		τις, τι *someone, something*	
	Masc./Fem.	Neut.	Masc./Fem.	Neut.
NS	τίς	τί	τις	τι
GS	τίνος	τίνος	τινός	τινός
DS	τίνι	τίνι	τινί	τινί
AS	τίνα	τί	τινά	τι

NP	τίνες	τίνα	τινές	τινά
GP	τίνων	τίνων	τινῶν	τινῶν
DP	τίσι(ν)	τίσι(ν)	τισί(ν)	τισί(ν)
AP	τίνας	τίνα	τινάς	τινά

2.4 Demonstratives

NEAR	οὗτος, αὕτη, τοῦτο *this, these*			ὅδε, ἥδε, τόδε *this, these*		
	Masc.	Fem.	Neut.	Masc.	Fem.	Neut.
NS	οὗτος	αὕτη	τοῦτο	ὅδε	ἥδε	τόδε
GS	τούτου	ταύτης	τούτου	τοῦδε	τῆσδε	τοῦδε
DS	τούτῳ	ταύτῃ	τούτῳ	τῷδε	τῇδε	τῷδε
AS	τοῦτον	ταύτην	τοῦτο	τόνδε	τήνδε	τόδε
NP	οὗτοι	αὗται	ταῦτα	οἵδε	αἵδε	τάδε
GP	τούτων	τούτων	τούτων	τῶνδε	τῶνδε	τῶνδε
DP	τούτοις	ταύταις	τούτοις	τοῖσδε	ταῖσδε	τοῖσδε
AP	τούτους	ταύτας	ταῦτα	τούσδε	τάσδε	τάδε

REMOTE	ἐκεῖνος, ἐκείνη, ἐκεῖνο *that, those*		
	Masc.	Fem.	Neut.
NS	ἐκεῖνος	ἐκείνη	ἐκεῖνο
GS	ἐκείνου	ἐκείνης	ἐκείνου
DS	ἐκείνῳ	ἐκείνῃ	ἐκείνῳ
AS	ἐκεῖνον	ἐκείνην	ἐκεῖνο
NP	ἐκεῖνοι	ἐκεῖναι	ἐκεῖνα
GP	ἐκείνων	ἐκείνων	ἐκείνων
DP	ἐκείνοις	ἐκείναις	ἐκείνοις
AP	ἐκείνους	ἐκείνας	ἐκεῖνα

2.5 Personal

	FIRST PERSON	SECOND PERSON
NS	ἐγώ	σύ
GS	ἐμοῦ, μου	σοῦ, σου
DS	ἐμοί, μοι	σοί, σοι
AS	ἐμέ, με	σέ, σε
NP	ἡμεῖς	ὑμεῖς
GP	ἡμῶν	ὑμῶν
DP	ἡμῖν	ὑμῖν
AP	ἡμᾶς	ὑμᾶς

2.6   Possessive

FIRST PERSON	ἐμός, ἐμή, ἐμόν *my*			ἡμέτερος, ἡμετέρα, ἡμέτερον *our*		
	Masc.	Fem.	Neut.	Masc.	Fem.	Neut.
NS	ἐμός	ἐμή	ἐμόν	ἡμέτερος	ἡμετέρα	ἡμέτερον
GS	ἐμοῦ	ἐμῆς	ἐμοῦ	ἡμετέρου	ἡμετέρας	ἡμετέρου
DS	ἐμῷ	ἐμῇ	ἐμῷ	ἡμετέρῳ	ἡμετέρα	ἡμετέρῳ
AS	ἐμόν	ἐμήν	ἐμόν	ἡμέτερον	ἡμετέραν	ἡμέτερον
NP	ἐμοί	ἐμαί	ἐμά	ἡμέτεροι	ἡμέτεραι	ἡμέτερα
GP	ἐμῶν	ἐμῶν	ἐμῶν	ἡμετέρων	ἡμετέρων	ἡμετέρων
DP	ἐμοῖς	ἐμαῖς	ἐμοῖς	ἡμετέροις	ἡμετέραις	ἡμετέροις
AP	ἐμούς	ἐμάς	ἐμά	ἡμετέρους	ἡμετέρας	ἡμέτερα

SECOND PERSON	σός, σή, σόν *your* (sg.)			ὑμέτερος, ὑμετέρα, ὑμέτερον *your* (pl.)		
	Masc.	Fem.	Neut.	Masc.	Fem.	Neut.
NS	σός	σή	σόν	ὑμέτερος	ὑμετέρα	ὑμέτερον
GS	σοῦ	σῆς	σοῦ	ὑμετέρου	ὑμετέρας	ὑμετέρου
DS	σῷ	σῇ	σῷ	ὑμετέρῳ	ὑμετέρα	ὑμετέρῳ
AS	σόν	σήν	σόν	ὑμέτερον	ὑμετέραν	ὑμέτερον
NP	σοί	σαί	σά	ὑμέτεροι	ὑμέτεραι	ὑμέτερα
GP	σῶν	σῶν	σῶν	ὑμετέρων	ὑμετέρων	ὑμετέρων
DP	σοῖς	σαῖς	σοῖς	ὑμετέροις	ὑμετέραις	ὑμετέροις
AP	σούς	σάς	σά	ὑμετέρους	ὑμετέρας	ὑμέτερα

2.7   Reflexive

FIRST/SECOND PERSONS	ἐμαυτοῦ *myself, ourselves*		σεαυτοῦ *yourself, yourselves*	
	Masc.	Fem.	Masc.	Fem.
GS	ἐμαυτοῦ	ἐμαυτῆς	σεαυτοῦ	σεαυτῆς
DS	ἐμαυτῷ	ἐμαυτῇ	σεαυτῷ	σεαυτῇ
AS	ἐμαυτόν	ἐμαυτήν	σεαυτόν	σεαυτήν
GP	ἑαυτῶν	ἑαυτῶν	ἑαυτῶν	ἑαυτῶν
DP	ἑαυτοῖς	ἑαυταῖς	ἑαυτοῖς	ἑαυταῖς
AP	ἑαυτούς	ἑαυτάς	ἑαυτούς	ἑαυτάς

THIRD PERSON	ἑαυτοῦ *himself, herself, itself; themselves*		
	Masc.	Fem.	Neut.
GS	ἑαυτοῦ	ἑαυτῆς	ἑαυτοῦ
DS	ἑαυτῷ	ἑαυτῇ	ἑαυτῷ
AS	ἑαυτόν	ἑαυτήν	ἑαυτόν

GP	ἑαυτῶν	ἑαυτῶν	ἑαυτῶν
DP	ἑαυτοῖς	ἑαυταῖς	ἑαυτοῖς
AP	ἑαυτούς	ἑαυτάς	ἑαυτά

2.8 Reciprocal

	ἀλλήλων
	each other
GP	ἀλλήλων
DP	ἀλλήλοις
AP	ἀλλήλους

3 Adjectives

3.1 Article

ὁ, ἡ, τό
the

	Masc.	Fem.	Neut.
NS	ὁ	ἡ	τό
GS	τοῦ	τῆς	τοῦ
DS	τῷ	τῇ	τῷ
AS	τόν	τήν	τό
NP	οἱ	αἱ	τά
GP	τῶν	τῶν	τῶν
DP	τοῖς	ταῖς	τοῖς
AP	τούς	τάς	τά

3.2 First and Second Declension

3.2.1 Regular

ἅγιος, -α, -ον
holy

ἀγαθός, -ή, -όν
good

	Masc.	Fem.	Neut.	Masc.	Fem.	Neut.
NS	ἅγιος	ἁγία	ἅγιον	ἀγαθός	ἀγαθή	ἀγαθόν
VS	ἅγιε	ἁγία	ἅγιον	ἀγαθέ	ἀγαθή	ἀγαθόν
GS	ἁγίου	ἁγίας	ἁγίου	ἀγαθοῦ	ἀγαθῆς	ἀγαθοῦ
DS	ἁγίῳ	ἁγίᾳ	ἁγίῳ	ἀγαθῷ	ἀγαθῇ	ἀγαθῷ
AS	ἅγιον	ἁγίαν	ἅγιον	ἀγαθόν	ἀγαθήν	ἀγαθόν

NP	ἅγιοι	ἅγιαι	ἅγια	ἀγαθοί	ἀγαθαί	ἀγαθά
GP	ἁγίων	ἁγίων	ἁγίων	ἀγαθῶν	ἀγαθῶν	ἀγαθῶν
DP	ἁγίοις	ἁγίαις	ἁγίοις	ἀγαθοῖς	ἀγαθαῖς	ἀγαθοῖς
AP	ἁγίους	ἁγίας	ἅγια	ἀγαθούς	ἀγαθάς	ἀγαθά

3.2.2 Stem Variation

πολ ~ πολλ
πολύς, πολλή, πολύ
much, many

μεγα ~ μεγαλ
μέγας, μεγάλη, μέγα
great

	Masc.	Fem.	Neut.	Masc.	Fem.	Neut.
NS	πολύς	πολλή	πολύ	μέγας	μεγάλη	μέγα
VS	πολύς	πολλή	πολύ	μεγάλε	μεγάλη	μέγα
GS	πολλοῦ	πολλῆς	πολλοῦ	μεγάλου	μεγάλης	μεγάλου
DS	πολλῷ	πολλῇ	πολλῷ	μεγάλῳ	μεγάλη	μεγάλῳ
AS	πολύν	πολλήν	πολύ	μέγαν	μεγάλην	μέγα
NP	πολλοί	πολλαί	πολλά	μεγάλοι	μεγάλαι	μεγάλα
GP	πολλῶν	πολλῶν	πολλῶν	μεγάλων	μεγάλων	μεγάλων
DP	πολλοῖς	πολλαῖς	πολλοῖς	μεγάλοις	μεγάλαις	μεγάλοις
AP	πολλούς	πολλάς	πολλά	μεγάλους	μεγάλας	μεγάλα

3.2.3 Contracted

χρυσοῦς, χρυσῆ, χρυσοῦν
golden

	Masc.	Fem.	Neut.
N/VS	χρυσοῦς (χρυσέος)	χρυσῆ (χρυσέα)	χρυσοῦν (χρυσέον)
GS	χρυσοῦ (χρυσέου)	χρυσῆς (χρυσέας)	χρυσοῦ (χρυσέου)
DS	χρυσῷ (χρυσέῳ)	χρυσῇ (χρυσέᾳ)	χρυσῷ (χρυσέῳ)
AS	χρυσοῦν (χρυσέον)	χρυσῆν (χρυσέαν)	χρυσοῦν (χρυσέον)
NP	χρυσοῖ (χρυσέοι)	χρυσαῖ (χρυσέαι)	χρυσᾶ (χρυσέα)
GP	χρυσῶν (χρυσέων)	χρυσῶν (χρυσέων)	χρυσῶν (χρυσέων)
DP	χρυσοῖς (χρυσέοις)	χρυσαῖς (χρυσέαις)	χρυσοῖς (χρυσέοις)
AP	χρυσοῦς (χρυσέους)	χρυσᾶς (χρυσέας)	χρυσᾶ (χρυσέα)

3.3 First and Third Declension

3.3.1 Consonant Stem

πᾶς, πᾶσα, πᾶν
all, every

εἷς, μία, ἕν
one, someone

	Masc.	Fem.	Neut.	Masc.	Fem.	Neut.
N/VS	πᾶς	πᾶσα	πᾶν	εἷς	μία	ἕν
GS	παντός	πάσης	παντός	ἑνός	μιᾶς	ἑνός
DS	παντί	πάση	παντί	ἑνί	μιᾷ	ἑνί
AS	πάντα	πᾶσαν	πᾶν	ἕνα	μίαν	ἕν

NP	πάντες	πᾶσαι	πάντα
GP	πάντων	πασῶν	πάντων
DP	πᾶσι(ν)	πάσαις	πᾶσι(ν)
AP	πάντας	πάσας	πάντα

3.3.2 Vowel Stem

ἡδύς, ἡδεῖα, ἡδύ
sweet

	Masc.	Fem.	Neut.
NS	ἡδύς	ἡδεῖα	ἡδύ
VS	ἡδύ	ἡδεῖα	ἡδύ
GS	ἡδέος	ἡδείας	ἡδέος
DS	ἡδεῖ	ἡδείᾳ	ἡδεῖ
AS	ἡδύν	ἡδεῖαν	ἡδύ
NP	ἡδεῖς	ἡδεῖαι	ἡδέα
GP	ἡδέων	ἡδειῶν	ἡδέων
DP	ἡδέσι(ν)	ἡδείαις	ἡδέσι(ν)
AP	ἡδεῖς	ἡδείας	ἡδέα

3.4 Second Declension Only

	ἀκάθαρτος, -ον		ἐπουράνιος, -ον	
	impure, unclean		*heavenly*	
	Masc./Fem.	Neut.	Masc./Fem.	Neut.
NS	ἀκάθαρτος	ἀκάθαρτον	ἐπουράνιος	ἐπουράνιον
VS	ἀκάθαρτε	ἀκάθαρτον	ἐπουράνιε	ἐπουράνιον
GS	ἀκαθάρτου	ἀκαθάρτου	ἐπουρανίου	ἐπουρανίου
DS	ἀκαθάρτῳ	ἀκαθάρτῳ	ἐπουρανίῳ	ἐπουρανίῳ
AS	ἀκάθαρτον	ἀκάθαρτον	ἐπουράνιον	ἐπουράνιον
NP	ἀκάθαρτοι	ἀκάθαρτα	ἐπουράνιοι	ἐπουράνια
GP	ἀκαθάρτων	ἀκαθάρτων	ἐπουρανίων	ἐπουρανίων
DP	ἀκαθάρτοις	ἀκαθάρτοις	ἐπουρανίοις	ἐπουρανίοις
AP	ἀκαθάρτους	ἀκάθαρτα	ἐπουρανίους	ἐπουράνια

3.5   Third Declension Only

ἀληθής, -ές
true

	Masc./Fem.	Neut.
NS	ἀληθής	ἀληθές
VS	ἀληθές	ἀληθές
GS	ἀληθοῦς	ἀληθοῦς
DS	ἀληθεῖ	ἀληθεῖ
AS	ἀληθῆ	ἀληθές
NP	ἀληθεῖς	ἀληθῆ
GP	ἀληθῶν	ἀληθῶν
DP	ἀληθέσι(ν)	ἀληθέσι(ν)
AP	ἀληθεῖς	ἀληθῆ

3.6   Comparatives

3.6.1   Regular

3.6.1.1   First and Second Declension

(ἄξιος) ἀξιώτερος, -α, -ον
more worthy

(πονηρός) πονηρότερος, -α, -ον
more evil

	Masc.	Fem.	Neut.	Masc.	Fem.	Neut.
NS	ἀξιώτερος	ἀξιωτέρα	ἀξιώτερον	πονηρότερος	πονηροτέρα	πονηρότερον
VS	ἀξιώτερε	ἀξιωτέρα	ἀξιώτερον	πονηρότερε	πονηροτέρα	πονηρότερον
GS	ἀξιωτέρου	ἀξιωτέρας	ἀξιωτέρου	πονηροτέρου	πονηροτέρας	πονηροτέρου
DS	ἀξιωτέρῳ	ἀξιωτέρα	ἀξιωτέρῳ	πονηροτέρῳ	πονηροτέρα	πονηροτέρῳ
AS	ἀξιώτερον	ἀξιωτέραν	ἀξιώτερον	πονηρότερον	πονηροτέραν	πονηρότερον
NP	ἀξιώτεροι	ἀξιώτεραι	ἀξιώτερα	πονηρότεροι	πονηρότεραι	πονηρότερα
GP	ἀξιωτέρων	ἀξιωτέρων	ἀξιωτέρων	πονηροτέρων	πονηροτέρων	πονηροτέρων
DP	ἀξιωτέροις	ἀξιωτέραις	ἀξιωτέροις	πονηροτέροις	πονηροτέραις	πονηροτέροις
AP	ἀξιωτέρους	ἀξιωτέρας	ἀξιώτερα	πονηροτέρους	πονηροτέρας	πονηρότερα

3.6.1.2   Third Declension Only

(ἥδυς) ἡδίων, ἥδιον
sweeter

	Masc./Fem.	Neut.
NS	ἡδίων	ἥδιον
VS	ἥδιον	ἥδιον
GS	ἡδίονος	ἡδίονος
DS	ἡδίονι	ἡδίονι
AS	ἡδίονα, ἡδίω	ἥδιον

NP	ἡδίονες, ἡδίους	ἡδίονα, ἡδίω
GP	ἡδιόνων	ἡδιόνων
DP	ἡδίοσι(ν)	ἡδίοσι(ν)
AP	ἡδίονας, ἡδίους	ἡδίονα, ἡδίω

3.6.2 Irregular (Third Declension Only)

	(ἀγαθός) κρείττων, -ον *better*		(μέγας) μείζων, -ον *greater*	
	Masc./Fem.	Neut.	Masc./Fem.	Neut.
NS	κρείττων	κρεῖττον	μείζων	μεῖζον
VS	κρεῖττον	κρεῖττον	μεῖζον	μεῖζον
GS	κρείττονος	κρείττονος	μείζονος	μείζονος
DS	κρείττονι	κρείττονι	μείζονι	μείζονι
AS	κρείττονα	κρεῖττον	μείζονα	μεῖζον
NP	κρείττονες	κρείττονα	μείζονες	μείζονα
GP	κρειττόνων	κρειττόνων	μειζόνων	μειζόνων
DP	κρείττοσι(ν)	κρείττοσι(ν)	μείζοσι(ν)	μείζοσι(ν)
AP	κρείττονας	κρείττονα	μείζονας	μείζονα

3.7 Superlatives

	(ἄξιος) ἀξιώτατος, -η, -ον *most worthy*			(ἡδύς) ἥδιστος, -η, -ον *sweetest*		
	Masc.	Fem.	Neut.	Masc.	Fem.	Neut.
NS	ἀξιώτατος	ἀξιωτάτη	ἀξιώτατον	ἥδιστος	ἡδίστη	ἥδιστον
VS	ἀξιώτατε	ἀξιωτάτη	ἀξιώτατον	ἥδιστε	ἡδίστη	ἥδιστον
GS	ἀξιωτάτου	ἀξιωτάτης	ἀξιωτάτου	ἡδίστου	ἡδίστης	ἡδίστου
DS	ἀξιωτάτῳ	ἀξιωτάτη	ἀξιωτάτῳ	ἡδίστῳ	ἡδίστη	ἡδίστῳ
AS	ἀξιώτατον	ἀξιωτάτην	ἀξιώτατον	ἥδιστον	ἡδίστην	ἥδιστον
NP	ἀξιώτατοι	ἀξιώταται	ἀξιώτατα	ἥδιστοι	ἥδισται	ἥδιστα
GP	ἀξιωτάτων	ἀξιωτάτων	ἀξιωτάτων	ἡδίστων	ἡδίστων	ἡδίστων
DP	ἀξιωτάτοις	ἀξιωτάταις	ἀξιωτάτοις	ἡδίστοις	ἡδίσταις	ἡδίστοις
AP	ἀξιωτάτους	ἀξιωτάτας	ἀξιώτατα	ἡδίστους	ἡδίστας	ἥδιστα

4   Participles

4.1   ω-verbs

4.1.1   Present (noncontract)

	ACTIVE *loosing*			MIDDLE/PASSIVE *being involved in loosing* or *being loosed*		
	Masc.	Fem.	Neut.	Masc.	Fem.	Neut.
NS	λύων	λύουσα	λῦον	λυόμενος	λυομένη	λυόμενον
VS	λύων	λύουσα	λῦον	λυόμενε	λυομένη	λυόμενον
GS	λύοντος	λυούσης	λύοντος	λυομένου	λυομένης	λυομένου
DS	λύοντι	λυούσῃ	λύοντι	λυομένῳ	λυομένῃ	λυομένῳ
AS	λύοντα	λύουσαν	λῦον	λυόμενον	λυομένην	λυόμενον
NP	λύοντες	λύουσαι	λύοντα	λυόμενοι	λυόμεναι	λυόμενα
GP	λυόντων	λυουσῶν	λυόντων	λυομένων	λυομένων	λυομένων
DP	λύουσι(ν)	λυούσαις	λύουσι(ν)	λυομένοις	λυομέναις	λυομένοις
AP	λύοντας	λυούσας	λύοντα	λυομένους	λυομένας	λυόμενα

4.1.2   First Aorist

	ACTIVE *loosing*			MIDDLE *being involved in loosing*		
	Masc.	Fem.	Neut.	Masc.	Fem.	Neut.
NS	λύσας	λύσασα	λῦσαν	λυσάμενος	λυσαμένη	λυσάμενον
VS	λύσας	λύσασα	λῦσαν	λυσάμενε	λυσαμένη	λυσάμενον
GS	λύσαντος	λυσάσης	λύσαντος	λυσαμένου	λυσαμένης	λυσαμένου
DS	λύσαντι	λυσάσῃ	λύσαντι	λυσαμένῳ	λυσαμένῃ	λυσαμένῳ
AS	λύσαντα	λύσασαν	λῦσαν	λυσάμενον	λυσαμένην	λυσάμενον
NP	λύσαντες	λύσασαι	λύσαντα	λυσάμενοι	λυσάμεναι	λυσάμενα
GP	λυσάντων	λυσασῶν	λυσάντων	λυσαμένων	λυσαμένων	λυσαμένων
DP	λύσασι(ν)	λυσάσαις	λύσασι(ν)	λυσαμένοις	λυσαμέναις	λυσαμένοις
AP	λύσαντας	λυσάσας	λύσαντα	λυσαμένους	λυσαμένας	λυσάμενα

4.1.3   Second Aorist

	ACTIVE *seeing*			MIDDLE *being involved in seeing*		
	Masc.	Fem.	Neut.	Masc.	Fem.	Neut.
NS	ἰδών	ἰδοῦσα	ἰδόν	ἰδόμενος	ἰδομένη	ἰδόμενον
VS	ἰδών	ἰδοῦσα	ἰδόν	ἰδόμενε	ἰδομένη	ἰδόμενον
GS	ἰδόντος	ἰδούσης	ἰδόντος	ἰδομένου	ἰδομένης	ἰδομένου
DS	ἰδόντι	ἰδούσῃ	ἰδόντι	ἰδομένῳ	ἰδομένῃ	ἰδομένῳ
AS	ἰδόντα	ἰδοῦσαν	ἰδόν	ἰδόμενον	ἰδομένην	ἰδόμενον

	Masc.	Fem.	Neut.	Masc.	Fem.	Neut.
NP	ἰδόντες	ἰδοῦσαι	ἰδόντα	ἰδόμενοι	ἰδόμεναι	ἰδόμενα
GP	ἰδόντων	ἰδουσῶν	ἰδόντων	ἰδομένων	ἰδομένων	ἰδομένων
DP	ἰδοῦσι(ν)	ἰδούσαις	ἰδοῦσι(ν)	ἰδομένοις	ἰδομέναις	ἰδομένοις
AP	ἰδόντας	ἰδούσας	ἰδόντα	ἰδομένους	ἰδομένας	ἰδόμενα

4.1.4 Aorist Passive

WITH θ

being loosed

WITHOUT θ

being turned

	Masc.	Fem.	Neut.	Masc.	Fem.	Neut.
N/VS	λυθείς	λυθεῖσα	λυθέν	στραφείς	στραφεῖσα	στραφέν
GS	λυθέντος	λυθείσης	λυθέντος	στραφέντος	στραφείσης	στραφέντος
DS	λυθέντι	λυθείσῃ	λυθέντι	στραφέντι	στραφείσῃ	στραφέντι
AS	λυθέντα	λυθεῖσαν	λυθέν	στραφέντα	στραφεῖσαν	στραφέν
NP	λυθέντες	λυθεῖσαι	λυθέντα	στραφέντες	στραφεῖσαι	στραφέντα
GP	λυθέντων	λυθεισῶν	λυθέντων	στραφέντων	στραφεισῶν	στραφέντων
DP	λυθεῖσι(ν)	λυθείσαις	λυθεῖσι(ν)	στραφεῖσι(ν)	στραφείσαις	στραφεῖσι(ν)
AP	λυθέντας	λυθείσας	λυθέντα	στραφέντας	στραφείσας	στραφέντα

4.1.5 Perfect

WITH κ ACTIVE

having loosed

MIDDLE/PASSIVE

having been involved in loosing or
having been loosed

	Masc.	Fem.	Neut.	Masc.	Fem.	Neut.
NS	λελυκώς	λελυκυῖα	λελυκός	λελυμένος	λελυμένη	λελυμένον
VS	λελυκώς	λελυκυῖα	λελυκός	λελυμένε	λελυμένη	λελυμένον
GS	λελυκότος	λελυκυίας	λελυκότος	λελυμένου	λελυμένης	λελυμένου
DS	λελυκότι	λελυκυίᾳ	λελυκότι	λελυμένῳ	λελυμένῃ	λελυμένῳ
AS	λελυκότα	λελυκυῖαν	λελυκός	λελυμένον	λελυμένην	λελυμένον
NP	λελυκότες	λελυκυῖαι	λελυκότα	λελυμένοι	λελυμέναι	λελυμένα
GP	λελυκότων	λελυκυιῶν	λελυκότων	λελυμένων	λελυμένων	λελυμένων
DP	λελυκόσι(ν)	λελυκυίαις	λελυκόσι(ν)	λελυμένοις	λελυμέναις	λελυμένοις
AP	λελυκότας	λελυκυίας	λελυκότα	λελυμένους	λελυμένας	λελυμένα

WITHOUT κ ACTIVE

having known

	Masc.	Fem.	Neut.
NS	εἰδώς	εἰδυῖα	εἰδός
VS	εἰδώς	εἰδυῖα	εἰδός
GS	εἰδότος	εἰδυίας	εἰδότος
DS	εἰδότι	εἰδυίᾳ	εἰδότι
AS	εἰδότα	εἰδυῖαν	εἰδός

	Masc.	Fem.	Neut.
NP	εἰδότες	εἰδυῖαι	εἰδότα
GP	εἰδότων	εἰδυιῶν	εἰδότων
DP	εἰδόσι(ν)	εἰδυίαις	εἰδόσι(ν)
AP	εἰδότας	εἰδυίας	εἰδότα

4.1.6 Future

	ACTIVE *expecting to loose*			MIDDLE *expecting to be involved in loosing*		
	Masc.	Fem.	Neut.	Masc.	Fem.	Neut.
NS	λύσων	λύσουσα	λῦσον	λυσόμενος	λυσομένη	λυσόμενον
VS	λύσων	λύσουσα	λῦσον	λυσόμενε	λυσομένη	λυσόμενον
GS	λύσοντος	λυσούσης	λύσοντος	λυσομένου	λυσομένης	λυσομένου
DS	λύσοντι	λυσούσῃ	λύσοντι	λυσομένῳ	λυσομένῃ	λυσομένῳ
AS	λύσοντα	λύσουσαν	λῦσον	λυσόμενον	λυσομένην	λυσόμενον
NP	λύσοντες	λύσουσαι	λύσοντα	λυσόμενοι	λυσόμεναι	λυσόμενα
GP	λυσόντων	λυσουσῶν	λυσόντων	λυσομένων	λυσομένων	λυσομένων
DP	λύσουσι(ν)	λυσούσαις	λύσουσι(ν)	λυσομένοις	λυσομέναις	λυσομένοις
AP	λύσοντας	λυσούσας	λύσοντα	λυσομένους	λυσομένας	λυσόμενα

	PASSIVE *expecting to be loosed*		
	Masc.	Fem.	Neut.
NS	λυθησόμενος	λυθησομένη	λυθησόμενον
VS	λυθησόμενε	λυθησομένη	λυθησόμενον
GS	λυθησομένου	λυθησομένης	λυθησομένου
DS	λυθησομένῳ	λυθησομένη	λυθησομένῳ
AS	λυθησόμενον	λυθησομένην	λυθησόμενον
NP	λυθησόμενοι	λυθησόμεναι	λυθησόμενα
GP	λυθησομένων	λυθησομένων	λυθησομένων
DP	λυθησομένοις	λυθησομέναις	λυθησομένοις
AP	λυθησομένους	λυθησομένας	λυθησόμενα

4.1.7 Contract Verbs

4.1.7.1 Present (αω)

	ACTIVE *honoring*			MIDDLE/PASSIVE *being involved in honoring* or *being honored*		
	Masc.	Fem.	Neut.	Masc.	Fem.	Neut.
NS	τιμῶν	τιμῶσα	τιμῶν	τιμώμενος	τιμωμένη	τιμώμενον
VS	τιμῶν	τιμῶσα	τιμῶν	τιμώμενε	τιμωμένη	τιμώμενον
GS	τιμῶντος	τιμώσης	τιμῶντος	τιμωμένου	τιμωμένης	τιμωμένου
DS	τιμῶντι	τιμώσῃ	τιμῶντι	τιμωμένῳ	τιμωμένῃ	τιμωμένῳ
AS	τιμῶντα	τιμῶσαν	τιμῶν	τιμώμενον	τιμωμένην	τιμώμενον

	Masc.	Fem.	Neut.	Masc.	Fem.	Neut.
NP	τιμῶντες	τιμῶσαι	τιμῶντα	τιμώμενοι	τιμώμεναι	τιμώμενα
GP	τιμώντων	τιμωσῶν	τιμώντων	τιμωμένων	τιμωμένων	τιμωμένων
DP	τιμῶσι(ν)	τιμώσαις	τιμῶσι(ν)	τιμωμένοις	τιμωμέναις	τιμωμένοις
AP	τιμῶντας	τιμώσας	τιμῶντα	τιμωμένους	τιμωμένας	τιμώμενα

4.1.7.2 Present (εω, with the same endings also for οω)

	ACTIVE			MIDDLE/PASSIVE		
	doing			*being involved in doing* or *being done*		
	Masc.	Fem.	Neut.	Masc.	Fem.	Neut.
NS	ποιῶν	ποιοῦσα	ποιοῦν	ποιούμενος	ποιουμένη	ποιούμενον
VS	ποιῶν	ποιοῦσα	ποιοῦν	ποιούμενε	ποιουμένη	ποιούμενον
GS	ποιοῦντος	ποιούσης	ποιοῦντος	ποιουμένου	ποιουμένης	ποιουμένου
DS	ποιοῦντι	ποιούσῃ	ποιοῦντι	ποιουμένῳ	ποιουμένῃ	ποιουμένῳ
AS	ποιοῦντα	ποιοῦσαν	ποιοῦν	ποιούμενον	ποιουμένην	ποιούμενον
NP	ποιοῦντες	ποιοῦσαι	ποιοῦντα	ποιούμενοι	ποιούμεναι	ποιούμενα
GP	ποιούντων	ποιουσῶν	ποιούντων	ποιουμένων	ποιουμένων	ποιουμένων
DP	ποιοῦσι(ν)	ποιούσαις	ποιοῦσι(ν)	ποιουμένοις	ποιουμέναις	ποιουμένοις
AP	ποιοῦντας	ποιούσας	ποιοῦντα	ποιουμένους	ποιουμένας	ποιούμενα

4.2 μι-Verbs[1]

4.2.1 δίδωμι

PRESENT	ACTIVE			MIDDLE/PASSIVE		
	giving			*being involved in giving* or *being given*		
	Masc.	Fem.	Neut.	Masc.	Fem.	Neut.
NS	διδούς	διδοῦσα	διδόν	διδόμενος	διδομένη	διδόμενον
VS	διδούς	διδοῦσα	διδόν	διδόμενε	διδομένη	διδόμενον
GS	διδόντος	διδούσης	διδόντος	διδομένου	διδομένης	διδομένου
DS	διδόντι	διδούσῃ	διδόντι	διδομένῳ	διδομένῃ	διδομένῳ
AS	διδόντα	διδοῦσαν	διδόν	διδόμενον	διδομένην	διδόμενον
NP	διδόντες	διδοῦσαι	διδόντα	διδόμενοι	διδόμεναι	διδόμενα
GP	διδόντων	διδουσῶν	διδόντων	διδομένων	διδομένων	διδομένων
DP	διδοῦσι(ν)	διδούσαις	διδοῦσι(ν)	διδομένοις	διδομέναις	διδομένοις
AP	διδόντας	διδούσας	διδόντα	διδομένους	διδομένας	διδόμενα

---

1. The paradigms in this section do not include aorist passive tense-forms, which are formed exactly as they are for ω-verbs.

SECOND AORIST	ACTIVE *giving*			MIDDLE *being involved in giving*		
	Masc.	Fem.	Neut.	Masc.	Fem.	Neut.
NS	δούς	δοῦσα	δόν	δόμενος	δομένη	δόμενον
VS	δούς	δοῦσα	δόν	δόμενε	δομένη	δόμενον
GS	δόντος	δούσης	δόντος	δομένου	δομένης	δομένου
DS	δόντι	δούσῃ	δόντι	δομένῳ	δομένῃ	δομένῳ
AS	δόντα	δοῦσαν	δόν	δόμενον	δομένην	δόμενον
NP	δόντες	δοῦσαι	δόντα	δόμενοι	δόμεναι	δόμενα
GP	δόντων	δουσῶν	δόντων	δομένων	δομένων	δομένων
DP	δοῦσι(ν)	δούσαις	δοῦσι(ν)	δομένοις	δομέναις	δομένοις
AP	δόντας	δούσας	δόντα	δομένους	δομένας	δόμενα

4.2.2 ἵημι

PRESENT	ACTIVE *throwing*			MIDDLE/PASSIVE *being involved in throwing* or *being thrown*		
	Masc.	Fem.	Neut.	Masc.	Fem.	Neut.
NS	ἱείς	ἱεῖσα	ἱέν	ἱέμενος	ἱεμένη	ἱέμενον
VS	ἱείς	ἱεῖσα	ἱέν	ἱέμενε	ἱεμένη	ἱέμενον
GS	ἱέντος	ἱείσης	ἱέντος	ἱεμένου	ἱεμένης	ἱεμένου
DS	ἱέντι	ἱείσῃ	ἱέντι	ἱεμένῳ	ἱεμένῃ	ἱεμένῳ
AS	ἱέντα	ἱεῖσαν	ἱέν	ἱέμενον	ἱεμένην	ἱέμενον
NP	ἱέντες	ἱεῖσαι	ἱέντα	ἱέμενοι	ἱέμεναι	ἱέμενα
GP	ἱέντων	ἱεισῶν	ἱέντων	ἱεμένων	ἱεμένων	ἱεμένων
DP	ἱεῖσι(ν)	ἱείσαις	ἱεῖσι(ν)	ἱεμένοις	ἱεμέναις	ἱεμένοις
AP	ἱέντας	ἱείσας	ἱέντα	ἱεμένους	ἱεμένας	ἱέμενα

SECOND AORIST	ACTIVE *throwing*			MIDDLE *being involved in throwing*		
	Masc.	Fem.	Neut.	Masc.	Fem.	Neut.
NS	εἵς	εἷσα	ἕν	ἕμενος	ἑμένη	ἕμενον
VS	εἵς	εἷσα	ἕν	ἕμενε	ἑμένη	ἕμενον
GS	ἕντος	εἵσης	ἕντος	ἑμένου	ἑμένης	ἑμένου
DS	ἕντι	εἵσῃ	ἕντι	ἑμένῳ	ἑμένῃ	ἑμένῳ
AS	ἕντα	εἷσαν	ἕν	ἕμενον	ἑμένην	ἕμενον
NP	ἕντες	εἷσαι	ἕντα	ἕμενοι	ἕμεναι	ἕμενα
GP	ἕντων	εἱσῶν	ἕντων	ἑμένων	ἑμένων	ἑμένων
DP	εἷσι(ν)	εἵσαις	εἷσι(ν)	ἑμένοις	ἑμέναις	ἑμένοις
AP	ἕντας	εἵσας	ἕντα	ἑμένους	ἑμένας	ἕμενα

4.2.3   ἵστημι

	Masc.	Fem.	Neut.	Masc.	Fem.	Neut.

PRESENT ACTIVE — *standing*
MIDDLE/PASSIVE — *being involved in standing* or *being caused to stand*

	Masc.	Fem.	Neut.	Masc.	Fem.	Neut.
NS	ἱστάς	ἱστᾶσα	ἱστάν	ἱστάμενος	ἱσταμένη	ἱστάμενον
VS	ἱστάς	ἱστᾶσα	ἱστάν	ἱστάμενε	ἱσταμένη	ἱστάμενον
GS	ἱστάντος	ἱστάσης	ἱστάντος	ἱσταμένου	ἱσταμένης	ἱσταμένου
DS	ἱστάντι	ἱστάσῃ	ἱστάντι	ἱσταμένῳ	ἱσταμένῃ	ἱσταμένῳ
AS	ἱστάντα	ἱστᾶσαν	ἱστάν	ἱστάμενον	ἱσταμένην	ἱστάμενον
NP	ἱστάντες	ἱστᾶσαι	ἱστάντα	ἱστάμενοι	ἱστάμεναι	ἱστάμενα
GP	ἱστάντων	ἱστασῶν	ἱστάντων	ἱσταμένων	ἱσταμένων	ἱσταμένων
DP	ἱστᾶσι(ν)	ἱστάσαις	ἱστᾶσι(ν)	ἱσταμένοις	ἱσταμέναις	ἱσταμένοις
AP	ἱστάντας	ἱστάσας	ἱστάντα	ἱσταμένους	ἱσταμένας	ἱστάμενα

FIRST AORIST — ACTIVE — *standing*
MIDDLE — *being involved in standing*

	Masc.	Fem.	Neut.	Masc.	Fem.	Neut.
NS	στήσας	στήσασα	στῆσαν	στησάμενος	στησαμένη	στησάμενον
VS	στήσας	στήσασα	στῆσαν	στησάμενε	στησαμένη	στησάμενον
GS	στήσαντος	στησάσης	στήσαντος	στησαμένου	στησαμένης	στησαμένου
DS	στήσαντι	στησάσῃ	στήσαντι	στησαμένῳ	στησαμένῃ	στησαμένῳ
AS	στήσαντα	στήσασαν	στῆσαν	στησάμενον	στησαμένην	στησάμενον
NP	στήσαντες	στήσασαι	στήσαντα	στησάμενοι	στησάμεναι	στησάμενα
GP	στησάντων	στησασῶν	στησάντων	στησαμένων	στησαμένων	στησαμένων
DP	στήσασι(ν)	στησάσαις	στήσασι(ν)	στησαμένοις	στησαμέναις	στησαμένοις
AP	στήσαντας	στησάσας	στήσαντα	στησαμένους	στησαμένας	στησάμενα

SECOND AORIST — ACTIVE — *standing*
MIDDLE

	Masc.	Fem.	Neut.
NS	στάς	στᾶσα	στάν
VS	στάς	στᾶσα	στάν
GS	στάντος	στάσης	στάντος
DS	στάντι	στάσῃ	στάντι
AS	στάντα	στᾶσαν	στάν
NP	στάντες	στᾶσαι	στάντα
GP	στάντων	στασῶν	στάντων
DP	στᾶσι(ν)	στάσαις	στᾶσι(ν)
AP	στάντας	στάσας	στάντα

[lacks second aorist middle forms]

4.2.4 τίθημι

PRESENT	ACTIVE *placing*			MIDDLE/PASSIVE *being involved in placing* or *being placed*		
	Masc.	Fem.	Neut.	Masc.	Fem.	Neut.
NS	τιθείς	τιθεῖσα	τιθέν	τιθέμενος	τιθεμένη	τιθέμενον
VS	τιθείς	τιθεῖσα	τιθέν	τιθέμενε	τιθεμένη	τιθέμενον
GS	τιθέντος	τιθείσης	τιθέντος	τιθεμένου	τιθεμένης	τιθεμένου
DS	τιθέντι	τιθείσῃ	τιθέντι	τιθεμένῳ	τιθεμένῃ	τιθεμένῳ
AS	τιθέντα	τιθεῖσαν	τιθέν	τιθέμενον	τιθεμένην	τιθέμενον
NP	τιθέντες	τιθεῖσαι	τιθέντα	τιθέμενοι	τιθέμεναι	τιθέμενα
GP	τιθέντων	τιθεισῶν	τιθέντων	τιθεμένων	τιθεμένων	τιθεμένων
DP	τιθεῖσι(ν)	τιθείσαις	τιθεῖσι(ν)	τιθεμένοις	τιθεμέναις	τιθεμένοις
AP	τιθέντας	τιθείσας	τιθέντα	τιθεμένους	τιθεμένας	τιθέμενα

SECOND AORIST	ACTIVE *placing*			MIDDLE *being involved in placing*		
	Masc.	Fem.	Neut.	Masc.	Fem.	Neut.
NS	θείς	θεῖσα	θέν	θέμενος	θεμένη	θέμενον
VS	θείς	θεῖσα	θέν	θέμενε	θεμένη	θέμενον
GS	θέντος	θείσης	θέντος	θεμένου	θεμένης	θεμένου
DS	θέντι	θείσῃ	θέντι	θεμένῳ	θεμένῃ	θεμένῳ
AS	θέντα	θεῖσαν	θέν	θέμενον	θεμένην	θέμενον
NP	θέντες	θεῖσαι	θέντα	θέμενοι	θέμεναι	θέμενα
GP	θέντων	θεισῶν	θέντων	θεμένων	θεμένων	θεμένων
DP	θεῖσι(ν)	θείσαις	θεῖσι(ν)	θεμένοις	θεμέναις	θεμένοις
AP	θέντας	θείσας	θέντα	θεμένους	θεμένας	θέμενα

5   Verbs

5.1   ω-Verbs

5.1.1   Present (noncontract)

ACTIVE	Indicative	Subjunctive	Optative	Imperative
1S	λύω	λύω	λύοιμι	—
2S	λύεις	λύῃς	λύοις	λῦε
3S	λύει	λύῃ	λύοι	λυέτω
1P	λύομεν	λύωμεν	λύοιμεν	—
2P	λύετε	λύητε	λύοιτε	λύετε
3P	λύουσι(ν)	λύωσι(ν)	λύοιεν	λυέτωσαν

	Infinitive	Participle		
	λύειν	Masc.	Fem.	Neut.
NS		λύων	λύουσα	λῦον
GS		λύοντος	λυούσης	λύοντος

MIDDLE/ PASSIVE	Indicative	Subjunctive	Optative	Imperative
1S	λύομαι	λύωμαι	λυοίμην	—
2S	λύῃ	λύῃ	λύοιο	λύου
3S	λύεται	λύηται	λύοιτο	λυέσθω
1P	λυόμεθα	λυώμεθα	λυοίμεθα	—
2P	λύεσθε	λύησθε	λύοισθε	λύεσθε
3P	λύονται	λύωνται	λύοιντο	λυέσθωσαν

	Infinitive	Participle		
	λύεσθαι	Masc.	Fem.	Neut.
NS		λυόμενος	λυομένη	λυόμενον
GS		λυομένου	λυομένης	λυομένου

5.1.2 Imperfect (noncontract)

	ACTIVE Indicative	MIDDLE/PASSIVE Indicative
1S	ἔλυον	ἐλυόμην
2S	ἔλυες	ἐλύου
3S	ἔλυε(ν)	ἐλύετο
1P	ἐλύομεν	ἐλυόμεθα
2P	ἐλύετε	ἐλύεσθε
3P	ἔλυον	ἐλύοντο

5.1.3 First Aorist

ACTIVE	Indicative	Subjunctive	Optative	Imperative
1S	ἔλυσα	λύσω	λύσαιμι	—
2S	ἔλυσας	λύσῃς	λύσαις	λῦσον
3S	ἔλυσε(ν)	λύσῃ	λύσαι	λυσάτω
1P	ἐλύσαμεν	λύσωμεν	λύσαιμεν	—
2P	ἐλύσατε	λύσητε	λύσαιτε	λύσατε
3P	ἔλυσαν	λύσωσι(ν)	λύσαιεν	λυσάτωσαν

	Infinitive	Participle		
	λῦσαι	Masc.	Fem.	Neut.
NS		λύσας	λύσασα	λῦσαν
GS		λύσαντος	λυσάσης	λύσαντος

MIDDLE	*Indicative*	*Subjunctive*	*Optative*	*Imperative*
1S	ἐλυσάμην	λύσωμαι	λυσαίμην	—
2S	ἐλύσω	λύσῃ	λύσαιο	λῦσαι
3S	ἐλύσατο	λύσηται	λύσαιτο	λυσάσθω
1P	ἐλυσάμεθα	λυσώμεθα	λυσαίμεθα	—
2P	ἐλύσασθε	λύσησθε	λύσαισθε	λύσασθε
3P	ἐλύσαντο	λύσωνται	λύσαιντο	λυσάσθωσαν

	Infinitive	*Participle*		
	λύσασθαι	Masc.	Fem.	Neut.
NS		λυσάμενος	λυσαμένη	λυσάμενον
GS		λυσαμένου	λυσαμένης	λυσαμένου

5.1.4 Second Aorist

5.1.4.1 ω-verb type

ACTIVE	*Indicative*	*Subjunctive*	*Optative*	*Imperative*
1S	εἶδον	ἴδω	ἴδοιμι	—
2S	εἶδες	ἴδῃς	ἴδοις	ἰδέ
3S	εἶδε(ν)	ἴδῃ	ἴδοι	ἰδέτω
1P	εἴδομεν	ἴδωμεν	ἴδοιμεν	—
2P	εἴδετε	ἴδητε	ἴδοιτε	ἴδετε
3P	εἶδον	ἴδωσι(ν)	ἴδοιεν	ἰδέτωσαν

	Infinitive	*Participle*		
	ἰδεῖν	Masc.	Fem.	Neut.
NS		ἰδών	ἰδοῦσα	ἰδόν
GS		ἰδόντος	ἰδούσης	ἰδόντος

MIDDLE	*Indicative*	*Subjunctive*	*Optative*	*Imperative*
1S	εἰδόμην	ἴδωμαι	ἰδοίμην	—
2S	εἴδου	ἴδῃ	ἴδοιο	ἰδοῦ
3S	εἴδετο	ἴδηται	ἴδοιτο	ἰδέσθω
1P	εἰδόμεθα	ἰδώμεθα	ἰδοίμεθα	—
2P	εἴδεσθε	ἴδησθε	ἴδοισθε	ἴδεσθε
3P	εἴδοντο	ἴδωνται	ἴδοιντο	ἰδέσθωσαν

	Infinitive	*Participle*		
	ἰδέσθαι	Masc.	Fem.	Neut.
NS		ἰδόμενος	ἰδομένη	ἰδόμενον
GS		ἰδομένου	ἰδομένης	ἰδομένου

5.1.4.2 μι-verb type

ACTIVE		Indicative	Subjunctive	Optative		Imperative
(no middle examples)	1S	ἔγνων	γνῶ	γνοίην		—
	2S	ἔγνως	γνῷς	γνοίης		γνῶθι
	3S	ἔγνω	γνῷ	γνοίη		γνώτω
	1P	ἔγνωμεν	γνῶμεν	γνοίημεν/γνοῖμεν		—
	2P	ἔγνωτε	γνῶτε	γνοίητε/γνοῖτε		γνῶτε
	3P	ἔγνωσαν	γνῶσι(ν)	γνοίησαν/γνοῖεν		γνώτωσαν

	Infinitive	Participle		
	γνῶναι	Masc.	Fem.	Neut.
NS		γνούς	γνοῦσα	γνόν
GS		γνόντος	γνούσης	γνόντος

5.1.5 Aorist Passive

WITH θ	Indicative	Subjunctive	Optative	Imperative
1S	ἐλύθην	λυθῶ	λυθείην	—
2S	ἐλύθης	λυθῇς	λυθείης	λύθητι
3S	ἐλύθη	λυθῇ	λυθείη	λυθήτω
1P	ἐλύθημεν	λυθῶμεν	λυθείημεν/λυθεῖμεν	—
2P	ἐλύθητε	λυθῆτε	λυθείητε/λυθεῖτε	λύθητε
3P	ἐλύθησαν	λυθῶσι(ν)	λυθείησαν/λυθεῖεν	λυθήτωσαν

	Infinitive	Participle		
	λυθῆναι	Masc.	Fem.	Neut.
NS		λυθείς	λυθεῖσα	λυθέν
GS		λυθέντος	λυθείσης	λυθέντος

WITHOUT θ	Indicative	Subjunctive	Optative	Imperative
1S	ἐφάνην	φανῶ	φανείην	—
2S	ἐφάνης	φανῇς	φανείης	φάνηθι
3S	ἐφάνη	φανῇ	φανείη	φανήτω
1P	ἐφάνημεν	φανῶμεν	φανείημεν/φανεῖμεν	—
2P	ἐφάνητε	φανῆτε	φανείητε/φανεῖτε	φάνητε
3P	ἐφάνησαν	φανῶσι(ν)	φανείησαν/φανεῖεν	φανήτωσαν

	Infinitive	Participle		
	φανῆναι	Masc.	Fem.	Neut.
NS		φανείς	φανεῖσα	φανέν
GS		φανέντος	φανείσης	φανέντος

5.1.6   Perfect

ACTIVE		Indicative	Subjunctive	Optative	Imperative
with κ	1S	λέλυκα	λελύκω	[formed periphrastically: opt. form of εἰμί + perf. part.]	—
	2S	λέλυκας	λελύκῃς		λέλυκε
	3S	λέλυκε(ν)	λελύκῃ		λελυκέτω
	1P	λελύκαμεν	λελύκωμεν		—
	2P	λελύκατε	λελύκητε		λελύκετε
	3P	λελύκασι(ν)	λελύκωσι(ν)		λελυκέτωσαν

	Infinitive	Participle		
	λελυκέναι	Masc.	Fem.	Neut.
NS		λελυκώς	λελυκυῖα	λελυκός
GS		λελυκότος	λελυκυίας	λελυκότος

ACTIVE		Indicative	Subjunctive	Optative	Imperative
without κ	1S	οἶδα	εἰδῶ	[formed periphrastically: opt. form of εἰμί + perf. part.]	—
	2S	οἶδας	εἰδῇς		ἴσθι
	3S	οἶδε(ν)	εἰδῇ		ἴστω
	1P	οἴδαμεν	εἰδῶμεν		—
	2P	οἴδατε	εἰδῆτε		ἴστε
	3P	οἴδασι(ν)	εἰδῶσι(ν)		ἴστωσαν

	Infinitive	Participle		
	εἰδέναι	Masc.	Fem.	Neut.
NS		εἰδώς	εἰδυῖα	εἰδός
GS		εἰδότος	εἰδυίας	εἰδότος

MIDDLE/ PASSIVE		Indicative	Subjunctive	Optative	Imperative
vowel stem	1S	λέλυμαι	[formed periphrastically: subj. form of εἰμί + perf. part.]	[formed periphrastically: opt. form of εἰμί + perf. part.]	—
	2S	λέλυσαι			λέλυσο
	3S	λέλυται			λελύσθω
	1P	λελύμεθα			—
	2P	λέλυσθε			λέλυσθε
	3P	λέλυνται			λελύσθωσαν

	Infinitive	Participle		
	λελύσθαι	Masc.	Fem.	Neut.
NS		λελυμένος	λελυμένη	λελυμένον
GS		λελυμένου	λελυμένης	λελυμένου

MIDDLE/ PASSIVE		Indicative (γραφ-)	Indicative (πειθ-)	Indicative (τασσ-/ταγ-)
consonant stem	1S	γέγραμμαι	πέπεισμαι	τέταγμαι
	2S	γέγραψαι	πέπεισαι	τέταξαι
	3S	γέγραπται	πέπεισται	τέτακται
	1P	γεγράμμεθα	πεπείσμεθα	τετάγμεθα
	2P	γέγραφθε	πέπεισθε	τέταχθε
	3P	γεγραμμένοι εἰσί(ν)	πεπεισμένοι εἰσί(ν)	τεταγμένοι εἰσί(ν)

5.1.7 Pluperfect

	ACTIVE Indicative		MIDDLE/PASSIVE Indicative	
	with κ	without κ	vowel stem	consonant stem
1S	ἐλελύκειν	ᾔδειν	ἐλελύμην	ἐγεγράμμην
2S	ἐλελύκεις	ᾔδεις	ἐλέλυσο	ἐγέγραψο
3S	ἐλελύκει	ᾔδει	ἐλέλυτο	ἐγέγραπτο
1P	ἐλελύκειμεν	ᾔδειμεν	ἐλελύμεθα	ἐγεγράμμεθα
2P	ἐλελύκειτε	ᾔδειτε	ἐλέλυσθε	ἐγέγραφθε
3P	ἐλελύκεισαν	ᾔδεισαν	ἐλέλυντο	γεγραμμένοι ἦσαν

5.1.8 Future

ACTIVE	Indicative	Subjunctive	Optative	Imperative
1S	λύσω	[no forms]	λύσοιμι	[no forms]
2S	λύσεις		λύσοις	
3S	λύσει		λύσοι	
1P	λύσομεν		λύσοιμεν	
2P	λύσετε		λύσοιτε	
3P	λύσουσι(ν)		λύσοιεν	

	Infinitive	Participle		
	λύσειν	Masc.	Fem.	Neut.
NS		λύσων	λύσουσα	λῦσον
GS		λύσοντος	λυσούσης	λύσοντος

MIDDLE	Indicative	Subjunctive	Optative	Imperative
1S	λύσομαι	[no forms]	λυσοίμην	[no forms]
2S	λύσῃ		λύσοιο	
3S	λύσεται		λύσοιτο	
1P	λυσόμεθα		λυσοίμεθα	
2P	λύσεσθε		λύσοισθε	
3P	λύσονται		λύσοιντο	

	Infinitive	Participle		
	λύσεσθαι	Masc.	Fem.	Neut.
NS		λυσόμενος	λυσομένη	λυσόμενον
GS		λυσομένου	λυσομένης	λυσομένου

PASSIVE	Indicative	Subjunctive	Optative	Imperative
1S	λυθήσομαι	[no forms]	λυθησοίμην	[no forms]
2S	λυθήσῃ		λυθήσοιο	
3S	λυθήσεται		λυθήσοιτο	
1P	λυθησόμεθα		λυθησοίμεθα	
2P	λυθήσεσθε		λυθήσοισθε	
3P	λυθήσονται		λυθήσοιντο	

	Infinitive	Participle		
	λυθήσεσθαι	Masc.	Fem.	Neut.
NS		λυθησόμενος	λυθησομένη	λυθησόμενον
GS		λυθησομένου	λυθησομένης	λυθησομένου

5.1.9 Contract Verbs

5.1.9.1 Present (αω)

ACTIVE	Indicative	Subjunctive	Optative	Imperative
1S	τιμῶ	τιμῶ	τιμῴην	—
2S	τιμᾷς	τιμᾷς	τιμῴης	τίμα
3S	τιμᾷ	τιμᾷ	τιμῴη	τιμάτω
1P	τιμῶμεν	τιμῶμεν	τιμῷμεν	—
2P	τιμᾶτε	τιμᾶτε	τιμῷτε	τιμᾶτε
3P	τιμῶσι(ν)	τιμῶσι(ν)	τιμῷεν	τιμάτωσαν

	Infinitive	Participle		
	τιμᾶν	Masc.	Fem.	Neut.
NS		τιμῶν	τιμῶσα	τιμῶν
GS		τιμῶντος	τιμώσης	τιμῶντος

MIDDLE/PASSIVE	Indicative	Subjunctive	Optative	Imperative
1S	τιμῶμαι	τιμῶμαι	τιμῴμην	—
2S	τιμᾷ	τιμᾷ	τιμῷο	τιμῶ
3S	τιμᾶται	τιμᾶται	τιμῷτο	τιμάσθω
1P	τιμώμεθα	τιμώμεθα	τιμῴμεθα	—
2P	τιμᾶσθε	τιμᾶσθε	τιμῷσθε	τιμᾶσθε
3P	τιμῶνται	τιμῶνται	τιμῷντο	τιμάσθωσαν

	Infinitive	Participle		
	τιμᾶσθαι	Masc.	Fem.	Neut.
NS		τιμώμενος	τιμωμένη	τιμώμενον
GS		τιμωμένου	τιμωμένης	τιμωμένου

5.1.9.2 Present (εω)

ACTIVE	Indicative	Subjunctive	Optative	Imperative
1S	ποιῶ	ποιῶ	ποιοίην	—
2S	ποιεῖς	ποιῇς	ποιοίης	ποίει
3S	ποιεῖ	ποιῇ	ποιοίη	ποιείτω
1P	ποιοῦμεν	ποιῶμεν	ποιοῖμεν	—
2P	ποιεῖτε	ποιῆτε	ποιοῖτε	ποιεῖτε
3P	ποιοῦσι(ν)	ποιῶσι(ν)	ποιοῖεν	ποιείτωσαν

	Infinitive	Participle		
	ποιεῖν	Masc.	Fem.	Neut.
NS		ποιῶν	ποιοῦσα	ποιοῦν
GS		ποιοῦντος	ποιούσης	ποιοῦντος

MIDDLE/ PASSIVE	Indicative	Subjunctive	Optative	Imperative
1S	ποιοῦμαι	ποιῶμαι	ποιοίμην	—
2S	ποιῇ	ποιῇ	ποιοῖο	ποιοῦ
3S	ποιεῖται	ποιῆται	ποιοῖτο	ποιείσθω
1P	ποιούμεθα	ποιώμεθα	ποιοίμεθα	—
2P	ποιεῖσθε	ποιῆσθε	ποιοῖσθε	ποιεῖσθε
3P	ποιοῦνται	ποιῶνται	ποιοῖντο	ποιείσθωσαν

	Infinitive	Participle		
	ποιεῖσθαι	Masc.	Fem.	Neut.
NS		ποιούμενος	ποιουμένη	ποιούμενον
GS		ποιουμένου	ποιουμένης	ποιουμένου

5.1.9.3 Present (οω)

ACTIVE	Indicative	Subjunctive	Optative	Imperative
1S	δηλῶ	δηλῶ	δηλοίην	—
2S	δηλοῖς	δηλοῖς	δηλοίης	δήλου
3S	δηλοῖ	δηλοῖ	δηλοίη	δηλούτω
1P	δηλοῦμεν	δηλῶμεν	δηλοῖμεν	—
2P	δηλοῦτε	δηλῶτε	δηλοῖτε	δηλοῦτε
3P	δηλοῦσι(ν)	δηλῶσι(ν)	δηλοῖεν	δηλούτωσαν

	Infinitive	Participle		
	δηλοῦν	Masc.	Fem.	Neut.
NS		δηλῶν	δηλοῦσα	δηλοῦν
GS		δηλοῦντος	δηλούσης	δηλοῦντος

MIDDLE/ PASSIVE	Indicative	Subjunctive	Optative	Imperative
1S	δηλοῦμαι	δηλῶμαι	δηλοίμην	—
2S	δηλοῖ	δηλοῖ	δηλοῖο	δηλοῦ
3S	δηλοῦται	δηλῶται	δηλοῖτο	δηλούσθω
1P	δηλούμεθα	δηλώμεθα	δηλοίμεθα	—
2P	δηλοῦσθε	δηλῶσθε	δηλοῖσθε	δηλοῦσθε
3P	δηλοῦνται	δηλῶνται	δηλοῖντο	δηλούσθωσαν

	Infinitive	Participle		
	δηλοῦσθαι	Masc.	Fem.	Neut.
NS		δηλούμενος	δηλουμένη	δηλούμενον
GS		δηλουμένου	δηλουμένης	δηλουμένου

5.1.9.4 Imperfect

ACTIVE	Indicative (αω)	Indicative (εω)	Indicative (οω)
1S	ἐτίμων	ἐποίουν	ἐδήλουν
2S	ἐτίμας	ἐποίεις	ἐδήλους
3S	ἐτίμα	ἐποίει	ἐδήλου
1P	ἐτιμῶμεν	ἐποιοῦμεν	ἐδηλοῦμεν
2P	ἐτιμᾶτε	ἐποιεῖτε	ἐδηλοῦτε
3P	ἐτίμων	ἐποίουν	ἐδήλουν

MIDDLE/ PASSIVE	Indicative (αω)	Indicative (εω)	Indicative (οω)
1S	ἐτιμώμην	ἐποιούμην	ἐδηλούμην
2S	ἐτιμῶ	ἐποιοῦ	ἐδηλοῦ
3S	ἐτιμᾶτο	ἐποιεῖτο	ἐδηλοῦτο
1P	ἐτιμώμεθα	ἐποιούμεθα	ἐδηλούμεθα
2P	ἐτιμᾶσθε	ἐποιεῖσθε	ἐδηλοῦσθε
3P	ἐτιμῶντο	ἐποιοῦντο	ἐδηλοῦντο

5.1.10 Liquid Verbs

5.1.10.1 First Aorist

ACTIVE	Indicative	Subjunctive	Optative	Imperative
1S	ἔμεινα	μείνω	μείναιμι	—
2S	ἔμεινας	μείνῃς	μείναις	μεῖνον
3S	ἔμεινε(ν)	μείνῃ	μείναι	μεινάτω
1P	ἐμείναμεν	μείνωμεν	μείναιμεν	—
2P	ἐμείνατε	μείνητε	μείναιτε	μείνατε
3P	ἔμειναν	μείνωσι(ν)	μείναιεν	μεινάτωσαν

	Infinitive	Participle		
	μεῖναι	Masc.	Fem.	Neut.
NS		μείνας	μείνασα	μεῖναν
GS		μείναντος	μεινάσης	μείναντος

MIDDLE	Indicative	Subjunctive	Optative	Imperative
1S	ἐμεινάμην	μείνωμαι	μειναίμην	—
2S	ἐμείνω	μείνῃ	μείναιο	μεῖναι
3S	ἐμείνατο	μείνηται	μείναιτο	μεινάσθω
1P	ἐμεινάμεθα	μεινώμεθα	μειναίμεθα	—
2P	ἐμείνασθε	μείνησθε	μείναισθε	μείνασθε
3P	ἐμείναντο	μείνωνται	μείναιντο	μεινάσθωσαν

	Infinitive	Participle		
	μείνασθαι	Masc.	Fem.	Neut.
NS		μεινάμενος	μειναμένη	μεινάμενον
GS		μειναμένου	μειναμένης	μειναμένου

5.1.10.2 Future

ACTIVE	Indicative	Subjunctive	Optative	Imperative
1S	μενῶ	[no forms]	μενοῖμι	[no forms]
2S	μενεῖς		μενοῖς	
3S	μενεῖ		μενοῖ	
1P	μενοῦμεν		μενοῖμεν	
2P	μενεῖτε		μενοῖτε	
3P	μενοῦσι(ν)		μενοῖεν	

	Infinitive	Participle		
	μενεῖν	Masc.	Fem.	Neut.
NS		μενῶν	μενοῦσα	μενοῦν
GS		μενοῦντος	μενούσης	μενοῦντος

MIDDLE	Indicative	Subjunctive	Optative	Imperative
1S	μενοῦμαι	[no forms]	μενοίμην	[no forms]
2S	μενῇ		μενοῖο	
3S	μενεῖται		μενοῖτο	
1P	μενούμεθα		μενοίμεθα	
2P	μενεῖσθε		μενοῖσθε	
3P	μενοῦνται		μενοῖντο	

	Infinitive	Participle		
	μενεῖσθαι	Masc.	Fem.	Neut.
NS		μενούμενος	μενουμένη	μενούμενον
GS		μενουμένου	μενουμένης	μενουμένου

5.2 μι-Verbs

5.2.1 δίδωμι

5.2.1.1 Present

ACTIVE	Indicative	Subjunctive	Optative	Imperative
1S	δίδωμι	διδῶ	διδοίην	—
2S	δίδως	διδῷς	διδοίης	δίδου
3S	δίδωσι(ν)	διδῷ	διδοίη	διδότω
1P	δίδομεν	διδῶμεν	διδοίημεν/διδοῖμεν	—
2P	δίδοτε	διδῶτε	διδοίητε/διδοῖτε	δίδοτε
3P	διδόασι(ν)	διδῶσι(ν)	διδοίησαν/διδοῖεν	διδότωσαν

	Infinitive	Participle		
	διδόναι	Masc.	Fem.	Neut.
NS		διδούς	διδοῦσα	διδόν
GS		διδόντος	διδούσης	διδόντος

MIDDLE/ PASSIVE	Indicative	Subjunctive	Optative	Imperative
1S	δίδομαι	διδῶμαι	διδοίμην	—
2S	δίδοσαι	διδῷ	διδοῖο	δίδοσο
3S	δίδοται	διδῶται	διδοῖτο	διδόσθω

1P	διδόμεθα	διδώμεθα	διδοίμεθα	—
2P	δίδοσθε	διδῶσθε	διδοῖσθε	δίδοσθε
3P	δίδονται	διδῶνται	διδοῖντο	διδόσθωσαν

	Infinitive	Participle		
	δίδοσθαι	Masc.	Fem.	Neut.
NS		διδόμενος	διδομένη	διδόμενον
GS		διδομένου	διδομένης	διδομένου

5.2.1.2 Imperfect

	ACTIVE *Indicative*	MIDDLE/PASSIVE *Indicative*
1S	ἐδίδουν	ἐδιδόμην
2S	ἐδίδους	ἐδίδοσο
3S	ἐδίδου	ἐδίδοτο
1P	ἐδίδομεν	ἐδιδόμεθα
2P	ἐδίδοτε	ἐδίδοσθε
3P	ἐδίδοσαν/ἐδίδουν	ἐδίδοντο

5.2.1.3 Second Aorist

ACTIVE	*Indicative*	*Subjunctive*	*Optative*	*Imperative*
1S	ἔδωκα	δῶ	δοίην	—
2S	ἔδωκας	δῷς	δοίης	δός
3S	ἔδωκε(ν)	δῷ	δοίη	δότω
1P	ἐδώκαμεν	δῶμεν	δοίημεν/δοῖμεν	—
2P	ἐδώκατε	δῶτε	δοίητε/δοῖτε	δότε
3P	ἔδωκαν	δῶσι(ν)	δοίησαν/δοῖεν	δότωσαν

	Infinitive	Participle		
	δοῦναι	Masc.	Fem.	Neut.
NS		δούς	δοῦσα	δόν
GS		δόντος	δούσης	δόντος

MIDDLE	*Indicative*	*Subjunctive*	*Optative*	*Imperative*
1S	ἐδόμην	δῶμαι	δοίμην	—
2S	ἔδου	δῷ	δοῖο	δοῦ
3S	ἔδοτο	δῶται	δοῖτο	δόσθω
1P	ἐδόμεθα	δώμεθα	δοίμεθα	—
2P	ἔδοσθε	δῶσθε	δοῖσθε	δόσθε
3P	ἔδοντο	δῶνται	δοῖντο	δόσθωσαν

	Infinitive	Participle		
	δόσθαι	Masc.	Fem.	Neut.
NS		δόμενος	δομένη	δόμενον
GS		δομένου	δομένης	δομένου

5.2.2 ἵημι

5.2.2.1 Present

ACTIVE	Indicative	Subjunctive	Optative	Imperative
1S	ἵημι	ἱῶ	ἱείην	—
2S	ἵης	ἱῇς	ἱείης	ἵει
3S	ἵησι(ν)	ἱῇ	ἱείη	ἱέτω
1P	ἵεμεν	ἱῶμεν	ἱείημεν/ἱεῖμεν	—
2P	ἵετε	ἱῆτε	ἱείητε/ἱεῖτε	ἵετε
3P	ἱᾶσι(ν)	ἱῶσι(ν)	ἱείησαν/ἱεῖεν	ἱέτωσαν

	Infinitive	Participle		
	ἱέναι	Masc.	Fem.	Neut.
NS		ἱείς	ἱεῖσα	ἱέν
GS		ἱέντος	ἱείσης	ἱέντος

MIDDLE/ PASSIVE	Indicative	Subjunctive	Optative	Imperative
1S	ἵεμαι	ἱῶμαι	ἱείμην	—
2S	ἵεσαι	ἱῇ	ἱεῖο	ἵεσο
3S	ἵεται	ἱῆται	ἱεῖτο	ἱέσθω
1P	ἱέμεθα	ἱώμεθα	ἱείμεθα	—
2P	ἵεσθε	ἱῆσθε	ἱεῖσθε	ἵεσθε
3P	ἵενται	ἱῶνται	ἱεῖντο	ἱέσθωσαν

	Infinitive	Participle		
	ἵεσθαι	Masc.	Fem.	Neut.
NS		ἱέμενος	ἱεμένη	ἱέμενον
GS		ἱεμένου	ἱεμένης	ἱεμένου

5.2.2.2 Imperfect

	ACTIVE Indicative	MIDDLE/PASSIVE Indicative
1S	ἵην	ἱέμην
2S	ἵεις	ἵεσο
3S	ἵει	ἵετο

1P	ἵεμεν	ἱέμεθα	
2P	ἵετε	ἵεσθε	
3P	ἵεσαν	ἵεντο	

5.2.2.3 Second Aorist

ACTIVE	*Indicative*	*Subjunctive*	*Optative*	*Imperative*
1S	ἧκα	ὦ	εἵην	—
2S	ἧκας	ᾖς	εἵης	ἕς
3S	ἧκε(ν)	ᾖ	εἵη	ἕτω
1P	ἥκαμεν	ὦμεν	εἵημεν/εἷμεν	—
2P	ἥκατε	ἦτε	εἵητε/εἷτε	ἕτε
3P	ἧκαν	ὦσι(ν)	εἵησαν/εἷεν	ἕτωσαν

	Infinitive	*Participle*		
	εἷναι	Masc.	Fem.	Neut.
NS		εἵς	εἷσα	ἕν
GS		ἕντος	εἵσης	ἕντος

MIDDLE	*Indicative*	*Subjunctive*	*Optative*	*Imperative*
1S	εἵμην	ὦμαι	εἵμην	—
2S	εἷσο	ᾖ	εἷο	οὖ
3S	εἷτο	ἦται	εἷτο	ἕσθω
1P	εἵμεθα	ὦμεθα	εἵμεθα	—
2P	εἷσθε	ἦσθε	εἷσθε	ἕσθε
3P	εἷντο	ὦνται	εἷντο	ἕσθωσαν

	Infinitive	*Participle*		
	ἕσθαι	Masc.	Fem.	Neut.
NS		ἕμενος	ἑμένη	ἕμενον
GS		ἑμένου	ἑμένης	ἑμένου

5.2.3 ἵστημι

5.2.3.1 Present

ACTIVE	*Indicative*	*Subjunctive*	*Optative*	*Imperative*
1S	ἵστημι	ἱστῶ	ἱσταίην	—
2S	ἵστης	ἱστῇς	ἱσταίης	ἵστη
3S	ἵστησι(ν)	ἱστῇ	ἱσταίη	ἱστάτω
1P	ἵσταμεν	ἱστῶμεν	ἱσταίημεν/ἱσταῖμεν	—
2P	ἵστατε	ἱστῆτε	ἱσταίητε/ἱσταῖτε	ἵστατε
3P	ἱστᾶσι(ν)	ἱστῶσι(ν)	ἱσταίησαν/ἱσταῖεν	ἱστάτωσαν

	Infinitive	Participle		
	ἱστάναι	Masc.	Fem.	Neut.
NS		ἱστάς	ἱστᾶσα	ἱστάν
GS		ἱστάντος	ἱστάσης	ἱστάντος

MIDDLE/
PASSIVE

MIDDLE/PASSIVE	Indicative	Subjunctive	Optative	Imperative
1S	ἵσταμαι	ἱστῶμαι	ἱσταίμην	—
2S	ἵστασαι	ἱστῇ	ἱσταῖο	ἵστασο
3S	ἵσταται	ἱστῆται	ἱσταῖτο	ἱστάσθω
1P	ἱστάμεθα	ἱστώμεθα	ἱσταίμεθα	—
2P	ἵστασθε	ἱστῆσθε	ἱσταῖσθε	ἵστασθε
3P	ἵστανται	ἱστῶνται	ἱσταῖντο	ἱστάσθωσαν

	Infinitive	Participle		
	ἵστασθαι	Masc.	Fem.	Neut.
NS		ἱστάμενος	ἱσταμένη	ἱστάμενον
GS		ἱσταμένου	ἱσταμένης	ἱσταμένου

5.2.3.2 Imperfect

	ACTIVE Indicative	MIDDLE/PASSIVE Indicative
1S	ἵστην	ἱστάμην
2S	ἵστης	ἵστασο
3S	ἵστη	ἵστατο
1P	ἵσταμεν	ἱστάμεθα
2P	ἵστατε	ἵστασθε
3P	ἵστασαν	ἵσταντο

5.2.3.3 First Aorist

ACTIVE	Indicative	Subjunctive	Optative	Imperative
1S	ἔστησα	στήσω	στήσαιμι	—
2S	ἔστησας	στήσῃς	στήσαις	στῆσον
3S	ἔστησε(ν)	στήσῃ	στήσαι	στησάτω
1P	ἐστήσαμεν	στήσωμεν	στήσαιμεν	—
2P	ἐστήσατε	στήσητε	στήσαιτε	στήσατε
3P	ἔστησαν	στήσωσι(ν)	στήσαιεν	στησάτωσαν

	Infinitive	Participle		
	στῆσαι	Masc.	Fem.	Neut.
NS		στήσας	στήσασα	στῆσαν
GS		στήσαντος	στησάσης	στήσαντος

MIDDLE	Indicative	Subjunctive	Optative	Imperative
1S	ἐστησάμην	στήσωμαι	στησαίμην	—
2S	ἐστήσω	στήσῃ	στήσαιο	στήου
3S	ἐστήσατο	στήσηται	στήσαιτο	στησέσθω
1P	ἐστησάμεθα	στησώμεθα	στησαίμεθα	—
2P	ἐστήσασθε	στήσησθε	στήσαισθε	στήσεσθε
3P	ἐστήσαντο	στήσωνται	στήσαιντο	στησέσθωσαν

	Infinitive	Participle		
	στήσασθαι	Masc.	Fem.	Neut.
NS		στησάμενος	στησαμένη	στησάμενον
GS		στησαμένου	στησαμένης	στησαμένου

5.2.3.4 Second Aorist

ACTIVE	Indicative	Subjunctive	Optative	Imperative
1S	ἔστην	στῶ	σταίην	—
2S	ἔστης	στῇς	σταίης	στῆθι, στά
3S	ἔστη	στῇ	σταίη	στήτω
1P	ἔστημεν	στῶμεν	σταίημεν/σταῖμεν	—
2P	ἔστητε	στῆτε	σταίητε/σταῖτε	στῆτε
3P	ἔστησαν	στῶσι(ν)	σταίησαν/σταῖεν	στήτωσαν

	Infinitive	Participle		
	στῆναι	Masc.	Fem.	Neut.
NS		στάς	στᾶσα	στάν
GS		στάντος	στάσης	στάντος

MIDDLE	[lacks second aorist middle forms]

5.2.4 τίθημι

5.2.4.1 Present

ACTIVE	Indicative	Subjunctive	Optative	Imperative
1S	τίθημι	τιθῶ	τιθείην	—
2S	τίθης	τιθῇς	τιθείης	τίθει
3S	τίθησι(ν)	τιθῇ	τιθείη	τιθέτω
1P	τίθεμεν	τιθῶμεν	τιθείημεν/τιθεῖμεν	—
2P	τίθετε	τιθῆτε	τιθείητε/τιθεῖτε	τίθετε
3P	τιθέασι(ν)	τιθῶσι(ν)	τιθείησαν/τιθεῖεν	τιθέτωσαν

	Infinitive	*Participle*		
	τιθέναι	Masc.	Fem.	Neut.
NS		τιθείς	τιθεῖσα	τιθέν
GS		τιθέντος	τιθείσης	τιθέντος

MIDDLE/ PASSIVE	*Indicative*	*Subjunctive*	*Optative*	*Imperative*
1S	τίθεμαι	τιθῶμαι	τιθείμην	—
2S	τίθεσαι	τιθῇ	τιθεῖο	τίθεσο
3S	τίθεται	τιθῆται	τιθεῖτο	τιθέσθω
1P	τιθέμεθα	τιθώμεθα	τιθείμεθα	—
2P	τίθεσθε	τιθῆσθε	τιθεῖσθε	τίθεσθε
3P	τίθενται	τιθῶνται	τιθεῖντο	τιθέσθωσαν

	Infinitive	*Participle*		
	τίθεσθαι	Masc.	Fem.	Neut.
NS		τιθέμενος	τιθεμένη	τιθέμενον
GS		τιθεμένου	τιθεμένης	τιθεμένου

5.2.4.2 Imperfect

	ACTIVE *Indicative*	MIDDLE/PASSIVE *Indicative*
1S	ἐτίθην	ἐτιθέμην
2S	ἐτίθεις	ἐτίθεσο
3S	ἐτίθει	ἐτίθετο
1P	ἐτίθεμεν	ἐτιθέμεθα
2P	ἐτίθετε	ἐτίθεσθε
3P	ἐτίθεσαν, ἐτίθουν	ἐτίθεντο

5.2.4.3 Second Aorist

ACTIVE	*Indicative*	*Subjunctive*	*Optative*	*Imperative*
1S	ἔθηκα	θῶ	θείην	—
2S	ἔθηκας	θῇς	θείης	θές
3S	ἔθηκε(ν)	θῇ	θείη	θέτω
1P	ἐθήκαμεν	θῶμεν	θείημεν/θεῖμεν	—
2P	ἐθήκατε	θῆτε	θείητε/θεῖτε	θέτε
3P	ἔθηκαν	θῶσι(ν)	θείησαν/θεῖεν	θέτωσαν

	Infinitive θεῖναι	Participle Masc.	Fem.	Neut.
NS		θείς	θεῖσα	θέν
GS		θέντος	θείσης	θέντος

MIDDLE	Indicative	Subjunctive	Optative	Imperative
1S	ἐθέμην	θῶμαι	θείμην	—
2S	ἔθου	θῇ	θεῖο	θοῦ
3S	ἔθετο	θῆται	θεῖτο	θέσθω
1P	ἐθέμεθα	θώμεθα	θείμεθα	—
2P	ἔθεσθε	θῆσθε	θεῖσθε	θέσθε
3P	ἔθεντο	θῶνται	θεῖντο	θέσθωσαν

	Infinitive θέσθαι	Participle Masc.	Fem.	Neut.
NS		θέμενος	θεμένη	θέμενον
GS		θεμένου	θεμένης	θεμένου

5.3 Aspectually Vague Verbs[1]

5.3.1 εἰμί

[no clear tense or voice]	Indicative unaugmented	Indicative augmented	Subjunctive	Optative	Imperative
1S	εἰμί	ἤμην	ὦ	εἴην	—
2S	εἶ	ἦς/ἦσθα	ᾖς	εἴης	ἴσθι
3S	ἐστί(ν)	ἦν	ᾖ	εἴη	ἔστω
1P	ἐσμέν	ἦμεν/ἤμεθα	ὦμεν	εἴημεν/εἶμεν	—
2P	ἐστέ	ἦτε	ἦτε	εἴητε/εἶτε	ἔστε
3P	εἰσί(ν)	ἦσαν	ὦσι(ν)	εἴησαν/εἶεν	ἔστωσαν

	Infinitive εἶναι	Participle Masc.	Fem.	Neut.
NS		ὤν	οὖσα	ὄν
GS		ὄντος	οὔσης	ὄντος

---

1. For the verbs in this section, columns of forms appear only if at least one form in that column appears in the New Testament.

FUTURE

1S	ἔσομαι
2S	ἔσῃ
3S	ἔσται
1P	ἐσόμεθα
2P	ἔσεσθε
3P	ἔσονται

5.3.2 εἶμι²

[no clear tense or voice]	Indicative unaugmented	Indicative augmented
1S	εἶμι	ᾔειν
2S	εἶ	ᾔεις
3S	εἶσι(ν)	ᾔει
1P	ἴμεν	ᾔμεν
2P	ἴτε	ᾔτε
3P	ἴασι(ν)	ᾔεσαν

	Infinitive	Participle		
	ἰέναι	Masc.	Fem.	Neut.
NS		ἰών	ἰοῦσα	ἰόν
GS		ἰόντος	ἰούσης	ἰόντος

5.3.3 κάθημαι

[no clear tense or voice]	Indicative unaugmented	Indicative augmented	Imperative	FUTURE Indicative
1S	κάθημαι	ἐκαθήμην	—	καθήσομαι
2S	κάθῃ	ἐκάθησο	κάθου	καθήσῃ
3S	κάθηται	ἐκάθητο	καθήσθω	καθήσεται
1P	καθήμεθα	ἐκαθήμεθα	—	καθησόμεθα
2P	κάθησθε	ἐκάθησθε	κάθησθε	καθήσεσθε
3P	κάθηνται	ἐκάθηντο	καθήσθωσαν	καθήσονται

	Infinitive	Participle		
	καθῆσθαι	Masc.	Fem.	Neut.
NS		καθήμενος	καθημένη	καθήμενον
GS		καθημένου	καθημένης	καθημένου

---

2. εἶμι ("go") appears in the New Testament only with the prefixed prepositions ἀπό, εἰς, ἐκ, ἐπί, and σύν.

5.3.4   κεῖμαι

[no clear tense or voice]	*Indicative unaugmented*	*Indicative augmented*
1S	κεῖμαι	ἐκείμην
2S	κεῖσαι	ἔκεισο
3S	κεῖται	ἔκειτο
1P	κείμεθα	ἐκείμεθα
2P	κεῖσθε	ἔκεισθε
3P	κεῖνται	ἔκειντο

	Infinitive	*Participle*		
	κεῖσθαι	Masc.	Fem.	Neut.
NS		κείμενος	κειμένη	κείμενον
GS		κειμένου	κειμένης	κειμένου

5.3.5   φημί

[no clear tense or voice]	*Indicative unaugmented*	*Indicative augmented*
1S	φημί	ἔφην
2S	φῄς	ἔφης/ἔφησθα
3S	φησί(ν)	ἔφη
1P	φαμέν	ἔφαμεν
2P	φατέ	ἔφατε
3P	φασί(ν)	ἔφασαν

Principal Parts

We list here the principal parts of 121 verbs, including the most common verbs, especially those that have unexpected forms. Principal parts that appear only in a compound verb in the New Testament (including textual variants) are included here with the corresponding simple verb. For example ἦγμαι, the perfect middle/passive form of ἄγω, actually appears only in forms of the compound verb συνάγω. Parentheses enclose alternate spellings of principal parts found in the New Testament; brackets enclose forms that do not occur in the New Testament. Note that the verb οἶδα is alphabetized as though it were a present tense-form. For the forms of the five aspectually vague verbs in the New Testament (εἰμί, -εἶμι, κάθημαι, κεῖμαι, and φημί), see section 5.3 in the previous section, Paradigms.

Present	Future	Aorist	Perfect act.	Perfect mid./pass.	Aorist pass.	Translation
ἀγαπάω	ἀγαπήσω	ἠγάπησα	ἠγάπηκα	ἠγάπημαι	ἠγαπήθην	*love*
ἀγγέλλω	ἀγγελῶ	ἤγγειλα	[ἤγγελκα]	ἤγγελμαι	ἠγγέλην	*announce, tell*
ἄγω	ἄξω	ἤγαγον [ἦξα]	[ἦχα]	ἦγμαι	ἤχθην	*lead*
αἴρω	ἀρῶ	ἦρα	ἦρκα	ἦρμαι	ἤρθην	*take, remove*
αἰτέω	αἰτήσω	ἤτησα	ἤτηκα	[ᾔτημαι]	[ᾐτήθην]	*ask*
ἀκολουθέω	ἀκολουθήσω	ἠκολούθησα	ἠκολούθηκα	—	—	*follow*
ἀκούω	ἀκούσω	ἤκουσα	ἀκήκοα	[ἤκουσμαι]	ἠκούσθην	*hear*
ἁμαρτάνω	ἁμαρτήσω	ἥμαρτον (ἡμάρτησα)	ἡμάρτηκα	[ἡμάρτημαι]	[ἡμαρτήθην]	*sin*
ἀναιρέω	ἀνελῶ	ἀνεῖλα	[ἀνῄρηκα]	[ἀνῄρημαι]	ἀνῃρέθην	*take up or away, kill*
ἀνοίγω	ἀνοίξω	ἀνέῳξα (ἤνοιξα, ἠνέῳξα)	ἀνέῳγα	ἀνέῳγμαι (ἠνέῳγμαι)	ἀνεῴχθην (ἠνεῴχθην, ἠνοίχθην, ἠνοίγην)	*open*
ἀποκτείνω (ἀποκτέννω)	ἀποκτενῶ	ἀπέκτεινα [ἀπέκτανον]	[ἀπέκτονα, ἀπέκταγκα]	[ἀπέκταμμαι]	ἀπεκτάνθην	*kill*
ἀπόλλυμι	ἀπολέσω (ἀπολῶ)	ἀπώλεσα	ἀπόλωλα [ἀπολώλεκα]	—	—	*ruin, destroy*
ἀποστέλλω	ἀποστελῶ	ἀπέστειλα	ἀπέσταλκα	ἀπέσταλμαι	ἀπεστάλην	*send*
ἀρέσκω	[ἀρέσω]	ἤρεσα	[ἀρήρεκα]	—	[ἠρέσθην]	*please, strive to please*
ἄρχω	ἄρξομαι [ἄρξω]	ἠρξάμην [ἦρξα]	[ἦρχα]	[ἦργμαι]	[ἤρχθην]	*rule;* (mid.) *begin*
ἀσπάζομαι	[ἀσπάσομαι]	ἠσπασάμην	—	—	—	*greet, welcome*
ἀφίημι	ἀφήσω	ἀφῆκα	[ἀφεῖκα]	ἀφέωμαι [ἀφεῖμαι]	ἀφέθην	*let go, forgive*
βαίνω	βήσομαι	ἔβην	βέβηκα	[βέβαμαι]	[ἐβάθην]	*go*
βάλλω	βαλῶ	ἔβαλον [ἔβαλα]	βέβληκα	βέβλημαι	ἐβλήθην	*throw, bring*
βαπτίζω	βαπτίσω	ἐβάπτισα	—	βεβάπτισμαι	ἐβαπτίσθην	*baptize*

Present	Future	Aorist	Perfect act.	Perfect mid./pass.	Aorist pass.	Translation
βλέπω	βλέψω	ἔβλεψα	[βέβλεφα]	[βέβλεμμαι]	[ἐβλέφθην]	*see*
γεννάω	γεννήσω	ἐγέννησα	γεγέννηκα	γεγέννημαι	ἐγεννήθην	*beget*
γίνομαι	γενήσομαι	ἐγενόμην	γέγονα	γεγένημαι	ἐγενήθην	*become*
γινώσκω	γνώσομαι	ἔγνων	ἔγνωκα	ἔγνωσμαι	ἐγνώσθην	*know*
γράφω	γράψω	ἔγραψα	γέγραφα	γέγραμμαι	ἐγράφην	*write*
δείκνυμι	δείξω	ἔδειξα	[δέδειχα]	δέδειγμαι	ἐδείχθην	*show*
δέομαι	[δεήσω]	[ἐδέησα]	[δεδέηκα]	[δεδέημαι]	ἐδεήθην	*ask, pray*
δέχομαι	δέξομαι	ἐδεξάμην	—	δέδεγμαι	ἐδέχθην	*receive*
δέω	[δήσω]	ἔδησα	δέδεκα	δέδεμαι	ἐδέθην	*bind, tie*
διδάσκω	διδάξω	ἐδίδαξα	[δεδίδαχα]	[δεδίδαγμαι]	ἐδιδάχθην	*teach*
δίδωμι	δώσω	ἔδωκα	δέδωκα	δέδομαι	ἐδόθην	*give*
διώκω	διώξω	ἐδίωξα	[δεδίωχα]	δεδίωγμαι	ἐδιώχθην	*persecute, pursue*
δοκέω	[δόξω, δοκήσω]	ἔδοξα [ἐδόκησα]	[δέδοχα, δεδόκηκα]	[δέδογμαι, δεδόκημαι]	[ἐδόχθην, ἐδοκήθην]	*think, seem*
δοξάζω	δοξάσω	ἐδόξασα	—	δεδόξασμαι	ἐδοξάσθην	*praise, glorify*
δύναμαι (impf. ἐδυνάμην, ἠδυνάμην)	δυνήσομαι	[ἐδυνησάμην]	—	[δεδύνημαι]	ἠδυνήθην (ἠδυνάσθην)	*can, be able*
ἐγείρω	ἐγερῶ	ἤγειρα	[ἐγήγερκα]	ἐγήγερμαι	ἠγέρθην	*raise*
ἐλέγχω	ἐλέγξω	ἤλεγξα	—	[ἐλήλεγμαι]	ἠλέγχθην	*expose, convict*
ἐλεέω (ἐλεάω)	ἐλεήσω	ἠλέησα	—	ἠλέημαι	ἠλεήθην	*have mercy*
ἐλπίζω	ἐλπιῶ	ἤλπισα	ἤλπικα	[ἤλπισμαι]	[ἠλπίσθην]	*hope, expect*
ἐπιθυμέω	ἐπιθυμήσω	ἐπεθύμησα	—	—	—	*desire, long for*
ἔρχομαι	ἐλεύσομαι	ἦλθον (ἦλθα)	ἐλήλυθα	—	—	*go, come*
ἐρωτάω	ἐρωτήσω	ἠρώτησα	[ἠρώτηκα]	[ἠρώτημαι]	ἠρωτήθην	*ask*
ἐσθίω (ἔσθω)	φάγομαι	ἔφαγον	—	—	—	*eat*
ἑτοιμάζω	[ἑτοιμάσω]	ἡτοίμασα	ἡτοίμακα	ἡτοίμασμαι	ἡτοιμάσθην	*prepare*
εὐαγγελίζω	[εὐαγγελίσω]	εὐηγγέλισα	[εὐηγγέλικα]	εὐηγγέλισμαι	εὐηγγελίσθην	*bring good news*
εὐλογέω	εὐλογήσω	εὐλόγησα	εὐλόγηκα	εὐλόγημαι	εὐλογήθην	*speak well of*
εὑρίσκω	εὑρήσω	εὗρον	εὕρηκα	[εὕρημαι]	εὑρέθην	*find*
ἔχω (impf. εἶχον)	ἕξω	ἔσχον	ἔσχηκα	[ἔσχημαι]	[ἐσχέθην]	*have*
ζάω (impf. ἔζην)	ζήσω	ἔζησα	—	—	—	*live*
ζητέω	ζητήσω	ἐζήτησα	[ἐζήτηκα]	—	ἐζητήθην	*seek*
ἥκω	ἥξω	ἧξα	ἧκα	—	—	*be present*
θαυμάζω	[θαυμάσομαι]	ἐθαύμασα	[τεθαύμακα]	[τεθαύμασμαι]	ἐθαυμάσθην	*marvel*
θέλω (impf. ἤθελον)	θελήσω	ἠθέλησα	[τεθέληκα, ἠθέληκα]	—	[ἠθελήθην]	*intend (wish, will)*
θεραπεύω	θεραπεύσω	ἐθεράπευσα	—	τεθεράπευμαι	ἐθεραπεύθην	*heal*
θεωρέω	θεωρήσω	ἐθεώρησα	[τεθεώρηκα]	—	—	*see, look at*
θνήσκω	[θανοῦμαι]	[ἔθανον]	τέθνηκα	—	—	*die*

Present	Future	Aorist	Perfect act.	Perfect mid./pass.	Aorist pass.	Translation
θύω	[θύσω]	ἔθυσα	[τέθυκα]	τέθυμαι	ἐτύθην	sacrifice
ἵστημι (ἱστάνω)	στήσω	ἔστησα / ἔστην	ἕστηκα	[ἕσταμαι]	ἐστάθην	set, place; stand
καθαρίζω	καθαριῶ	ἐκαθάρισα	—	κεκαθάρισμαι	ἐκαθαρίσθην	cleanse
καίω	καύσω	ἔκαυσα	[κέκαυκα]	κέκαυμαι	ἐκάην (ἐκαύθην)	burn
καλέω	καλέσω	ἐκάλεσα	κέκληκα	κέκλημαι	ἐκλήθην	call
κηρύσσω	[κηρύξω]	ἐκήρυξα	[κεκήρυχα]	[κεκήρυγμαι]	ἐκηρύχθην	proclaim
κλαίω	κλαύσω	ἔκλαυσα	—	[κέκλαυμαι]	[ἐκλαύσθην]	weep, weep for
κράζω	κράξω	ἔκραξα (ἔκραγον, ἐκέκραξα)	κέκραγα	—	—	cry (out)
κρατέω	κρατήσω	ἐκράτησα	κεκράτηκα	κεκράτημαι	—	grasp, hold
κρίνω	κρινῶ	ἔκρινα	κέκρικα	κέκριμαι	ἐκρίθην	judge
λαλέω	λαλήσω	ἐλάλησα	λελάληκα	λελάλημαι	ἐλαλήθην	speak
λαμβάνω	λήμψομαι	ἔλαβον	εἴληφα	εἴλημμαι	ἐλήμφθην	take, receive
λέγω	ἐρῶ	εἶπον (εἶπα)	εἴρηκα	εἴρημαι	ἐρρέθην	say, speak
λείπω	λείψω	ἔλιπον	[λέλοιπα]	[λέλειμμαι]	ἐλείφθην	leave
λύω	λύσω	ἔλυσα	[λέλυκα]	λέλυμαι	ἐλύθην	loose
μανθάνω	[μαθήσω]	ἔμαθον	μεμάθηκα	[μεμάθημαι]	[ἐμάθην]	learn
μαρτυρέω	μαρτυρήσω	ἐμαρτύρησα	μεμαρτύρηκα	μεμαρτύρημαι	ἐμαρτυρήθην	bear witness
μένω	μενῶ	ἔμεινα	μεμένηκα	—	—	remain
μιμνήσκομαι	[μνήσω]	[ἔμνησα]	—	μέμνημαι	ἐμνήσθην	remember
ξηραίνω	[ξηρανῶ]	ἐξήρανα	—	ἐξήραμμαι	ἐξηράνθην	dry up
—	εἰδήσω [εἴσομαι]	—	οἶδα (plpf. ᾔδειν)	—	—	know
οἰκοδομέω	οἰκοδομήσω	ᾠκοδόμησα	[ᾠκοδόμηκα]	ᾠκοδόμημαι	ᾠκοδομήθην	build
ὁράω	ὄψομαι	εἶδον (εἶδα)	ἑώρακα (ἑόρακα)	[ἑώραμαι]	ὤφθην	see
ὀφείλω	[ὀφειλήσω]	[ὠφείλησα, ὤφελον]	[ὠφείληκα]	—	[ὠφειλήθην]	owe, ought
πάσχω	[πείσομαι]	ἔπαθον	πέπονθα	—	—	suffer
πείθω	πείσω	ἔπεισα	πέποιθα	πέπεισμαι	ἐπείσθην	persuade
πειράζω	πειράσω	ἐπείρασα	[πεπείρακα]	πεπείρασμαι	ἐπειράσθην	attempt; test
πέμπω	πέμψω	ἔπεμψα	[πέπομφα]	[πέπεμμαι]	ἐπέμφθην	send
περιπατέω	περιπατήσω	περιεπάτησα	—	—	—	walk, live
περιτέμνω	—	περιέτεμον	—	περιτέτμημαι	περιετμήθην	circumcise
πίμπλημι	[πλήσω]	ἔπλησα	[πέπληκα]	[πέπλησμαι]	ἐπλήσθην	fill; (pass.) end
πίνω	πίομαι	ἔπιον	πέπωκα	[πέπομαι]	ἐπόθην	drink
πίπτω	πεσοῦμαι	ἔπεσον (ἔπεσα)	πέπτωκα	—	—	fall
πιστεύω	πιστεύσω	ἐπίστευσα	πεπίστευκα	πεπίστευμαι	ἐπιστεύθην	believe
πληρόω	πληρώσω	ἐπλήρωσα	πεπλήρωκα	πεπλήρωμαι	ἐπληρώθην	complete
ποιέω	ποιήσω	ἐποίησα	πεποίηκα	πεποίημαι	ἐποιήθην	do, make

Present	Future	Aorist	Perfect act.	Perfect mid./pass.	Aorist pass.	Translation
πορεύομαι	πορεύσομαι	[ἐπόρευσα]	—	πεπόρευμαι	ἐπορεύθην	*go*
πράσσω [πράττω]	πράξω	ἔπραξα	πέπραχα	πέπραγμαι	[ἐπράχθην]	*do, accomplish*
προσεύχομαι	προσεύξομαι	προσηυξάμην	—	—	—	*pray*
προσκυνέω	προσκυνήσω	προσεκύνησα	[προσκεκύνηκα]	—	[προσεκυνήθην]	*worship, bow before*
πυνθάνομαι	[πεύσομαι]	ἐπυθόμην	—	[πέπυσμαι]	—	*inquire, learn*
ῥύομαι	ῥύσομαι	ἐρρυσάμην	—	—	ἐρρύσθην	*save, rescue, deliver*
σπείρω	[σπερῶ]	ἔσπειρα	[ἔσπαρκα]	ἔσπαρμαι	ἐσπάρην	*sow*
σταυρόω	σταυρώσω	ἐσταύρωσα	—	ἐσταύρωμαι	ἐσταυρώθην	*crucify*
στηρίζω	στηρίξω [στηρίσω, στηριῶ]	ἐστήριξα (ἐστήρισα)	—	ἐστήριγμαι	ἐστηρίχθην	*fix, establish*
στρέφω	στρέψω	ἔστρεψα	[ἔστραφα, ἔστροφα]	ἔστραμμαι	ἐστράφην	*turn, return*
σῴζω	σώσω	ἔσωσα	σέσωκα	σέσῳσμαι (σέσωμαι)	ἐσώθην	*save*
τάσσω	τάξομαι	ἔταξα	τέταχα	τέταγμαι	ἐτάγην	*order, appoint*
τελέω	τελέσω	ἐτέλεσα	τετέλεκα	τετέλεσμαι	ἐτελέσθην	*finish, fulfill*
τηρέω	τηρήσω	ἐτήρησα	τετήρηκα	τετήρημαι	ἐτηρήθην	*keep*
τίθημι	θήσω	ἔθηκα	τέθεικα	τέθειμαι	ἐτέθην	*put, place*
τίκτω	τέξομαι	ἔτεκον	[τέτοκα]	[τέτεγμαι]	ἐτέχθην	*bear, give birth*
τιμάω	τιμήσω	ἐτίμησα	[τετίμηκα]	τετίμημαι	[ἐτιμήθην]	*honor, value*
τρέπω	τρέψω	ἔτρεψα [ἔτραπον]	[τέτραφα, τέτροφα]	[τέτραμμαι]	ἐτράπην [ἐτρέφθην]	*turn*
τρέφω	[θρέψω]	ἔθρεψα [ἔτραφον]	[τέτροφα]	τέθραμμαι	[ἐτράφην, ἔθρέφθην]	*feed, nourish*
τρέχω	[θρέξομαι, δραμῶ]	ἔδραμον	[δεδράμηκα]	[δεδράμημαι]	—	*run, make an effort*
τυγχάνω	[τεύξομαι]	ἔτυχον [ἐτύχησα]	τέτυχα (τέτευχα) [τετύχηκα]	—	—	*attain, obtain*
φαίνω	φανοῦμαι	ἔφανα	[πέφαγκα]	[πέφασμαι]	ἐφάνην	*shine, appear*
φανερόω	φανερώσω	ἐφανέρωσα	[πεφανέρωκα]	πεφανέρωμαι	ἐφανερώθην	*reveal, make known*
φέρω	οἴσω	ἤνεγκα	ἐνήνοχα	[ἐνήνεγμαι]	ἠνέχθην	*bear, carry*
φεύγω	φεύξομαι	ἔφυγον	[πέφευγα]	[πέφυγμαι]	—	*flee, escape*
φιλέω	[φιλήσω]	ἐφίλησα	πεφίληκα	[πεφίλημαι]	[ἐφιλήθην]	*love, like*
φοβέομαι	[φοβήσω]	[ἐφόβησα]	—	[πεφόβημαι]	ἐφοβήθην	*fear*
χαίρω	[χαιρήσω, χαρῶ]	[ἐχαίρησα]	[κεχάρηκα]	[κεχάρημαι]	ἐχάρην	*rejoice*
ὠφελέω	ὠφελήσω	ὠφέλησα	[ὠφέληκα]	[ὠφέλημαι]	ὠφελήθην	*help, aid, profit*

Vocabulary: Greek-English

The following pages list the over 950 Greek words introduced in the thirty chapters of the textbook. The numbers refer to the chapter(s) where the words are introduced or discussed. Note the Greek information provided for most parts of speech:

- nouns (e.g., **ἀγάπη, -ης, ἡ**, love): the nominative singular form, followed by the genitive singular ending, then the appropriate nominative singular article, which indicates the gender of the noun.

- verbs (e.g., **ἀγγέλλω, ἤγγειλα**, announce, tell): the present active indicative first person singular, followed by the corresponding form of the aorist active (or, if there is no aorist active, the aorist middle; if these are lacking, the aorist passive) tense-form. If a verb lacks aorist forms altogether, the note "no aor. form" or "no aor. in NT" is added. Verb entries also mention any unusual future or imperfect tense-forms. Three verbs (-**βαίνω**, -**εἶμι**, and -**ἵημι**) begin with a hyphen, which indicates that they appear in the Greek New Testament only with a preposition prefix.

- adjectives (e.g., **ἅγιος, -α, -ον**, holy, pure): the nominative singular forms, shown with the different endings for masculine, feminine, and neuter (depending on the gender of the substantive present or implied); other adjectives have only two endings (e.g., **ἀληθής, -ές**, true, truthful, real), which are for (1) masculine or feminine and (2) neuter substantives. We also include irregular forms of comparative and superlative adjectives.

- pronouns, with most differentiated for gender (e.g., **ἐμός, -ή, -όν**, my).

- prepositions, with case abbreviations showing the case(s) and meaning(s) of the following substantive (e.g., **μετά**, [gen.] with; [acc.] after).

Other words (adverbs and conjunctions), as well as a very few nouns and adjectives, are indeclinable, that is, have only a single form.

A

ἀγαθός, -ή, -όν; ἀμείνων, -ον; ἄριστος, -η, -ον, good, brave (2, 19)

ἀγαθός, -ή, -όν; κρείττων/κρείσσων, -ον; κράτιστος, -η, -ον, good, strong (2, 19)

ἀγαπάω, ἠγάπησα, love (4)

ἀγάπη, -ης, ἡ, love (5)

ἀγαπητός, -ή, -όν, beloved (3)

ἀγγέλλω, ἤγγειλα, announce, tell (23)

ἄγγελος, -ου, ὁ , messenger, angel (2)

ἁγιάζω, ἡγίασα, make holy, sanctify (16)

ἅγιος, -α, -ον, holy, pure (2)

ἀγνοέω, ἠγνόησα, be ignorant, not know (19)

ἀγοράζω, ἠγόρασα, buy, purchase (15)

ἀγρός, -οῦ, ὁ, field, country (13)

ἄγω, ἤγαγον, lead (6, 20, 22)

ἀδελφή, -ῆς, ἡ, sister (17)

ἀδελφός, -οῦ, ὁ, brother (2)

ἀδικέω, ἠδίκησα, do wrong, treat unjustly (16)

ἀδικία, -ας, ἡ, unrighteousness, wickedness (17)

ἄδικος, -ον, unjust (28)

ἀθετέω, ἠθέτησα, nullify, reject (23)

Αἴγυπτος, -ου, ἡ, Egypt (22)

αἷμα, -ατος, τό, blood (7)

αἴρω, ἦρα, take, remove, lift (9, 20, 22)

αἰτέω, ᾔτησα, ask (8)

αἰτία, -ας, ἡ, cause, accusation, charge, reason (20)

αἰών, -ῶνος, ὁ, age (7)

αἰώνιος, -α, -ον, eternal (3)

ἀκάθαρτος, -ον, impure, unclean; vicious (14)

ἄκανθα, -ης, ἡ, thorn plant, thorn (26)

ἀκοή, -ῆς, ἡ, hearing, report (18)

ἀκολουθέω, ἠκολούθησα, follow (4, 25)

ἀκούω, ἤκουσα, hear (4, 8, 20, 25)

ἀκροβυστία, -ας, ἡ, foreskin, uncircumcision (20)

ἀλέκτωρ, -ορος, ὁ, rooster (7)

ἀλήθεια, -ας, ἡ, truth (5)

ἀληθής, -ές, true, truthful, real (7)

ἀληθινός, -ή, -όν, true, real (16)

ἀληθῶς, truly (21)

ἀλλά, but (3, 16)

ἀλλήλων, -οις, -ους, each other, one another (23)

ἄλλος, -η, -ο, other, another (of a similar kind) (2)

ἀλλότριος, -α, -ον, belonging to another (26)

ἁμαρτάνω, ἥμαρτον, sin, do wrong (11)

ἁμαρτία, -ας, ἡ, sin (5)

ἁμαρτωλός, -όν, sinful; (noun) ὁ ἁμαρτωλός, sinner (11)

ἀμήν, truly, indeed (10)

ἀμπελών, -ῶνος, ὁ, vineyard (18)

ἀμφί, (gen., dat., acc.) on both sides (15)

ἀμφότεροι, -αι, -α, both, all (26)

ἄν (conditional particle in some contexts rendered "would," otherwise generally not translated) (6, 16)

ἀνά, (acc.) upward, up to (12)

ἀναβαίνω, ἀνέβην (fut. ἀναβήσομαι), go up (6)

ἀναβλέπω, ἀνέβλεψα, look up, receive sight (17)

ἀναγγέλλω, ἀνήγγειλα, report, announce (25)

ἀναγινώσκω, ἀνέγνων, read (14)

ἀναγκαῖος, -α, -ον, necessary, urgent (30)

ἀνάγκη, -ης, ἡ, necessity, compulsion (21)

ἀνάγω, ἀνήγαγον, lead up, bring up; (mid./pass.) set sail (18)

ἀναιρέω, ἀνεῖλα, take up or away, do away with, kill (18)

ἀνάκειμαι (no aor. form), lie, recline (26)

ἀνακρίνω, ἀνέκρινα, question, examine, judge, decide (23)

ἀναλαμβάνω, ἀνέλαβον, take up (27)

ἀναπαύω, ἀνέπαυσα, cause to rest, refresh (28)

ἀναπίπτω, ἀνέπεσον, lie down, recline (28)

ἀνάστασις, -εως, ἡ, resurrection (12)

ἀναστροφή, -ῆς, ἡ, way of life, behavior (27)

ἀναχωρέω, ἀνεχώρησα, go away, withdraw, depart (26)

ἄνεμος, -ου, ὁ, wind (14)

ἀνέχομαι, ἀνεσχόμην, endure, accept (24)

ἀνήρ, ἀνδρός, ὁ, man, husband (7)

ἀνθίστημι, ἀντέστην, set oneself against, oppose, resist (21)

ἄνθρωπος, -ου, ὁ, human being, humanity (2)

ἀνίστημι, ἀνέστησα (2nd aor. ἀνέστην; fut. ἀναστήσω), stand, rise up (10)

ἀνοίγω, ἤνοιξα, open (25)

ἀνομία, -ας, ἡ, lawlessness (24)

ἀντί, (gen.) facing, against, opposite; in place of (12)

ἄνωθεν, from above; again (27)

ἄξιος, -α, -ον, worthy (12)

ἀπαγγέλλω, ἀπήγγειλα, report, proclaim (11)

ἀπάγω, ἀπήγαγον, lead away; (pass.) be misled (24)

ἅπαξ, once, once for all (26)

ἅπας, -ασα, -αν, all, whole; (pl.) everybody, everything (14)

ἀπειθέω, ἠπείθησα, disobey (26)

ἀπέρχομαι, ἀπῆλθον (fut. ἀπελεύσομαι), go away, depart (10)

ἀπέχω, ἀπέσχον (impf. ἀπεῖχον), receive (in full), be sufficient, be distant; (mid.) abstain (20)

ἄπιστος, -ον, unbelievable; faithless, unbelieving (18)

ἀπό, (gen.) from, away from (5, 12)

ἀποδίδωμι, ἀπέδωκα (fut. ἀποδώσω), give away; (mid.) sell (18)

ἀποθνήσκω, ἀπέθανον, die (6)

ἀποκαλύπτω, ἀπεκάλυψα, uncover, reveal (17, 22)

ἀποκάλυψις, -εως, ἡ, revelation, disclosure (21)

ἀποκρίνομαι, ἀπεκρινάμην, answer (11, 20, 22)

ἀποκτείνω, ἀπέκτεινα, kill (4)

ἀπόλλυμι, ἀπώλεσα, ruin, destroy; (mid.) die, perish (18)

ἀπολύω, ἀπέλυσα, set free (4)

ἀποστέλλω, ἀπέστειλα, send (4, 20)

ἀπόστολος, -ου, ὁ, apostle (3)

ἅπτω, ἧψα, kindle; (mid.) touch, grab (12)

ἀπώλεια, -ας, ἡ, destruction, waste (21)

ἄρα, so, consequently, therefore (16)

ἀργύριον, -ου, τό, silver, money (20)

ἀρέσκω, ἤρεσα, please, strive to please (21)

ἀριθμός, -οῦ, ὁ, number (21)

ἀρνέομαι, ἠρνησάμην, refuse, deny (14)

ἀρνίον, -ου, τό, lamb, sheep (15)

ἁρπάζω, ἥρπασα, snatch, seize (26)

ἄρτι, now, at once (13)

ἄρτος, -οῦ, ὁ, bread (3)

ἀρχή, -ῆς, ἡ, beginning; authority (5)

ἀρχιερεύς, -έως, ὁ, high priest, chief priest (7)

ἄρχω, ἠρξάμην (fut. ἄρξομαι), rule; (mid.) begin (11)

ἄρχων, -οντος, ὁ, ruler (7)

ἀσθένεια, -ας, ἡ, weakness, sickness (18)

ἀσθενέω, ἠσθένησα, be weak, powerless, sick (14)

ἀσθενής, -ές, weak, sick (17)

ἀσκός, -οῦ, ὁ, leather bag, wineskin (28)

ἀσπάζομαι, ἠσπασάμην, greet, welcome (13)

ἀστήρ, -έρος, ὁ, star (18)

ἀτενίζω, ἠτένισα, look intently (26)

αὐλή, -ῆς, ἡ, courtyard (28)

αὐξάνω, ηὔξησα, grow, increase (18)

αὔριον, tomorrow, soon (26)

αὐτός, αὐτή, αὐτό, self; he, she, it; (pl.) they (9)

ἄφεσις, -εως, ἡ, release, forgiveness, remission (21)

ἀφίημι, ἀφῆκα (fut. ἀφήσω), let go, divorce, forgive, permit, leave (21, 26)

ἀφίστημι, ἀπέστησα (2nd aor. ἀπέστην; fut. ἀποστήσομαι), mislead, fall away (21)

ἄχρι(ς), until, as far as (16)

Β

Βαβυλών, -ῶνος, ἡ, Babylon (28)

-βαίνω, -έβην (fut. -βήσομαι), go (25)

βάλλω, ἔβαλον, throw, bring (6, 20, 22, 26)

βαπτίζω, ἐβάπτισα, baptize (4, 20, 22)

βάπτισμα, -ατος, τό, baptism (20)

βαπτιστής, -οῦ, ὁ, baptizer (28)

Βαρναβᾶς, -ᾶ, ὁ, Barnabas (22)

βασανίζω, ἐβασάνισα, torture (29)

βασιλεία, -ας, ἡ, kingdom (5)

βασιλεύς, -έως, ὁ, king (7)

βασιλεύω, ἐβασίλευσα, rule, reign (10)

βαστάζω, ἐβάστασα, carry, bear (16)

Βηθανία, -ας, ἡ, Bethany (29)

βῆμα, -ατος, τό, step, judicial bench (29)

βιβλίον, -ου, τό, book, scroll (14)

βλασφημέω, ἐβλασφήμησα, blaspheme, defame (14)

βλασφημία, -ας, ἡ, blasphemy, slander (21)

βλέπω, ἔβλεψα, see (8)

βοάω, ἐβόησα, call, cry out (29)

βουλή, -ῆς, ἡ, purpose, counsel (29)

βούλομαι, ἐβουλήθην, wish, want (13)

βροντή, -ῆς, ἡ, thunder (29)

βρῶμα, -ατος, τό, food (21)

Γ

γαμέω, ἐγάμησα, marry (16)

γάμος, -ου, ὁ, marriage, wedding (23)

γάρ, (postpositive) for, truly (2, 16)

γέ, (enclitic) indeed, even, at last (17)

γέεννα, -ης, ἡ, Gehenna, hell (29)

γενεά, -ᾶς, ἡ, race, family, generation (11)

γεννάω, ἐγέννησα, beget, give birth to (4, 20, 22, 25, 26)

γένος, -ους, τό, race, family, kind (20)

γεύομαι, ἐγευσάμην, taste, come to know (24)

γεωργός, -οῦ, ὁ, farmer (20)

γῆ, γῆς, ἡ, earth (5)

γίνομαι, ἐγενόμην (fut. γενήσομαι), become, happen (11, 20, 25)

γινώσκω, ἔγνων (fut. γνώσομαι), know (6, 11, 20, 22, 25)

γλῶσσα, -ης, ἡ, tongue, language (5)

γνωρίζω, ἐγνώρισα, make known, know (17)

γνῶσις, -εως, ἡ, knowledge, wisdom (15)

γνωστός, -ή, -όν, known (24)

γονεύς, -έως, ὁ, parent (20)

γόνυ, -ατος, τό, knee (29)

γράμμα, -ατος, τό, letter (of alphabet), document (26)

γραμματεύς, -έως, ὁ, secretary, scribe, lawyer (7)

γραφή, -ῆς, ἡ, writing (5)

γράφω, ἔγραψα, write (4, 20, 25, 26)

γρηγορέω, ἐγρηγόρησα, be watchful, be awake (19)

γυμνός, -ή, -όν, naked, without an outer garment (24)

γυνή, -αικός, ἡ, woman, wife (7)

Δ

δαιμονίζομαι, ἐδαιμονίσθην, be possessed by a demon (27)

δαιμόνιον, -ου, τό, demon (3)

Δαμασκός, -οῦ, ἡ, Damascus (24)

Δαυίδ, ὁ, David (22)

δέ, (postpositive) but, and, on the other hand (3, 16)

δέησις, -εως, ἡ, prayer, petition, entreaty (21)

δεῖ (3rd pers. sg.; impf. ἔδει), (impersonal verb) it is necessary (8) δείκνυμι/δεικνύω, ἔδειξα (fut. δείξω), show (18)

δεῖπνον, -ου, τό, dinner, banquet, supper (23)

δέκα, ten (29)

δένδρον, -ου, τό, tree (17)

δεξιός, -ά, -όν, right (side) (3)

δέομαι, ἐδεήθην, ask, pray (19, 20)

δέρω, ἔδειρα, skin, beat (24)

δέσμιος, -ου, ὁ, prisoner (23)

δεσμός, -οῦ, ὁ, bond; (pl.) imprisonment, prison (21)

δεῦτε, come here! (29)

δεύτερος, -α, -ον, second, secondly (11)

δέχομαι, ἐδεξάμην (fut. δέξομαι), receive (11)

δέω, ἔδησα, bind, tie (11, 20, 26)

δηλόω, ἐδήλωσα, make clear, manifest, show (16)

δηνάριον, -ου, τό, denarius (23)

διά, (gen.) through, by, during; (acc.) because of (2, 15)

διάβολος, -ον, slanderous; (noun) ὁ διάβολος, the devil (13)

διαθήκη, -ης, ἡ, covenant, decree, testament (14)

διακονέω, διηκόνησα, serve, care for (13)

διακονία, -ας, ἡ, service, office, ministry (14)

διάκονος, -ου, ὁ, ἡ, servant, deacon/deaconess (15)

διακρίνω, διεκρίθην, judge, discriminate; (mid., with pass. aor.) dispute, doubt (20)

διαλέγομαι, διελεξάμην, discuss, speak, preach, dispute, reason (27)

διαλογίζομαι (no aor. in NT), consider, reason, debate (23)

διαλογισμός, -οῦ, ὁ, thought, doubt (26)

διάνοια, -ας, ἡ, understanding, mind, thought (29)

διατάσσω, διέταξα, order, command, arrange, ordain (23, 26)

διαφέρω, διήνεγκα, carry through; differ (27)

διδασκαλία, -ας, ἡ, teaching, instruction (19)

διδάσκαλος, -ου, ὁ, teacher (3)

διδάσκω, ἐδίδαξα, teach (6, 20)

διδαχή, -ῆς, ἡ, teaching, doctrine (15)

δίδωμι, ἔδωκα (fut. δώσω), give (4, 8, 18, 22, 25, 26)

διέρχομαι, διῆλθον (fut. διελεύσομαι), go through, cross over (13)

δίκαιος, -α, -ον, upright, just, righteous (3)

δικαιοσύνη, -ης, ἡ, righteousness, justice (5)

δικαιόω, ἐδικαίωσα, justify (16, 20, 22, 26)

δίκτυον, -ου, τό, fish net (29)

διό, therefore (8)

διότι, because, therefore (18)

διψάω, ἐδίψησα, be thirsty (23)

διώκω, ἐδίωξα, persecute, pursue (11)

δοκέω, ἔδοξα, think, seem (8)

δοκιμάζω, ἐδοκίμασα, examine, put to the test, prove (19)

δόξα, -ης, ἡ, brightness, glory (5)

δοξάζω, ἐδόξασα, praise, glorify (4, 20, 22)

δουλεύω, ἐδούλευσα, serve, be a slave (17, 25)

δοῦλος, -ου, ὁ, slave, servant (2)

δράκων, -οντος, ὁ, dragon, serpent (27)

δύναμαι, ἠδυνήθην (impf. ἐδυνάμην, ἠδυνάμην), can, be able (13, 20)

δύναμις, -εως, ἡ, power (7)

δυνατός, -ή, -όν, powerful, strong, able, possible (14)

δύο, two (2, 29)

δώδεκα, twelve (9, 29)

δωρεά, -ᾶς, ἡ, gift (20)

δῶρον, -ου, τό, gift (20)

E

ἐάν (= εἰ + ἄν), if (14)

ἐὰν μή, if not, unless, except (14)

ἑαυτοῦ, -ῆς, -οῦ, himself, herself, itself; ourselves, yourselves, themselves (23)

ἐγγίζω, ἤγγισα, be near (12, 25)

ἐγγύς, near, close to (14)

ἐγείρω, ἤγειρα, raise (4, 20, 22, 26)

ἐγώ, ἐμοῦ (μου), ἐμοί (μοι), ἐμέ (με) (enclitic forms in parentheses), (pers. pron.) I, me (15)

ἔθνος, -ους, τό, nation, people (pl. ἔθνη: Gentiles) (7)

ἔθος, -ου, τό, habit, custom (29)

εἰ, if (16)

εἰ μή, if not, except (6)

εἰκών, -όνος, ἡ, image, likeness (18)

εἰμί, ἐστί(ν) (no aor. form), I am, he/she/it is (2)

-εἶμι (no aor. form), go (21)

εἰρήνη, -ης, ἡ, peace (5)

εἰς, (acc.), into, as (3, 12)

εἷς, μία, ἕν, one, someone (7, 29)

εἰσέρχομαι, εἰσῆλθον (fut. εἰσελεύσομαι), go in, enter (10)

εἰσπορεύομαι, go in, come in, enter (13)

εἶτα, then, furthermore (24)

εἴτε, if, whether (9)

ἐκ/ἐξ, (gen.) out of, from (3, 12)

ἕκαστος, -η, -ον, each, every (3)

ἑκατόν, one hundred (29)

ἑκατοντάρχης, -ου, ὁ, centurion (20)

ἐκβάλλω, ἐξέβαλον, cast out (6)

ἐκεῖ, there (6)

ἐκεῖθεν, from there (13)

ἐκεῖνος, -η, -ο, that, those; that person or thing; he, she, it, they (12)

ἐκκλησία, -ας, ἡ, assembly, church (5)

ἐκλέγομαι, ἐξελεξάμην, choose, select, elect (19)

ἐκλεκτός, -ή, -όν, select, chosen (19)

ἐκπλήσσομαι, ἐξεπλάγην, astound (27)

ἐκπορεύομαι, go out, exit (13)

ἐκτείνω, ἐξέτεινα, stretch out (23)

ἕκτος, -η, -ον, sixth (29)

ἐκχέω/ἐκχύννω, ἐξέχεα , pour out, shed, spill (16, 26)

ἐλέγχω, ἤλεγξα, expose, convict, reprove (22)

ἐλεέω, ἠλέησα, have mercy, be merciful (15)

ἔλεος, -ους, τό, mercy, pity (16)

ἐλεύθερος, -α, -ον, free, independent (18)

Ἕλλην, -ηνος, ὁ, a Greek (17)

ἐλπίζω, ἤλπισα, hope, expect (14, 25)

ἐλπίς, -ίδος, ἡ, hope (7)

ἐμαυτοῦ, -ῆς, myself (23)

ἐμβαίνω, ἐνέβην, go in, embark (23)

ἐμβλέπω, ἐνέβλεψα, look at (29)

ἐμός, -ή, -όν, (poss. pron.) my (15)

ἐμπαίζω, ἐνέπαιξα, mock (27)

ἔμπροσθεν, (gen.) before (14)

ἐν, (dat.) in, in the realm of; by means of (2, 12)

ἐνδύω, ἐνέδυσα, dress, put on (16)

ἕνεκα/ἕνεκεν, (gen.) because of, on account of (12)

ἐνεργέω, ἐνήργησα, work, produce (19)

ἐνιαυτός, -οῦ, ὁ, year, era (26)

ἐννέα, nine (29)

ἐντέλλομαι, ἐνετειλάμην, command (24)

ἐντολή, -ῆς, ἡ, commandment (5)

ἐνώπιον, (gen.) before (12)

ἕξ, six (29)

ἐξάγω, ἐξήγαγον, lead out (29)

ἐξαποστέλλω, ἐξαπέστειλα, send away (27)

ἐξέρχομαι, ἐξῆλθον (fut. ἐξελεύσομαι), go out, exit (10)

ἔξεστι (no aor. form), (impersonal verb) it is permitted, possible, proper (14)

ἐξίστημι, ἐξέστησα (2nd aor. ἐξέστην), confuse, be astonished, be amazed (21)

ἐξουσία, -ας, ἡ, authority (5)

ἔξω, (gen.) outside (10)

ἑορτή, -ῆς, ἡ, festival, feast (17)

ἐπαγγελία, -ας, ἡ, promise, pledge (5)

ἐπαγγέλλομαι, ἐπηγγειλάμην, announce, promise (24, 26)

ἐπαίρω, ἐπῆρα, lift up; (pass.) be raised up; be opposed (20)

ἐπάνω, (gen.) above, more than, over (20)

ἐπαύριον, tomorrow, the next day (22)

ἐπεί, because, since, when (17)

ἔπειτα, then (23)

ἐπερωτάω, ἐπηρώτησα, ask, inquire (4)

ἐπί, (gen., dat.) upon, over (location); (acc.) upon, up to (15)

ἐπιβάλλω, ἐπέβαλον, throw over, put on (21)

ἐπιγινώσκω, ἐπέγνων (fut. ἐπιγνώσομαι), know, understand (11)

ἐπίγνωσις, -εως, ἡ, knowledge (20)

ἐπιγράφω, ἐπέγραψα, write on or in (26)

ἐπιζητέω, ἐπεζήτησα, seek after (27)

ἐπιθυμέω, ἐπεθύμησα, desire, long for (23)

ἐπιθυμία, -ας, ἡ, desire, lust, passion (13)

ἐπικαλέομαι, ἐπεκάλεσα, call, name (15, 26)

ἐπιμένω, ἐπέμεινα, stay, remain, persist, continue (23)

ἐπίσταμαι (no aor. in NT), understand, know (26)

ἐπιστολή, -ῆς, ἡ, letter, epistle (18)

ἐπιστρέφω, ἐπέστρεψα, turn, return (13)

ἐπιτίθημι, ἐπέθηκα, put upon, add; (mid.) give (21)

ἐπιτιμάω, ἐπετίμησα, rebuke, punish, warn (16)

ἐπιτρέπω, ἐπέτρεψα, allow, permit (21)

ἐπουράνιος, -ον, heavenly (20)

ἑπτά, seven (29)

ἐργάζομαι, ἠργασάμην, work, do (13)

ἐργάτης, -ου, ὁ, workman, laborer, doer (23)

ἔργον, -ου, τό, work (2)

ἔρημος, -ον, abandoned, desolate; (noun) ἡ ἔρημος, desert (3)

ἔρχομαι, ἦλθον (fut. ἐλεύσομαι), go, come (6, 25)

ἐρωτάω, ἠρώτησα, ask (4)

ἐσθίω, ἔφαγον (fut. φάγομαι), eat (6, 11)

ἔσχατος, -η, -ον, last (3)

ἔσωθεν, from inside, within (29)

ἕτερος, -α, -ον, other, another (of a different kind) (2)

ἔτι, still, yet (16)

ἑτοιμάζω, ἡτοίμασα, prepare (26)

ἕτοιμος, -η, -ον, ready, prepared (22)

ἔτος, -ους, τό, year (7)

εὐαγγελίζω, εὐηγγέλισα, bring good news (11)

εὐαγγέλιον, -ου, τό, good news, gospel (2)

εὐδοκέω, εὐδόκησα, be well pleased, consent (19)

εὐθέως, εὐθύς, immediately, at once (11)

εὐλογέω, εὐλόγησα, speak well of, praise (12, 20)

εὐλογία, -ας, ἡ, praise, flattery, blessing (23)

εὑρίσκω, εὗρον, find (6, 20, 22, 25)

εὐσέβεια, -ας, ἡ, piety, godliness, religion (24)

εὐφραίνω, εὔφρανα, cheer; (pass.) rejoice (26)

εὐχαριστέω, εὐχαρίστησα, be thankful (13)

εὐχαριστία, -ας, ἡ, thankfulness, thanksgiving (24)

ἐφίστημι, ἐπέστην, stand by, appear, come upon (19)

ἐχθρός, -ά, -όν, hostile, hating; (noun) ὁ ἐχθρός, enemy (14)

ἔχω, ἔσχον (impf. εἶχον, fut. ἕξω), have (6, 8, 25)

ἕως, (gen.) until (8)

Z

ζάω, ἔζησα, live (16)

Ζεβεδαῖος, -ου, ὁ, Zebedee (29)

ζῆλος, -ου, ὁ, zeal, jealousy (23)

ζητέω, ἐζήτησα, seek (8)

ζωή, -ῆς, ἡ, life (5)

ζῷον, -ου, τό, living thing (animal) (18)

H

ἤ, or, than (16)

ἤ… ἤ, either… or (16)

ἡγεμών, -όνος, ὁ, governor, leader (7)

ἡγέομαι, ἡγησάμην, lead, guide, think, consider (16, 26)

ἤδη, already (4)

ἡδύς, -εῖα, -ύ; ἡδίων, -ον; ἥδιστος, -η, -ον, sweet (19)

ἥκω, ἧξα, be present, come (17)

ἥλιος, -ου, ὁ, sun (14)

ἡμεῖς, ἡμῶν, ἡμῖν, ἡμᾶς, (pers. pron.) we, us (15)

ἡμέρα, -ας, ἡ, day (5)

ἡμέτερος, -α, -ον, (poss. pron.) our (15)

Θ

θάλασσα, -ης, ἡ, sea, lake (5)

θάνατος, -ου, ὁ, death (2)

θαυμάζω, ἐθαύμασα, marvel, be amazed (6)

θεάομαι, ἐθεασάμην, see, look at (19, 26)

θέλημα, -ατος, τό, will, wish (7)

θέλω, ἠθέλησα (impf. ἤθελον), intend (wish, will, want) (6)

θεμέλιος, -ου, ὁ, foundation (24)

θεμελιόω, ἐθεμελίωσα, found, establish, lay a foundation (24, 26)

θεός, -οῦ, ὁ, ἡ, God, god/goddess (2)

θεραπεύω, ἐθεράπευσα, heal (11)

θερίζω, ἐθέρισα, harvest, reap (19)

θεωρέω, ἐθεώρησα, see, look at (8)

θηρίον, -ου, τό, animal, beast (11)

θησαυρός, -οῦ, ὁ, treasure (22)

θλῖψις, -εως, ἡ, oppression, trouble, tribulation (11)

θνήσκω (in NT only pf. act.: τέθνηκα), die (25)

θρίξ, τριχός, ἡ, hair (24)

θρόνος, -ου, ὁ, throne (3)

θυγάτηρ, -τρός, ἡ, daughter, woman (16)

θυμός, -οῦ, ὁ, passion, anger, wrath (21)

θύρα, -ας, ἡ, door, gate, entrance (12)

θυσία, -ας, ἡ, sacrifice, offering (16)

θυσιαστήριον, -ου, τό, altar (18)

θύω, ἔθυσα, sacrifice (26)

I

Ἰακώβ, ὁ, Jacob (22)

ἰάομαι, ἰασάμην, heal, cure (16)

ἴδε, behold! here (15)

ἴδιος, -α, -ον, one's own (2)

ἰδού, behold, lo (2)

ἱερεύς, -έως, ὁ, priest (14)

ἱερόν, -οῦ, τό, temple (3)

Ἱεροσόλυμα, -ων, τά, and Ἱερουσαλήμ, ἡ, Jerusalem (22)

-ἵημι, -ἧκα (fut. -ἥσω), throw, hurl, send (21, 22)

Ἰησοῦς, -οῦ, ὁ, Jesus (2)

ἱκανός, -ή, -όν, sufficient, fit, considerable (12)

ἱμάτιον, -ου, τό, garment (3)

ἵνα, in order that, so that (14, 16)

ἵππος, -ου, ὁ, horse (22)

Ἰσαάκ, ὁ, Isaac (22)

Ἰσραήλ, ὁ, Israel (22)

ἵστημι, ἔστησα (2nd aor. ἔστην, fut. στήσω), set, place, cause to stand; stand, stand still (4, 8, 18, 20, 22, 25)

ἰσχυρός, -ά, -όν, strong, powerful (15)

ἰσχύω, ἴσχυσα, be powerful, be able (16)

ἰχθύς, -ύος, ὁ, fish (7)

Ἰωσήφ, ὁ, Joseph (22)

Κ

κἀγώ (= καὶ + ἐγώ), I also, even I (13)

καθάπερ, just as (28)

καθαρίζω, ἐκαθάρισα, make or declare clean, cleanse, purify (14, 20)

καθαρός, -ά, -όν, pure, clean (16)

καθεύδω (no aor. in NT), sleep (19)

κάθημαι (no aor. form), sit, stay (13)

καθίζω, ἐκάθισα, sit, cause to sit down (11)

καθίστημι, κατέστησα (fut. καταστήσω), bring, appoint, constitute (19)

καθώς, just as, even as (16)

καί, and; even, also (2, 16)

καὶ… καί, both… and (2)

καινός, -ή, -όν, new, unknown (12)

καιρός, -οῦ, ὁ, time, season (3)

Καῖσαρ, -αρος, ὁ, Caesar, emperor (15)

Καισάρεια, -ας, ἡ, Caesarea (22)

καίω, ἔκαυσα, burn (29)

κακός, -ή, -όν; κακίων, -ον; κάκιστος, -η, -ον, bad, evil (2, 19)

κακός, -ή, -όν; χείρων, -ον; χείριστος, -η, -ον, bad, inferior (2, 19)

κακῶς, badly, wickedly (23)

κάλαμος, -ου, ὁ, reed (29)

καλέω, ἐκάλεσα, call, summon (13, 20, 22, 26)

καλός, -ή, -όν; καλλίων, -ον; κάλλιστος, -η, -ον, beautiful, useful, good (2, 19)

καλῶς, well, beautifully (13)

καπνός, -οῦ, ὁ, smoke (28)

καρδία, -ας, ἡ, heart (5)

καρπός, -οῦ, ὁ, fruit (2)

κατά, (gen.) down from; (acc.) according to (15)

καταβαίνω, κατέβην (fut. καταβήσομαι), come down (10)

καταγγέλλω, κατήγγειλα, proclaim, make known, declare (21)

καταισχύνω, κατησχύνθην, dishonor, put to shame (28)

κατακαίω, κατέκαυσα, burn down (29)

κατάκειμαι (no aor. form), lie down (29)

κατακρίνω, κατέκρινα, condemn, pass judgment upon (21)

καταλαμβάνω, κατέλαβον, seize, overtake, apprehend; (mid.) grasp (24)

καταλείπω, κατέλιπον, leave; (pass.) remain (18)

καταλύω, κατέλυσα, destroy, tear down (22)

κατανοέω, κατενόησα, notice, consider, observe, perceive (26)

καταντάω, κατήντησα, arrive, attain (28)

καταργέω, κατήργησα, abolish, destroy (16, 22, 26)

καταρτίζω, κατήρτισα, restore, prepare (26)

κατεργάζομαι, κατειργασάμην, achieve, produce (19)

κατέρχομαι, κατῆλθον, come down, arrive (23)

κατεσθίω, κατέφαγον, eat up, consume, devour (26)

κατέχω, κατέσχον (impf. κατεῖχον), hold back, restrain (22)

κατηγορέω, κατηγόρησα, accuse (18)

κατοικέω, κατῴκησα, live, dwell (11)

καυχάομαι, ἐκαυχησάμην, boast (16)

Καφαρναούμ, ἡ, Capernaum (22)

κεῖμαι (no aor. form), lie, stand, exist, be situated (21)

κελεύω, ἐκέλευσα, command, order (17)

κενός, -ή, -όν, empty, without content, vain (21)

κενόω, ἐκένωσα, empty, make powerless (22)

κερδαίνω, ἐκέρδησα, gain, profit (22)

κεφαλή, -ῆς, ἡ, head (5)

κηρύσσω, ἐκήρυξα, proclaim, preach (8, 20, 22)

κλαίω, ἔκλαυσα, weep, weep for, mourn (12)

κλάω, ἔκλασα, break (26)

κλείω, ἔκλεισα, shut, lock, close (23)

κλέπτης, -ου, ὁ, thief (23)

κλέπτω, ἔκλεψα, steal (28)

κληρονομέω, ἐκληρονόμησα, inherit, receive (21)

κληρονομία, -ας, ἡ, inheritance (26)

κληρονόμος, -ου, ὁ, heir (25)

κοιλία, -ας, ἡ, stomach, belly, womb (19)

κοιμάομαι, ἐκοιμήθην, sleep; die (21, 22)

κοινός, -ή, -όν, common, unclean (26)

κοινόω, ἐκοίνωσα, make common; make unclean, defile (25)

κοινωνία, -ας, ἡ, fellowship (20)

κολλάω, ἐκόλλησα, unite, join (29)

κοπιάω, ἐκοπίασα, become tired, work hard, labor (18, 25)

κόπος, -ου, ὁ, trouble, work, labor (21)

κόσμος, -ου, ὁ, world (3)

κράζω, ἔκραξα, cry (out) (4)

κρατέω, ἐκράτησα, grasp, hold (11)

κράτος, -ους, τό, power, dominion, might (29)

κρίμα, -ατος, τό, judgment, condemnation (16)

κρίνω, ἔκρινα, judge (8, 22, 25, 26)

κρίσις, -εως, ἡ, judgment (11)

κριτής, -οῦ, ὁ, judge (20)

κρυπτός, -ή, -όν, hidden, secret (22)

κρύπτω, ἔκρυψα, hide, conceal (21)

κτίζω, ἔκτισα, create (25)

κτίσις, -εως, ἡ, creation, creature (20)

κύριος, -ου, ὁ, lord, Lord (2)

κωλύω, ἐκώλυσα, hinder, prevent, forbid (18)

κώμη, -ης, ἡ, village (16)

κωφός, -ή, -όν, dull, dumb (mute and deaf) (26)

Λ

Λάζαρος, -ου, ὁ, Lazarus (25)

λαλέω, ἐλάλησα, speak (4, 8, 25)

λαμβάνω, ἔλαβον (fut. λήμψομαι), take, receive (6, 11, 20, 25)

λαός, -οῦ, ὁ, people (2)

λατρεύω, ἐλάτρευσα, serve, worship (19)

λέγω, εἶπον (fut. ἐρῶ), say, speak (6, 25, 26)

λείπω, ἔλιπον, leave; fall short (6)

λευκός, -ή, -όν, white, bright (17)

λῃστής, -οῦ, ὁ, bandit, robber (25)

λίαν, very much, exceedingly, greatly (29)

λίθος, -ου, ὁ, stone (3)

λιμός, -οῦ, ὁ, ἡ, hunger, famine (29)

λογίζομαι, ἐλογισάμην, calculate, consider, count (13)

λόγος, -ου, ὁ, word (2)

λοιπός, -ή, -όν, remaining (3)

λυπέω, ἐλύπησα, grieve, become sad; offend (17, 20, 22)

λύπη, -ης, ἡ, grief, sorrow, pain (23)

λυχνία, -ας, ἡ, lampstand (29)

λύχνος, -ου, ὁ, lamp (26)

λύω, ἔλυσα, loose, destroy (4, 20, 22)

Μ

Μαγδαληνή, -ῆς, ἡ, Magdalene (29)

μαθητής, -οῦ, ὁ, disciple (5)

μακάριος, -α, -ον, blessed (3)

Μακεδονία, -ας, ἡ, Macedonia (22)

μακρόθεν, from far away (26)

μακροθυμία, -ας, ἡ, patience, endurance (26)

μάλιστα, most of all, especially (29)

μᾶλλον, rather, more (16)

μανθάνω, ἔμαθον, learn (17)

Μάρθα, -ας, ἡ, Martha (28)

Μαρία, -ας, ἡ, Mary (22)

Μαριάμ, ἡ, Mary (22)

μαρτυρέω, ἐμαρτύρησα, bear witness (9, 25, 26)

μαρτυρία, -ας, ἡ, testimony, witness (13)

μαρτύριον, -ου, τό, testimony, proof (20)

μάρτυς, -υρος, ὁ, witness, martyr (13)

μάχαιρα, -ης, ἡ, sword (15)

μέγας, μεγάλη, μέγα; μείζων, -ον; μέγιστος, -η, -ον, large, great (19)

μέλλω (fut. μελλήσω, no aor. in NT), intend (be about to) (6)

μέλος, -ους, τό, member, part (14)

μέν, (postpositive) on the one hand, indeed (often untranslated) (16)

μέν… δέ, on the one hand… on the other hand (16)

μένω, ἔμεινα, remain (4, 25)

μερίζω, ἐμέρισα, divide, distribute (26)

μεριμνάω, ἐμερίμνησα, have anxiety, be anxious, worry (20)

μέρος, -ους, τό, part, district (12)

μέσος, -η, -ον, middle (in the midst) (3)

μετά, (gen.) with; (acc.) after (15)

μεταβαίνω, μετέβην (fut. μεταβήσομαι), go or pass over, depart (29)

μετανοέω, μετενόησα, repent, change one's mind (14)

μετάνοια, -ας, ἡ, repentance (19)

μέτρον, -ου, τό, measure, quantity (26)

μέχρι(ς), (gen.) until, as far as (22)

μή, (with nonindicative moods) not (4)

μηδέ, and not (4)

μηδείς, μηδεμία, μηδέν, no one, nothing (7)

μηκέτι, no longer (19)

μήν, indeed, surely (21)

μήποτε, never, lest (with subj. verb) (17)

μήτε, and not (4)

μήτηρ, -τρός, ἡ, mother (7)

μικρός, -ά, -όν; μικρότερος, -α, -ον or ἐλάττων/ἐλάσσων, -ον; ἐλάχιστος, -η, -ον, small, short, little (11, 19)

μιμνῄσκομαι, ἐμνήσθην, remember (20)

μισέω, ἐμίσησα, hate (12, 25)

μισθός, -οῦ, ὁ, wages, punishment, reward (15)

μνημεῖον, -ου, τό, monument, tomb (12)

μνημονεύω, ἐμνημόνευσα, remember (19)

μοιχεύω, ἐμοίχευσα, commit adultery (25)

μόνος, -η, -ον, only, alone (2)

μύρον, -ου, τό, ointment (26)

μυστήριον, -ου, τό, mystery (16)

μωρός, -ά, -όν, foolish, stupid (29)

Μωϋσῆς, -έως, ὁ, Moses (22)

N

Ναζωραῖος, -ου, ὁ, Nazarene (28)

ναί, yes, indeed, truly (14)

ναός, -οῦ, ὁ, temple (11)

νεανίας, -ου, ὁ, young man (5)

νεκρός, -ά, -όν, dead (2)

νέος, -α, -ον, new, fresh, young (18)

νεφέλη, -ης, ἡ, cloud (17)

νήπιος, -α, -ον, infantile, immature; (noun) child (25)

νηστεύω, ἐνήστευσα, fast, go without food (20)

νικάω, ἐνίκησα, conquer, overcome (16, 25)

νίπτω, ἔνιψα, wash (23)

νοέω, ἐνόησα, perceive, think (26)

νομίζω, ἐνόμισα, think, suppose; (pass.) be the custom (25)

νόμος, -ου, ὁ, law, rule (3)

νοῦς, νοός, ὁ, mind (7)

νυμφίος, -ου, ὁ, bridegroom (23)

νῦν, now (9)

νυνί, now (emphatic form) (19)

νύξ, νυκτός, ἡ, night (7)

Ξ

ξένος, -η, -ον, strange, foreign (26)

ξηραίνω, ἐξήρανα, dry up, wither (25)

ξύλον, -ου, τό, wood, tree (20)

O

ὁ, ἡ, τό, (article) the (3)

ὅδε, ἥδε, τόδε, this, these (12)

ὁδός, -οῦ, ἡ, way, road (2)

ὀδούς, ὀδόντος, ὁ, tooth (29)

ὅθεν, from where, from which (25)

οἶδα (plpf. ᾔδειν, fut. εἰδήσω), know (25)

οἰκία, -ας, ἡ, house, household (5)

οἰκοδεσπότης, -ου, ὁ, master of the house (30)

οἰκοδομέω, ᾠκοδόμησα, build (12, 26)

οἰκοδομή, -ῆς, ἡ, building; edification (21)

οἶκος, -ου, ὁ, house (2)

οἰκουμένη, -ης, ἡ, inhabited earth, world (25)

οἶνος, -ου, ὁ, wine, vineyard (14)

οἷος, -α, -ον, of what kind (26)

ὀκτώ, eight (29)

ὀλίγος, -η, -ον, small, little; (pl.) few (12)

ὅλος, -η, -ον, whole, entire (2)

ὄμνυμι/ὀμνύω, ὤμοσα, swear, take an oath (18)

ὅμοιος, -α, -ον, like, similar (11)

ὁμοιόω, ὡμοίωσα, make like, compare; (pass.) be like, resemble (25)

ὁμοίως, likewise, similarly (15)

ὁμολογέω, ὡμολόγησα, confess, admit, profess (17)

ὄνομα, -ατος, τό, name, title (7)

ὀπίσω, (gen.) behind, after (13)

ὅπου, where, since (6)

ὅπως, in order that, so that (14, 16)

ὅραμα, -ατος, τό, vision (30)

ὁράω, εἶδον (fut. ὄψομαι), see (6, 20, 22, 25)

ὀργή, -ῆς, ἡ, anger, wrath (13)

ὅριον, -ου, τό, boundary; region (30)

ὄρος, -ους, τό, mountain, hill (7)

ὅς, ἥ, ὅ, (rel. pron.) who, which, what, that (5)

ὅταν (= ὅτε + ἄν), when, whenever (16)

ὅτε, when (8, 16)

ὅτι, because, that (2, 16)

οὗ, where, to which (neut. gen. sg. form of rel. pron.) (18)

οὐ/οὐκ/οὐχ, (enclitic; with indic. mood) not, no (4)

οὐαί, woe, alas (11)

οὐδέ, and not, nor (4)

οὐδείς, οὐδεμία, οὐδέν, no one, nothing (7)

οὐδέποτε, never (23)

οὐκέτι, no longer, no more (11)

οὖν, (postpositive) therefore (16)

οὔπω, not yet (17)

οὐρανός, -οῦ, ὁ, heaven (2)

οὖς, ὠτός, τό, ear, hearing (13)

οὔτε, and not, nor (4)

οὗτος, αὕτη, τοῦτο, this, these; this person or thing; he, she, it, they (12)

οὕτως, thus (3)

οὐχί, not, no, no indeed (4)

ὀφείλω (no aor. in NT), owe; ought, must (9)

ὀφθαλμός, -οῦ, ὁ, eye, sight (2)

ὄφις, -εως, ὁ, snake, serpent (27)

ὄχλος, -ου, ὁ, crowd, multitude (2)

ὄψιος, -α, -ον, late (in the day); (noun) ἡ ὀψία, evening (25)

Π

πάθημα, -ατος, τό, suffering, passion (24)

παιδεύω, ἐπαίδευσα, educate, teach, train (27)

παιδίον, -ου, τό, small child (3)

παιδίσκη, -ης, ἡ, servant girl, female slave (28)

παῖς, παιδός, ὁ, ἡ, boy, girl; servant (7)

παλαιός, -ά, -όν, old, former (20)

πάλιν, again (8)

πάντοτε, always (12)

παρά, (gen.) from; (dat.) before, by the side of, beside; (acc.) beside, beyond, along (3, 15)

παραβολή, -ῆς, ἡ, parable (5)

παραγγέλλω, παρήγγειλα, give orders, command, instruct (14)

παραγίνομαι, παρεγενόμην, arrive, appear (13)

παραδίδωμι, παρέδωκα (fut. παραδώσω), give, entrust, hand over; betray (4, 8)

παράδοσις, -εως, ἡ, tradition (28)

παραιτέομαι, παρητησάμην, ask for, excuse, decline (30)

παρακαλέω, παρεκάλεσα, call, invite, encourage (4)

παράκλησις, -εως, ἡ, encouragement, comfort (15)

παραλαμβάνω, παρέλαβον (fut. παραλήμψομαι), take, take along, receive (6)

παράπτωμα, -ατος, τό, transgression, sin, trespass (20)

παραχρῆμα, at once, immediately (20)

πάρειμι (no aor. form), be present, have arrived (18)

παρέρχομαι, παρῆλθον (fut. παρελεύσομαι), go or pass by; neglect, disobey (11)

παρέχω, παρέσχον (impf. παρεῖχον), offer, grant; cause, afford (24)

παρθένος, -ου, ἡ, ὁ, virgin (female or male) (25)

παρίστημι, παρέστησα (2nd aor. παρέστην, fut. παραστήσω), place beside, present; stand by (18)

παρουσία, -ας, ἡ, presence, coming (18)

παρρησία, -ας, ἡ, confidence, boldness (14)

πᾶς, πᾶσα, πᾶν, all, every (7)

πάσχα, τό (indeclinable), Passover (meal and lamb) (15)

πάσχω, ἔπαθον, suffer, endure (12)

πατήρ, πατρός, ὁ, father (7)

Παῦλος, -ου, ὁ, Paul (22)

παύω, ἔπαυσα, stop, cease (25, 26)

πείθω, ἔπεισα, persuade (8, 25, 26)

πεινάω, ἐπείνασα, hunger (18)

πειράζω, ἐπείρασα, attempt; test, tempt (13)

πειρασμός, -οῦ, ὁ, test, temptation (19)

πέμπω, ἔπεμψα, send (4, 22)

πέντε, five (13, 29)

πέραν, (gen.) on the other side, beyond (18)

περί, (gen.) about, concerning; (acc.) about, around (3, 15)

περιβάλλω, περιέβαλον, put on, clothe, put around (18)

περιδέω (no aor. form), wrap, bind (26)

περιπατέω, περιεπάτησα, walk, live (8)

περισσεύω, ἐπερίσσευσα, exceed, overflow (12)

περισσοτέρως, even more, far greater (30)

περιτέμνω, περιέτεμον, circumcise (23)

περιτομή, -ῆς, ἡ, circumcision (13)

πετεινόν, -οῦ, τό, bird (27)

πέτρα, -ας, ἡ, rock, stone (25)

Πέτρος, -ου, ὁ, Peter (22)

πιάζω, ἐπίασα, take hold of, seize (30)

Πιλᾶτος, -ου, ὁ, Pilate (22)

πίμπλημι, ἔπλησα, fill, fulfill; (pass.) come to an end (18, 20)

πίνω, ἔπιον (fut. πίομαι), drink (10, 11)

πίπτω, ἔπεσα (fut. πεσοῦμαι), fall (4, 11)

πιστεύω, ἐπίστευσα, believe (4, 20, 25, 26)

πίστις, -εως, ἡ, faith, trust (7)

πιστός, -ή, -όν, faithful, believing (3)

πλανάω, ἐπλάνησα, mislead, deceive (16, 22)

πληγή, -ῆς, ἡ, blow, plague (19)

πλῆθος, -ους, τό, number, crowd, multitude (14)

πληθύνω, ἐπληθύνθην, increase, multiply (30)

πλήν, but, however, only; except (14)

πλήρης, -ες, filled, full (24)

πληρόω, ἐπλήρωσα, fill, complete (16, 22, 25, 26)

πλήρωμα, -ατος, τό, fullness, fulfillment (23)

πλησίον, (gen.) near, close to; (noun) ὁ πλησίον, neighbor (23)

πλοῖον, -ου, τό, boat (3)

πλούσιος, -α, -ον, rich, wealthy (16)

πλουτέω, ἐπλούτησα, be rich (30)

πλοῦτος, -ου, ὁ, τό, riches (19)

πνεῦμα, -ατος, τό, spirit, wind, breath (7)

πνευματικός, -ή, -όν, spiritual (17)

πόθεν, from where? from which? whence? (15)

ποιέω, ἐποίησα, do, make (4, 8, 25)

ποιμήν, -μένος, ὁ, shepherd (7)

ποῖος, -α, -ον, which? what? of what kind? (14)

πόλεμος, -ου, ὁ, war, fight (21)

πόλις, -εως, ἡ, city, town (7)

πολλάκις, many times, often, frequently (21)

πολύς, πολλή, πολύ; πλείων, -έον/εῖον; πλεῖστος, -η,
    -ον, much, many (7, 19)

πονηρός, -ά, -όν, evil, bad (2)

πορεύομαι, ἐπορεύθην, go (13, 20, 22)

πορνεία, -ας, ἡ, sexual immorality, fornication (17)

πόρνη, -ης, ἡ, prostitute (30)

πόσος, -η, -ον, how great? how much? how many? (16)

ποταμός, -οῦ, ὁ, river, stream (23)

ποτέ, (enclitic) at some time, ever (15)

ποτήριον, -ου, τό, cup, drinking vessel (14)

ποτίζω, ἐπότισα, give to drink (25)

ποῦ, where? at what place? (9)

πούς, ποδός, ὁ, foot (7)

πράσσω, ἔπραξα, do, accomplish (12)

πρεσβύτερος, -α, -ον, older, elder (3)

πρίν, (gen.) before (28)

πρό, (gen.) before, in front of (11, 12)

προάγω, προήγαγον, lead forward, go before (20)

πρόβατον, -ου, τό, sheep (12)

πρόθεσις, εως, ἡ, plan, purpose (30)

προλέγω, προεῖπον, tell beforehand, say before (25)

πρός, (gen.) to, toward; (dat.) to, toward, at; (acc.) to,
    toward, with, at (2, 15)

προσδέχομαι, προσεδεξάμην, receive, await (27)

προσδοκάω (no aor. in NT), wait for, look for (24)

προσέρχομαι, προσῆλθον (fut. προσελεύσομαι), go to,
    approach (10)

προσευχή, -ῆς, ἡ, prayer (13)

προσεύχομαι, προσηυξάμην, pray (13)

προσέχω, προσέσχον (impf. προσεῖχον), pay attention
    to, attend to (18)

προσκαλέομαι, προσεκαλεσάμην, invite, call (15)

προσκυνέω, προσεκύνησα, worship, bow down before
    (4)

προσλαμβάνομαι, προσελαβόμην, take aside, accept,
    receive (30)

προστίθημι, προσέθηκα, add to, increase, provide (21)

προσφέρω, προσήνεγκα, bring to, offer (11)

πρόσωπον, -ου, τό, face (3)

προφητεία, -ας, ἡ, prophecy (20)

προφητεύω, ἐπροφήτευσα, prophesy (16)

προφήτης, -ου, ὁ, prophet (5)

πρωΐ, early (30)

πρῶτος, -η, -ον, first (2)

πτωχός, -ή, -όν, poor, miserable (14)

πυλών, -ῶνος, ὁ, gate, entrance (21)

πυνθάνομαι, ἐπυθόμην, inquire, learn (30)

πῦρ, -ός, τό, fire (no pl. in the NT) (7)

πωλέω, ἐπώλησα, sell (19)

πῶλος, -ου, ὁ, colt, horse (30)

πῶς, how? in what way? (9)

πώς, (enclitic) somehow, in some way, perhaps (25)

Ρ

ῥαββί (indeclinable; in NT only as term of address),
    rabbi, teacher (25)

ῥάβδος, -ου, ἡ, rod, staff (30)

ῥῆμα, -ατος, τό, word, saying (7)

ῥίζα, -ης, ἡ, root, source (23)

ῥύομαι, ἐρρυσάμην, save, rescue, deliver (23)

Ῥωμαῖος, -α, -ον, Roman (30)

Σ

σάββατον, -ου, τό, Sabbath (2)

Σαδδουκαῖος, -ου, ὁ, Sadducee (27)

σαλεύω, ἐσάλευσα, shake, cause to move (25)

σαλπίζω, ἐσάλπισα, sound the trumpet (30)

σάρξ, σαρκός, ἡ, flesh (7)

Σατανᾶς, -ᾶ, ὁ, Satan (13)

Σαῦλος, -ου, ὁ, Saul (25)

σεαυτοῦ, -ῆς, yourself (sg.) (23)

σεισμός, -οῦ, ὁ, shaking, earthquake (27)

σημεῖον, -ου, τό, sign (3)

σήμερον, today (12)

Σιλᾶς, -ᾶ, ὁ, Silas (30)

σῖτος, -ου, ὁ, wheat, grain (27)

σκανδαλίζω, ἐσκανδάλισα, cause to sin, make angry;
    take offense (15, 20, 22)

σκάνδαλον, -ου, τό, cause of stumbling, stumbling
    block (25)

σκεῦος, -ους, τό, object, vessel (18)

σκηνή, -ῆς, ἡ, tent (20)

σκοτία, -ας, ἡ, darkness (24)

σκότος, -ους, τό, darkness (14)

Σολομών, -ῶνος, ὁ, Solomon (30)

σός, -ή, -όν, (poss. pron.) your (sg.) (15)

σοφία, -ας, ἡ, wisdom (5)

σοφός, -ή, -όν, wise, learned (20)

σπείρω, ἔσπειρα, sow (4, 22)

σπέρμα, -ατος, τό, seed (11)

σπλαγχνίζομαι, ἐσπλαγχνίσθην, have pity (30)

σπουδή, -ῆς, ἡ, haste, eagerness (30)

σταυρός, -οῦ, ὁ, cross (16)

σταυρόω, ἐσταύρωσα, crucify (16, 22)

στέφανος, -ου, ὁ, crown (21)

στηρίζω, ἐστήρισα, fix, establish (28)

στόμα, -ατος, τό, mouth, speech (7)

στρατιώτης, -ου, ὁ, soldier (17)

στρέφω, ἔστρεψα, turn, return (19, 20, 22)

σύ, σού (σου), σοί (σοι), σέ (σε) (enclitic forms in parentheses), (pers. pron.) you (sg.) (15)

συκῆ, -ῆς, ἡ, fig tree (24)

συλλαμβάνω, συνέλαβον (fut. συλλήμψομαι), arrest, catch, take; become pregnant; (mid.) seize, help (24)

συμφέρω, συνήνεγκα, bring together; (impersonal) it is good, better, profitable (25)

σύν, (dat.) with (accompanying) (7, 12)

συνάγω, συνήγαγον, gather (6)

συναγωγή, -ῆς, ἡ, synagogue (5)

συνέδριον, -ου, τό, Sanhedrin, council (19)

συνείδησις, -εως, ἡ, conscience (15)

συνεργός, -όν, working together; (noun) ὁ συνεργός, helper (28)

συνέρχομαι, συνῆλθον, go with, have sexual relations (15)

συνέχω, συνέσχον (impf. συνεῖχον), torment, press hard (30)

συνίημι, συνῆκα (fut. συνήσω), understand (21)

συνίστημι, συνέστησα, recommend, stand by, hold together (21)

συντίθημι, συνεθέμην, (act. and pass.) put or place with (26)

σφραγίζω, ἐσφράγισα, put a seal on, mark (25)

σφραγίς, -ῖδος, ἡ, seal, inscription (24)

σῴζω, ἔσωσα (fut. σώσω), save (8, 20, 22, 25)

σῶμα, -ατος, τό, body (7)

σωτήρ, -ῆρος, ὁ, savior, benefactor (7)

σωτηρία, -ας, ἡ, salvation, deliverance (11)

Τ

τάλαντον, -ου, τό, talent (Greek monetary unit based on weight) (27)

ταπεινόω, ἐταπείνωσα, be humble (27)

ταράσσω, ἐτάραξα, disturb, trouble (23)

τάσσω, ἔταξα, order, appoint (26)

ταχέως, quickly, soon (adv. form of ταχύς) (25)

ταχύ, quickly (neut. adv. form of ταχύς) (25)

ταχύς, -εῖα, -ύ; ταχίων, -ον or θάττων/θάσσων, -ον; τάχιστος, -η, -ον, swift; (neut. sg. used as adv.) quickly, soon (19)

τέ, (enclitic) indeed (emphatic particle) (9)

τέκνον, -ου, τό, child (3)

τέλειος, -α, -ον, perfect, complete, mature (20)

τελειόω, ἐτελείωσα, complete, fulfill, make perfect (18, 26)

τελέω, ἐτέλεσα, finish, pay, fulfill (16, 26)

τέλος, -ους, τό, end, goal; tax (12)

τελώνης, -ου, ὁ, tax collector (19)

τέρας, -ατος, τό, omen, portent, wonder (24)

τέσσαρες, -α, four (12, 29)

τεσσεράκοντα, forty (29)

τηρέω, ἐτήρησα, keep (8, 25, 26)

τίθημι, ἔθηκα (fut. θήσω), put, place (4, 21, 22, 25)

τίκτω, ἔτεκον (fut. τέξομαι), bear, give birth (21, 22)

τιμάω, ἐτίμησα, honor, value (16)

τιμή, -ῆς, ἡ, value, honor, price (12)

τίμιος, -α, -ον, valuable, honorable (28)

Τιμόθεος, -ου, ὁ, Timothy (22)

τίς, τί, who? which? what? (9)

τις, τι, (enclitic) someone, anyone, something, anything; a certain one (9)

Τίτος, -ου, ὁ, Titus (28)

τολμάω, ἐτόλμησα, dare (24)

τόπος, -ου, ὁ, place (3)

τοσοῦτος, -αύτη, -οῦτον, so great, so large, so much (declined like dem. pron.) (20)

τότε, then (11)

τράπεζα, -ης, ἡ, table (25)

τρεῖς, τρία, three (29)

τρέπω, ἔτρεψα, turn (20)

τρέφω, ἔθρεψα, feed, nourish (26)

τρέχω, ἔδραμον, run, make an effort (20)

τρίτος, -η, -ον, third (3)

τροφή, -ῆς, ἡ, nourishment, food (24)

τυγχάνω, ἔτυχον, attain, obtain (30)

τύπος, -ου, ὁ, mark, image, pattern, example (25)

τύπτω (no aor. in NT), hit, beat (28)

τυφλός, -ή, -όν, blind (3)

Υ

ὑγιαίνω (no aor. in NT), be healthy (30)

ὕδωρ, -ατος, τό, water (7)

υἱός, -οῦ, ὁ, son (2)

ὑμεῖς, ὑμῶν, ὑμῖν, ὑμᾶς, (pers. pron.) you (pl.) (15)

ὑμέτερος, -α, -ον, (poss. pron.) your (pl.) (15)

ὑπάγω (no aor. in NT), go away (9)

ὑπακοή, -ῆς, ἡ, obedience (25)

ὑπακούω, ὑπήκουσα, obey (19)

ὑπάρχω (no aor. in NT), be, exist (8)

ὑπέρ, (gen.) on behalf of, instead of; (acc.) over, above, beyond (15)

ὑπηρέτης, -ου, ὁ, servant, assistant (20)

ὑπό, (gen.) by (by means of); (acc.) under (15)

ὑποκριτής, -οῦ, ὁ, hypocrite, pretender (23)

ὑπομένω, ὑπέμεινα, remain, endure (23)

ὑπομονή, -ῆς, ἡ, patience, endurance (14)

ὑποστρέφω, ὑπέστρεψα, turn back, return (13)

ὑποτάσσω, ὑπέταξα, put in subjection; (pass.) submit to, obey (13)

ὑστερέω, ὑστέρησα, lack (24)

ὕστερος, -α, -ον, last; finally (neut. sg. used as adv.) (30)

ὑψόω, ὕψωσα, lift up, exalt (20, 22)

Φ

φαίνω, ἔφανον, shine, appear (14, 22)

φανερός, -ά, -όν, visible, plain, manifest (21)

φανερόω, ἐφανέρωσα, reveal, make known (16, 26)

φέρω, ἤνεγκα (fut. οἴσω), bear, carry (4, 20, 25)

φεύγω, ἔφυγον, flee, escape (15)

φημί (no aor. form), say, affirm; (negated) deny (21)

Φῆστος, -ου, ὁ, Festus (28)

φιάλη, -ης, ἡ, bowl (30)

φιλέω, ἐφίλησα, love, like (17)

Φίλιππος, -ου ὁ, Philip (22)

φίλος, -η, -ον, beloved, loving; (noun) ὁ φίλος, friend (15)

φιμόω, ἐφίμωσα, silence, be speechless (27)

φοβέομαι, ἐφοβήθην, fear (13, 20, 22)

φόβος, -ου, ὁ, fear, reverence (11)

φονεύω, ἐφόνευσα, murder (30)

φρονέω, ἐφρόνησα, think, ponder (17)

φρόνιμος, -ον, sensible, wise (27)

φυλακή, -ῆς, ἡ, guard, watch, prison (11)

φυλάσσω, ἐφύλαξα, guard, keep (14)

φυλή, -ῆς, ἡ, tribe, nation (14)

φύσις, -εως, ἡ, nature, natural characteristic (27)

φωνέω, ἐφώνησα, call, invite (11)

φωνή, -ῆς, ἡ, sound, voice (5)

φῶς, φωτός, τό, light (7)

Χ

χαίρω, ἐχάρην, rejoice (8, 20)

χαρά, -ᾶς, ἡ, joy (5)

χαρίζομαι, ἐχαρισάμην, give freely, forgive; hand over (18, 26)

χάρις, -ιτος, ἡ, grace, thanks (7)

χάρισμα, -ατος, τό, gift, favor (23)

χείρ, χειρός, ἡ, hand (7)

χήρα, -ας, ἡ, widow (17)

χιλίαρχος, -ου, ὁ, military officer (19)

χιλιάς, -άδος, ἡ, (group of) a thousand (18)

χίλιοι, -αι, -α, thousand (18, 29)

χοῖρος, -ου, ὁ, pig (30)

χορτάζω, ἐχόρτασα, feed, satisfy (24)

χόρτος, -ου, ὁ, grass, hay (25)

χρεία, -ας, ἡ, need (5)

Χριστός, -οῦ, ὁ, Christ, Messiah (2)

χρόνος, -ου, ὁ, time (3)

χρυσίον, -ου, τό, gold (30)

χρυσοῦς, -ῆ, -οῦν, made of gold, golden (19)

χωλός, -ή, -όν, lame (27)

χώρα, -ας, ἡ, country, region, field (16)

χωρίζω, ἐχώρισα, divide; (pass.) leave (28)

χωρίς, (gen.) apart from, without (12)

Ψ

ψεύδομαι, ἐψευσάμην, lie, deceive (30)

ψυχή, -ῆς, ἡ, soul, self (5)

Ω

ὦ, O! (23)

ὧδε, here (6)

ὥρα, -ας, ἡ, hour, time (5)

ὡς, as, just as, like, when (16)

ὡσαύτως, similarly, likewise (23)

ὡσεί, as, like (19)

ὥσπερ, just as, even as (13)

ὥστε, so that, with the result that, therefore (4)

ὠφελέω, ὠφέλησα, help, aid, benefit, profit (25)